U0105332

博雅

历史与理论

The New History
Confessions and Conversations

新史学

自白与对话

〔英〕玛丽亚·露西娅·帕拉蕾丝–伯克 编
(Maria Lúcia G. Pallares-Burke)
彭 刚 译

北京大学出版社
PEKING UNIVERSITY PRESS

著作权合同登记号　图字:01-2005-6656

图书在版编目(CIP)数据

新史学:自白与对话 / (英) 玛丽亚・露西娅・帕拉蕾丝-伯克编; 彭刚译. —2 版. —北京: 北京大学出版社, 2023.9

ISBN 978-7-301-34324-1

Ⅰ. ①新…　Ⅱ. ①玛…　②彭…　Ⅲ. ①史学—研究　Ⅳ. ①K03

中国国家版本馆 CIP 数据核字 (2023) 第 157178 号

The New History: Confessions and Conversations, by Maria Lúcia G. Pallares-Burke

First Published in 2002 by Polity Press in association with Blackwell Publishing Ltd

书　　名	新史学: 自白与对话 XINSHIXUE: ZIBAI YU DUIHUA
著作责任者	(英) 玛丽亚・露西娅・帕拉蕾丝-伯克(Maria Lúcia Pallares-Burke) 编　彭　刚　译
责任编辑	李学宜
标准书号	ISBN 978-7-301-34324-1
出版发行	北京大学出版社
地　　址	北京市海淀区成府路 205 号　100871
网　　址	http://www.pup.cn
电子邮箱	编辑部 wsz@pup.cn　总编室 zpup@pup.cn
电　　话	邮购部 010-62752015　发行部 010-62750672 出版部 010-62754962　编辑部 010-62752025
印 刷 者	北京中科印刷有限公司
经 销 者	新华书店 880 毫米×1230 毫米　32 开本　10.875 印张　268 千字 2006 年 7 月第 1 版 2023 年 9 月第 2 版　2023 年 9 月第 1 次印刷
定　　价	80.00 元

杰克·古迪

丹尼尔·罗什

阿萨·布里格斯

罗伯特·达恩顿

卡洛·金兹堡

凯斯·托马斯

纳塔莉·泽蒙·戴维斯

昆廷·斯金纳

彼得·伯克

纪念 Joło Eduardo Rodrigues Villalobos 教授

一位睿智的教师、思想家和对话者

目　录

致　谢

我万分感激我所访谈的每一位史学家：杰克·古迪（Jack Goody）、阿萨·布里格斯（Asa Briggs）、纳塔莉·泽蒙·戴维斯（Natalie Zemon Davis）、凯斯·托马斯（Keith Thomas）、丹尼尔·罗什（Daniel Roche）、彼得·伯克（Peter Burke）、罗伯特·达恩顿（Robert Darnton）、卡洛·金兹堡（Carlo Ginzburg）和昆廷·斯金纳（Quentin Skinner）。没有他们接待我时所怀有的同情和慷慨，本书的写作就不会是这样一个丰富心灵且报偿颇厚的经历。

我对克里斯托弗·特赖布也无比感激，他将导言、每一次访谈的引言和对丹尼尔·罗什访谈的原文从葡萄牙语翻译过来。

导　言

安德烈·纪德（André Gide，1869—1951），一位喜欢在他的作品 1
中安插一个提问者，以帮助他以一种不那么正式的、直接的和个性化的方式来表达他的思想的作家，曾经借他“想象中的访谈者”之口说过如下的话：“读者不大高兴……这是我的错；我本该对你有更好的提问。如你所说，你的思想在你的著作中都可以找到。访谈者的任务就是要闯入你的隐私；那就是要让你谈一些你自己不会提到的事情。”[1]

我进行这些访谈的部分目标正是如此：让在这些书页里聚集到一起的每一个史学家都能流露出一些东西，而那是阅读他们的著作所看不到或者不会这么清楚地看到的；激励他们将在他们的著作中往往是隐而不显的或者是假定的，并且因此相对而言读者不大能够接触到的东西，明确地表述出来。正如“访谈”（interview）一词本身所表示的——它来源于古法语中的 entrevoir 一词，意思是瞥视、短暂的或突然的观看，或者是模糊的认识和理解，这是一种以某种非正式的约定俗成为基础的流动不居的文体，造就出来的是相对而言结构散乱而不成系统的终端产品。因而，与完备的、前后一贯的学术论文适成对

〔1〕《想象的访谈》（*Interviews Imaginaries*,Yverdon and Lausanne, Editions du Haut-Pays,1943），第 31 页。

照，访谈可以看作是某种多少介于思想和严整的写作之间的文体，某种能够捕捉运动中的观念的文体，并且因此应该将它视作更加结构谨严的文本的补充物而非替代品。访谈给读者提供的是一系列的快照，是各个历史学家在某个特定场合甚至是某个特定时刻的所思所想的图景。

将享有国际盛誉的史学家们在一本书中聚集到一起来非正式地谈谈他们自己和他们的著作，这样的念头出自偶然。美国历史学家罗伯
2 特·达恩顿的一部著作的葡萄牙文译本出版之时，他正暂住在牛津，圣保罗一家报纸的文化副刊让我去采访他，访谈并不一定集中在他那本被翻译的著作上，而是要讨论若干更加广泛的问题。那份材料中的一部分一经刊行，我的许多同事、学生和朋友都建议说，对其他历史学家做类似的访谈，不仅有益于那些对他们的著作已有所了解并期望更进一步探骊得珠的人们，并且对那些对历史事物只有朦胧兴趣的更加广大也更加纷繁复杂的受众也有所裨益。

本书所汇集的这些学者之所以被选入，是因为他们被自己的同行公认为他们各自领域的权威，同时也因为他们在所谓的“新史学”（New History）中所占有的显赫地位。他们全都是在社会史和文化史的领域——新史学的革新中最为显著的领域——卓尔不群、富于创新精神并且影响深远的历史学家。用布尔迪厄的话来说，他们可说是发布“权威话语”的人，并被认为在他们各自专长的领域定立了标准。即便是作为人类学家更加知名的杰克·古迪，也被视作新史学主要人物中的一员，并因为他的才智和胆略而受到崇敬。换句话说，这里所访谈的九位史学家不仅仅是原创性的——所有优秀的历史学家理所当然都是原创性的，而且在他们的风格和思想取径上都尤其有所创新。话虽如此，不可否认的是，按照此种标准，还有许多其他的史学家可

以入选。

给他们提的问题并非总是一样的，因为我的意图就是要显露出这些史学家身上某些个性化的东西，让他们有机会表达出严格的学术文本所必定要普遍压制的那些思想和情感来。问题都是为每个人量身定做的，一般而言旨在让回答者谈论他们的生活所选取的方向、他们的思想选择、他们的著作对于学界内外所具有的蕴涵，以及他们对当今思想潮流和运动的反应。这些问题照例都没有事先发给过受访者，除非他们提出要求，而那样的情形只发生过一次。可以想见，倘若我采取的办法是对他们所有人提出同样的问题，那么，他们对历史主题和方法的共识和分歧之处将会体现得更加鲜明；目前的办法是对这样一些目标——自发性、灵动性以及对他们各自个性的尊重——的折中。无论如何，我们可以饶有兴味地观察到，与受访者们的共识和分歧之处相关的是，某些显要的人名如何被反复提及——或者是对他们自身的专业发展，或者是对一般而论的历史学家而言产生了重大影响，而别的一些人名却没有露面。虽然绝大部分受访者都自动地提及马克·布洛赫和雅各布·布克哈特，却只有昆廷·斯金纳提及托马 3
斯·库恩，只有卡洛·金兹堡提及语言学家和文学批评家奥尔巴赫和雅各布森，并且唯有斯金纳才将福柯描述成对于历史学家的训练而言很重要的一个人物。

对于历史编纂学普遍问题的反思，往往自发地出现在这些历史学家谈论他们自己研究的时候，并且人们甚至可以想象他们是在相互探讨这些问题。然而，当这样的情形没有顺其自然地出现的时候，我就会试着采用稍微逊色一些的办法，那就是试图推动他们向着这个主题走，并且甚而在有的时候引入某种对话的因素，那不仅是他们和我之间的，也是这些受访者彼此之间的对话。在这样的情形下，我力图不仅将我们之间的对话引入“预制”的问题，而且也引入由他们的某一位同行所提出的更加普遍的主题，那取决于他们所能排开的时间，以及他们是否乐意来反思这样一些话题，比如说，心态史、微观史、自下而上的历史、比较史学、妇女史、人类学与历史学的相关性等等。

所有访谈都是我亲自进行的，并且有两次——凯斯·托马斯和丹尼尔·罗什——我的丈夫彼得·伯克也参与进来，他也是我所访谈的史学家中的一位。我必须承认，我的好奇心并没有限于受访者的思想方面：还另有一个更加凡俗的方面。研究时尚的史学家、“衣着文化”的专家丹尼尔·罗什穿的会是什么呢？布里格斯勋爵和凯斯爵士的头衔会使得他们与其他常人的表现有所不同吗？在罗伯特·达恩顿——他本人在做《纽约时报》的记者时就是一名出色的访谈人——的面前扮演记者会有多么困难？

史学家们给出的对单个问题的回答以及九个访谈本身的篇幅长短不一。这样一些差异大都缘于他们所能给出的谈话时间和他们各自的个性，那当然也就决定了对话的调子有着何种程度上的个性化和亲切感。他们中的几位，包括杰克·古迪、昆廷·斯金纳和（出于显而易见的缘由）彼得·伯克与我数次晤面，加起来谈到了八个小时；其他人，如阿萨·布里格斯，我只见到了两次，加起来谈了不超过两个小时。在剑桥，杰克·古迪开朗随和的个性与昆廷·斯金纳的审慎严谨和有节制的热情形成了鲜明的对比。凯斯·托马斯在牛津的小心和精致的反讽，与卡洛·金兹堡在博洛尼亚的热情洋溢和甚至有些鲁莽的生气活力正好相反，仿佛他们的言谈是特地要来展示和对比拉丁与不列颠的性情一样。罗伯特·达恩顿轻松活泼的谈话经常被他独具特色
4 的笑声所打断，他是最愿意谈论自己家庭生活的人之一，在这方面只有他在普林斯顿的朋友和同事纳塔莉·泽蒙·戴维斯能胜过他。作为

唯一被访谈的女性，纳塔莉·戴维斯给人留下深刻印象的，是她在谈论自己研究时的温馨和她即便是在谈论纯粹学术性的事情时表达自身情感的天赋——那也许是一种重要的女性的特质。阿萨·布里格斯总是来去匆匆，他的回答似乎早已准备好了从舌尖吐出，他同时也是受访者中最直接、最少个人色彩的一位。在这方面他与丹尼尔·罗什颇为相像，后者以其平和、安详而又不动声色的语调，令自己显得惊人地、超乎情理地谦逊。丹尼尔·罗什新近刚刚入选声誉卓著的法兰西学院——这是一个国际知名的机构，建立于16世纪，近年来吸收了诸如费尔南·布罗代尔、米歇尔·福柯、克劳德·列维-斯特劳斯和皮埃尔·布尔迪厄等显赫人物，进入那一群特选的教授之列，他的谦逊与通常和法国知识分子联系在一起的形象大相径庭。

从口头到书面的介质的转换带来了一些问题。书面文字在多大程度上捕捉住了原先口头文字的表达？在多大程度上，手势、表情、外观和音调的阙如会扭曲这里所要转换的东西，并且使它容易被误解？毫无疑问，当你无法目睹金兹堡独具特色的意大利式手势，听不到纳塔莉·戴维斯快速而温馨的声音，在聆听斯金纳滔滔不绝的言谈时看不到他脸上的表情，在诸如此类的情形下，肯定有某些东西会丧失掉。在从我们面对面对话的一字不差的全部录音素材中编辑这些访谈时，我关心的是，不仅要忠实于谈话者的思想，而且也要尽可能地保存他们各具特色的表达方式和语调。出于这个缘故，当我试图传达在对话中我所听到的强调声调，并保存一些在有的时候具有高度表情达意功能或激情洋溢的说话方式时，我就使用感叹号。这些感叹号比我搞文学的朋友们所允许的出现得更为频繁，虽然比之我原来的文本出现得更少一些，因为有少数几位受访者声明他们没有“用”感叹号——即便是在说话时！类似的是，我尽了一切努力来尽可能地保留这些访谈作为非正式的口头对话的本来风格。当然，我不得不介入其中，将最明显不过的重复、停顿、赘语删除，浓缩片段，重新排列整理句子，等等；也就是说，我所做的编辑工作是作为听众（而非读者）在自己头脑中自动就会做的事情。然而，我还是最大限度地在没有重大改变的情况下，保持了诸如犹豫不定、不明确、重复、主题的迅速转换或者模糊和不完备的回答，只要它们没有影响到对于所表达思想的理解。

5 访谈时的情境和访谈者—受访者之间的关系都会存在一些问题。自从一个世纪以前访谈的刊行成为一个相对普及的文化活动以来，对于访谈和访谈者的不信任一直是个不断重现的话题，而历史上有的是不情愿的受访者的例子。[1] 他们对于自己同意要承担的角色心怀不安，许多人对于访谈人，甚至是访谈本身如实地展现他们的能力疑虑重重——有时候他们的确有很好的理由。比如说，刘易斯·卡罗尔（Lewis Carroll）就因为他“对于访谈人的厌恶”而从不接受访谈，而柯南·道尔（Conan Doyle）曾经发誓“绝不再见一个访谈人”。其他的许多人，比如曾经把访谈说成是“煎熬”的韦尔斯（H. G. Wells），和将访谈视作一种“不道德”的活动的罗德亚德·吉卜林（Rudyard Kipling），却扮演过他们显然很憎恶的角色，韦尔斯访谈过斯大林，吉卜林则访谈过美国作家马克·吐温。晚近以来，磁带录音机的运用似乎提供了摆脱访谈者的控制和保障访谈准确性的手段。于是，像演员沃伦·贝蒂、电影导演罗曼·波兰斯基和英国前首相玛格丽特·撒

---

〔1〕 1895 年 12 月的《懒汉》（*Idler*）中的一篇文章的标题就表明了访谈是多么地有争议：“访谈者是要被祝福还是被诅咒?”有意思的是，T. 托马斯的一部戏剧《访谈》（T. Thomas, *The Interview*, London Samuel French, 1975），说的是一个访谈者试图对一位阻止他使用录音机并花费时间来自相矛盾的“名人”进行访谈的曲折经过。

切尔等人，就坚持自己对他们的访谈录音。[1]

数十年以前，作家和记者韦德·梅赫塔以对几位著名的英国史学家的访谈为基础出版了一本极其成功的书。当时，那些史学家正在卷入一场有关史学理论的大论战中。[2] 梅赫塔做好了充分的思想准备，决心要更好地了解作为思想家和个人的这些史学家，他常常是到这些人的住所去与他们会面。他回忆说，他们之间的对话并非总是很友好。比如说，有一次，从 A. J. P. 泰勒那里，他受到了被他看作是“分别时的一击”：在他正要搭上出租车离开那位大名人的家时，后者说的话颇为犀利：“当你与书籍一起生活的时间像我这么长的时候，你就会开始更加喜爱它们而不是人。”[3]

在这里汇集的访谈中，我没有遇到类似的情形，所有的访谈都具有一种非常友好和温文尔雅的气氛。当然，有的历史学家会比别人紧
张得多，更加担心不小心说了什么话的危险，更不情愿回答某些问 6
题，并且更加关切地去审查原来语种或葡萄牙语和英语的转换文本。[4] 然而，他们中没有人表现出害怕他或她的言辞和思想遭到歪曲，并且在审查葡萄牙文本时几乎没有作出任何改动。即便是小心谨慎的凯斯·托马斯(他有好几次说“请关掉录音”，从而打断了录

〔1〕 C. 希尔维斯特编：《访谈录：从 1859 年至今的选本》（C. Silvester, ed. , *Interviews: An Anthology from 1859 to the Present Day*, London, Viking, 1993），第 1—48 页。

〔2〕 韦德·梅赫塔：《苍蝇和苍蝇瓶子：邂逅英国知识分子》(Ved Parkash Mehta, *The Fly and the Fly-Bottle: Encounters with British Intellectuals,* London, Weidenfeld and Nicolson, 1961)。梅赫塔(1934 年生)，印度作家，后入籍美国，以其在《纽约客》杂志上的文稿而知名，《苍蝇和苍蝇瓶子》中的素材也首次发表于该杂志。

〔3〕 韦德·梅赫塔：《苍蝇和苍蝇瓶子：邂逅英国知识分子》，第 147 页。

〔4〕 这些访谈(除了对彼得·伯克的那一次之外)都以缩略版的形式首次刊行在巴西的报纸上(*O Estado de S. Paulo, Floha de S. Paulo and Jornal da Tarde*)，后来又以 As muitas faces da história: nove entrevistas(Sło Paulo, Editora Unesp, 2000)为名成书。

音），也没有利用这个机会来改动他所说过的话。英文本中则有几位受访者重新改动了某些段落，以此来表达他们过后不同的想法。

以下的访谈是按谈话人的年资来安排顺序的。杰克·古迪最为年长，而昆廷·斯金纳最为年轻。既然没有其他标准可循，要将一门主要是研究时间流逝的行业的从业者安排出场，这条标准似乎最适合，而且也能表明过去这几十年历史著作的发展轨迹。每一次访谈的引言仅仅旨在给读者提供该史学家的背景信息，那也许对于理解随后的讨论有所助益。每份访谈后面都会有该受访者著述的选目。

最后，我希望我作为编者的介入——将谈话转化成书面语言——能够使得读者与我一起分享这些丰富多彩而又动人心魄的对话，它们表明，严肃和深刻能够与轻松和幽默毫无芥蒂地共处并存。

杰克·古迪

英国人类学家和历史学家杰克·古迪（1919 年生人）被认为是 7
当今时代最博学多才的知识分子之一。他的著作以学识渊博、兴趣宽泛和独具特色的“古迪式”的研究路数，不仅吸引了人类学家和历史学家，而且也吸引了哲学家、教育学家和经济学家。例如，法国大史学家乔治·杜比（Georges Duby）就将古迪的研究视作令人窘迫但却在其透彻性和尖锐性上“精彩绝伦的一课”，极大地拓展了史学家们的视野。哲学家和经济学家、1998 年诺贝尔经济学奖得主阿玛蒂亚·森（Amartya Sen），则将其推许为对于西方关于东西方差异所持有的歪曲观点的绝好救药。古迪思想的反响和冲击来得如此巨大，几年前他的工作成为法国一次会议的主题，这种事情一般是不大会在一个知识分子的有生之年发生的。

杰克·古迪走上人类学和历史学的道路并非一帆风顺。他的高等教育是在他 1938 年进入剑桥大学学习英语文学时开始的，与另外三位英国精神生活中的大人物 E. P. 汤普森、埃里克·霍布斯鲍姆和雷蒙·威廉斯为伴。然而，第二次世界大战很快就将他带到了非洲沙漠去作战，他在那里成了德国人的俘虏；他在中东、意大利和德国的战俘营里待了三年，逃了出来，然后又隐姓埋名地在意大利生活了六个月。有些讽刺意义的是，他在有很长一段时间与书籍无缘之后，到了位于艾希施泰特的德国战俘营（那里居然有一个自己的图书馆）时，才碰到了对他的智识生活产生了深远影响的两部著作：人类学家詹姆斯·弗雷泽的《金枝》和考古学家戈登·柴尔德
8 (Gordon Childe) 的《历史上发生了什么》(*What Happened in History*)。1946 年重返大学时，他放弃了文学研究，转到了考古学和人类学的领域。在致力于成人教育（如同他的朋友 E. P. 汤普森，他期望着能够“帮助改变世界”）之后，他开始了他的人类学家生涯，在非洲的村庄进行田野工作，他在那里成了一位“先祖的朋友”。自此之后，他开辟了若干新的研究领域：他总是重新思考他的思想，并不断地从一个主题转移到另一个主题，他涉及的主题极其广泛，从书写对社会的影响、烹饪、花的文化、家庭、女性主义到东西方文化的对比等等。

他在他的英国同行中作为一名人类学家的声誉，主要来自他在加纳北部的贡贾（Gonja）所进行的田野工作，以及由此展开的系列研究：有关财产、祖先、技术形式与国家之间的关系等等的研究。他以对于非洲、欧洲和亚洲社会和历史的广泛的比较研究奠定了他的国际性声誉。他独辟蹊径地关注非洲人、古希腊人、亚述人和一般而言的传统社会中的读写能力问题。1963 年他与英国文学史家伊安·瓦特 (Ian Watt) 合作撰写的那篇颇富争议的讨论读写能力的影响的论文，首开对这一主题展开的系列研究之先河，而这些研究中最有名的则是他的著作《野性心灵的驯服》(*The Domestication of the Savage Mind*, 1977)。古迪运用了他的比较天赋的另一个领域是继承与家庭的历史。他在这一范畴内最为人所知的贡献是《欧洲家庭和婚姻的历程》(*The*

Development of the Family and Marriage in Europe, 1983)，在这部书中，他将教会对亲属之间通婚的禁令，解释为是教会对于夺走其财产的做法所做出的反应。近来，古迪又将他比较研究的范围扩展到了将食物与花卉包括在内。在《烹饪、菜肴和阶级》（*Cooking, Cuisine and Class*, 1982)、《花的文化》(*The Culture of Flowers*, 1993）和《爱与食物》(*Love and Food*, 1999）所进行的研究中，他利用自己对非洲的了解，将那片大陆的文化与欧亚大陆的文化做了对比，在他看来，欧亚地区在由青铜时代的“革命”所引发的城市和书写的兴起之后，沿着不同的方向发展。简而言之，任何人只要是看过了杰克·古迪的著作，都不得不承认，其中所蕴含的对于社会和长时段历史的无所不包的眼光是如此开阔，使得即便是德国社会学家马克斯·韦伯和法国历史学家费尔南·布罗代尔相形之下都显得更受局限和更具有欧洲中心的色彩。

杰克·古迪自 1954 年到 1984 年在剑桥大学教授社会人类学，但他也是一辈子满世界巡游的研究者和讲演家。杰克·古迪在年逾八旬以后依然过着这种生机勃勃而又成果丰饶的生活，让他许多同事衷心崇敬而又惊讶不已。他的学术成果无论在质上还是在其出版物的量
上，都令人艳羡；他在研讨班和讨论会上的表现总是出之于天然本 9
性，而又结合了机敏才智，吸引和启发了听众。在他那不知疲倦的活动日程表中终于有了一段空隙时，杰克·古迪在他位于圣约翰学院的房间中接受了我的访谈，他从 1938 年以来就是剑桥这个学院的一员，刚开始是学生，后来则是教员。我们的对话充满了让人惊奇的东西，许多离题话却颇给人教益。他在整场对话中豪爽开朗、礼貌周全而又性情随和，花了很长时间来谈论他的兴趣、他的经历和他的思想发展。

玛丽亚·露西娅·帕拉蕾丝-伯克* ［你的著述涉及数量惊人地庞大的各种问题，从读写能力的后果和教育改革到家庭和婚姻模式；从当代非洲和19世纪巴西到古希腊、中国和美索不达米亚；从花和死亡仪式到爱、欲望和食物——这还只是提到了你的兴趣点中的一部分。你如何解释此种惊人的好奇心和百科全书式的眼界呢？］

杰克·古迪

这也许部分地来自于我在战争中所经历过的特殊处境。比如，有一次我在沙漠中突然碰上贝都因人并和他们开仗，我当战俘时和印度人、南非人、俄国人等等生活在一起；另有一次，我从监狱中逃了出来，藏在来自阿布鲁齐的意大利农民的房子中，诸如此类的情形数不胜数。我想，当我从战争中归来时，我多少希望弄清楚所有这些纷繁歧异。但是，我想那只是一部分原因，因为阅读马克思和韦伯使得我对于广泛的社会学问题，比如为什么某些事情发生在某一个地方而非别的地方发生了兴趣。那是长期以来吸引我的东西。当我在加纳北部的一个村庄做田野考察时，我从没有想过要钻进去就不出来，而是要在更加广阔的框架中来领会它：它与沙漠贸易、与穿过撒哈拉沙漠的通道之间的关联，以及它与从东方和南美来的黄金贸易之间的关系等等。我总是对这一类关联兴致盎然。因此，这就是我喜欢把自己看作在非洲研究过的那些领域的专家而不大乐意将自己视为非洲学家的缘故。我的老师迈耶·福特斯（Meyer Fortes）也这样。就像许多其他人类学家一样，他不愿意仅仅被视为关于某个大洲的专家，而更愿意是一个能够探讨世界上不同部分的家庭制度的人。这就是非洲研究会

---

* 以下方括号中仿宋体部分文字为本书编者的提问，宋体字为受访者的回答。全书同，不另注明。——译者注

在英国成立时，福特斯和绝大多数其他资深人类学家不愿意厕身其中的原因。他们想要更像经济学家，后者有着某种更为普遍的研究路数，而不被人视为非洲经济学家、南美经济学家或某种类似的东西。 10
我并不认为他们就全是对的，因为在人类学中比之在经济学中有着某些更加具体和特殊的东西，然而，无论如何，总的原则是你不应该以那样一种方式成为一位非洲学家或大洋洲学家。

[在你看来，你的亲身经历和你成为人类学家和历史学家之间有什么关联?]

我无法确定有什么早年的经历将我引向了人类学。我在上学时受到我那很早就辍学了的父母很大的鼓励，尤其是我母亲，她是苏格兰人。我起初是在赫特福德郡韦林花园城的新城里长大的，后来全家搬到了圣阿尔邦斯，于是我的兄弟（他在哈佛教天体物理学）和我就能够上附近的圣阿尔邦斯[语法]学校。我在那里对考古学发生了兴趣，因为莫蒂默·惠勒（Mortimer Wheeler）那时候正在挖掘韦鲁拉缪姆的罗马古城，那正在学校的旁边。

然而，除了英国文学——那可是中学和大学里最有吸引力的学科——之外，我主要的兴趣是时事和历史。我的中学时代笼罩着德国和意大利的扩张，尤其是西班牙内战的阴影（比之“殖民地”而言更是如此，尽管印度的将来也是我所关心的）。因而我在文学方面的兴趣比之我在剑桥的某些老师——首先是弗兰克·利维斯（Frank Leavis）——所允许的要更多一点“社会性”的因素。

[你在加纳进行田野工作期间——期间你成了“先祖的朋友”——捍卫他们的独立，并且甚至加入了人民大会党。你是如何将这一点与人类学不偏不倚进行考察的理想相调和的?]

我在加纳时所关心的不仅是考察某些所谓的原始部落，也关注政治上正在发生的事情。而且，除非你自己在某种程度上同时也是一名参与者，你就无法进行任何考察。我的意思是，除非人们愿意让你看到正在发生的事情。而且，倘若你想要看到政治上正在发生的事情，你真的就必须从属于某一个政党。由于我与此同时是该政党的一员，我也非常了解为殖民政府工作的当地地方特派员。我对两个方面都多少能够有所见识。

但是，我加入人民大会党，不仅仅是一个策略。我的确对于独立进程很感兴趣，并且显然不是一个完全中立的观察家。实际上，战后在非洲工作的所有我们这些人都以这样那样的方式服膺于这些国家的独立理念和社会变革的理念，并且，我们在朝着那些目标努力，或许是过高估计了教育在社会中所能起到的作用。

11 [你对教育问题的兴趣——那是你“改变世界”的努力的一个部分——可以追溯到战后你从事成人教育的时候，并且受到你对于许多非洲和欧洲国家教育体制的考察的鼓励。差不多二十年之前，你提议要进行激进的教育改革，其中涉及要让年轻人“部分地离开学校（partial de-schooling）”。你如何将此种提议与你对读写能力的关注相调和呢？]

我对于随着书写的引入而带来的社会变迁的兴趣，使我意识到两件事情。一方面，口头的交流并没有随着书写的到来而消失。另一方面，书写文化（和识文断字的人们）的支配地位以及随之而来的对于文盲的蔑视是可悲可叹的。我对这个问题感兴趣的原因之一，是我有一个患诵读困难症的女儿的经历，她在十岁还是十一岁的时候，因为意识到自己在阅读和书写时有很大困难，对上学非常厌烦。无论如何，像她这样的人应该因为他们能够做好别的事而得到尊重。比如说，有些人可以从事园艺业，你确实可以看到那些在阅读和书写方面有问题但却非常优秀的园丁。这并不是个别的问题（据说全部人口中的百分之十会有这个问题），而是一个与字母识读能力相关的普遍性的问题。于是，当我提出离校的建议时，我并不是认为有可能扭转历史趋势（即便那是值得向往的），而是说人们应该以更加积极的方式来评价非书面的著作和口头语言的成就。教育所带来的悲惨事情之一就是，它使得人们脱离社会中的生产活动和生活活动，并将他们锁在教室之中。这当然不是学会尊重智力劳动之外的别的劳动类型的办法。我战后在英国从事教育时，在某些农村地区，允许孩子们在寻常的生产系统中花上一些时间，比如说，通过观察实物和帮助收挖，来了解马铃薯是什么样，它是如何生长的。可悲的是，那样的经验并没有持续多长时间，因为教师急于脱离生产活动，将学生带回他们的地盘。

可是，在我写那个的时候心里面还想着别的东西。我思考的是由教育体制和生产体制之间的不和谐而导致的问题，那在非洲的情形下尤为严重，在那儿读写能力没有多少实际的用途。我必须承认，在独立运动时期，我与其他知识分子和政治家一起共事，而且也认为有了好的中小学和大学，经济就会起飞，整个社会也能够得到发展。然
而，事情并非如此。在教育——付出了巨大代价——相当成功，甚至 12
于产生出了伟大的小说家和剧作家（许多现在生活在美国或欧洲）的同时，生产体制却基本还是老样子。这意味着许多钱被用来将人们培养成移民，然后到国外得到一份微不足道的工作，因为在学习了 17 年或者 18 年以后，他们不会再想回去从事刀耕火种，而又没有别的工作让他们干；他们脱离了传统的农作，却又没有别的可选择。这就是眼下单是在芝加哥就有那么大数量的加纳人的缘故——差不多有一

万人，其中有人上了 20 年的学。他们在做出租车司机或者别的地位低下的工作。有讽刺意义的是，在西方，我们在免去他们的债务或给他们提供帮助时认为自己是在做什么了不起的事情，而实际上我们从他们身上索取的比之给予他们的要更多，如果我们考虑到他们为我们所从事的工作的话。我的意思是，比如，美国就以这种方式得到了优秀的出租车司机！

我说教育要与经济相适应的时候，显然不是要将此绝对化，而是相对于某些特定情形而言的。单单是普遍的读写能力也并不能改变这个世界，当然也改变不了加纳！因此，在使得教育与经济更加协调之外，我要在肯定文字成就的同时维护对于口头语言成就的重新评价，以使得那些伟大的民谣作者和民间故事的歌唱者也像伟大的书籍作家一样得到赞颂。

[你近来写了一部关于花的文化的民族志和历史学的著作，从一开始你就提醒读者，这个话题不像表面上看起来那么狭隘，而是像烹饪一样，与“生活中严肃的事情”有很大的关系。你能深入谈谈这个看法吗?]

这始于很久以前，我在非洲研究葬礼并认识到，在这里看不到在亚洲和欧洲非常盛行的花的文化。这不仅由于在非洲很少会用得上花，而且还因为无论是在歌曲中还是在故事中，花都很少带有象征意义。这通常就是我开始某种事情的方式，差异引发了我的兴趣。在这个案例中，是非洲的情况与比如印度、中国或欧洲的情况的差异。在非洲人们为什么没有使用花的问题，是与这样一个事实背景相对而成立的，那就是，比如在印度，人们常常给政治家带上花环。

既然断定说使用花与否表明了有关社会的心态和特质的很多东西，我就决定写作一部有关这一主题的历史学和人类学著作。我无论走到什么地方都收集有关花的故事，在墓地流连，与花匠攀谈，造访

花卉市场，并在图书馆进行一些研究。就这样，我发现了各种花卉在 13
某些社会所可能具有的巨大象征意义，以及存在于不同的花的文化之间的冲突。有一次，当我来自香港的助手退休时，一位意大利朋友试图阻止我给她送上黄菊花，因为在他那个世界里，那是送给死者的花。他不知道，在中国这一种花也有祝福长寿的意思。

至于非洲之所以没有花的文化的原由，我以为是这块大陆从没有经历过对于欧洲和亚洲产生了巨大影响的青铜时代的变迁，也即城市革命，正如考古学家戈登·柴尔德所清楚表明的。没有书写系统、犁、精耕细作的农业，手工业范围狭窄，没有原始工业化，没有记账制度，非洲社会也不具有大庄园、闲暇阶层和浪费经济，而那是让花的文化和某种特定菜系的发展成为可能的东西。确实如此，因为菜肴的精致分化和花的审美用途要以经济分层为前提。你可以到一位非洲酋长的家中，他在政治上可能身居高位，然而却吃着与共同体中任何其他人完全一样的食物。因此，比之那些经历了青铜时代的城市革命的社会，非洲的文化分层要少得多。大致说来，无论是在非洲何处，你听的是同样的音乐，吃的是同样的食物，实行的是同样的礼仪。在这样的背景下，没有使用人工养的花或者即便是野花的余地。花被看作是果实或者树木的预备，而将它们攀折下来乃是一种浪费。这在本质上与我母亲对于从苹果树上砍下树枝所持有的态度并无二致：你那样会破坏果实的。并且，倘若说非洲人从来没有像在中国和印度——人力控制的农业在那里有高度的发展——那样驯化野花的话，那部分地是因为他们更加关注于驯化生活必需品，并且因此就将花的使用视作无足轻重。

[在关于花的文化的论著中，你探讨了在清教的北欧的墓园和葬礼上花相对稀少，并将此与天主教南欧如意大利花的大量出现进行比较，

在后者那里对于死者的尊重和爱是用花的语言表达出来的。那么，你又会如何解释在戴安娜王妃葬礼举行之前、之中和之后，清教的英国给她奉上的成吨重的鲜花（那些花是从以色列、泰国、荷兰和肯尼亚紧急运来的）呢？]

我想，这的确让人有些疑惑不解，因为清教改革以其对于奢侈的责备及其所发展出来的种种礼仪极大地影响了花的文化。因此，在清
14 教国家花的使用有更多限制。我母亲是苏格兰长老会一派的，她害怕看到浪费。如果有人给她送花，她会缓缓地说：“我宁愿要鸡蛋。”不过，自 17 世纪以来情况有了变化，英格兰教会产生的那场历史性的妥协使得花进入了生活时尚。然而，即便如此，我们从来没有像在法国或意大利那样给身旁的某个地方（也不仅是在葬礼上）送上那么多的花。比如说，在 19 世纪的法国，有很有趣的关于花的语言的出版物，那是每个妙龄女郎都要懂得的。因此我并不觉得戴安娜的事有太大的意义，那当然只是一个特例。稍早一些时候，在布鲁塞尔发生了类似的（当然规模要小得多）事情，在一个恋童癖杀害一个儿童后，人们自发地涌上街道向政府提出抗议。在戴安娜事件中，人们的表现同样也是自下而上的。那是同情心的巨大表现，还带上了某种反建制的成分——因为王室拒绝了她。我不会说那完全就是一桩媒体的事件，尽管是媒体搅起了这件事，很大程度上使其蔓延开来。越来越多的人被吸引到了伦敦参与进这桩事情中，来看看究竟发生了什么。就像是犹太教中的情形一样，人们并没有想着要给上帝或者死者献祭，但他们却到了墓地，给墓顶添上一块石头，以表明他们来过这里了，英国人想要留下他们的标记，送上那些花，让自己在其中有份儿。然而，看着一种和众多圣徒一样、很久以前就在英国被废除了的天主教的习俗又重新上演，确实让人有些迷惑。

［你对亚洲和欧洲进行比较研究的一个结果，就是你认为，与社会学家、人类学家和历史学家们所假定的相反，西方并不具备某种朝着资本主义或现代化发展的特殊潜质。事实上，你甚至认为，我们与其谈“西方的独特性”，不如谈欧亚大陆的独特性，尤其是亚洲的重大贡献。你的意思是说马克思和其他许多人所提出的停滞僵化的东方社会的观念，实际上乃是西方的一个神话吗？］

是的，我认为那在很大程度上是西方的一个神话，因为所有的社会在某些时期都会是停滞僵化的，而东方当然也有富于活力的时期。照马克思和韦伯某种程度上的看法，根深蒂固的文化差异使得东西方截然分离开来，一个僵化停滞，一个生机勃勃——这种差异并不存在。将西方的进步视作从古希腊开始的一条不间断的直线的关于西方发展进程的观点，不过是西欧民族智慧的一部分。与马克思的看法相
反，我们可以在东方的公民社会体制和商业法系统中找到容许重商主 15
义的资本主义发展的东西。

有一种多少是人们所共同具有的观点，认为印度和中国的巨大人口在某种程度上导致了它们的失败。那完全是一派胡言！相反，那样巨大的人口反而是经济相当成功的一个标志；否则的话他们怎么能够活下来！李约瑟的巨著就已经清楚表明，直至 15 世纪中国在许多方面还领先于欧洲。[1] 中世纪的欧洲在任何比较意义上而言，都是相当僵化停滞的社会类型，而亚洲在知识积累、农业经济以及制造业经济方面都更具活力，比如中国以高超的技艺生产的丝绸和陶瓷，印度所生产的棉布，这些产品大量出口到印度尼西亚和非洲，甚至早在葡萄

---

〔1〕 李约瑟（1900—1995），科学史家，7 卷本《中国的科学与文明》的作者（Joseph Needham, *Science and Civilization in China*, 7vols, Cambridge, Cambridge University Press, Started in 1954）。

牙人接过贸易主导权之前还有一小部分到了欧洲。

我们确实得要解释这一事实：16 世纪时天平开始倾斜，欧洲在某些方面开始领先。但是，在我看来，我们的解释不能落入那样一种套路，声称某个社会是停滞僵化的，而另外一个则充满活力。我们要记得，在某种意义上，工业革命是想要在某种程度上仿制亚洲制造的产品，并且大规模地来生产它们。曼彻斯特的棉布是印度纺织品和中国丝绸的进口替代品，而韦奇伍德和德尔福特的工业则是在仿制中国陶瓷。

[在你涉猎广泛的研究的背后，其主要动机是想要打破“西方独特性”的观念，这样说是否恰当?]

这是一个重要因素。在研究非洲的继承习俗时，我不仅对它们的特殊之处，而且也对它们与西方同样的东西的相似和相异之处发生了兴趣。倘若说在每个社会，人们都要将他们的物品和价值观传给下一代人，他们做这事的方式也会不同，然而还是会存在某些同样的问题。在我开始写我关于花的那本书的时候，我在印度尼西亚、巴厘和印度旅行。在目睹人们对花的深度使用——在脖子上套上花环等等——之际，我开始困惑，为何在非洲几乎完全没有这样的情形。就在那个时候，我吃惊地看到，凯斯·托马斯似乎认为，对自然的关切乃是欧洲所独有的，并且更具体而言乃是在英国发生的一个过程，是西方现代性的敏感性和心态的一部分。然而，这与所有那些证据都大
16 相径庭，它们表明，中国具有比之英国任何时候都远为深邃的园林文化，在那里花的象征作用也要重要得多。因而，许多人所持有的那种将英国视作精心培植花卉和园艺的故乡的看法，在比较研究之后是站不住脚的。因此我认为，重要的不仅是要表明亚洲有过复杂精致的花文化（比之欧洲更为复杂精致），而且要表明欧洲到亚洲去获取花的

同时，也在获取使用花的模式。倘若说花的情形是如此，其他对待自然的态度方面也可以作如是观。各种所谓的万物有灵论宗教——那可以视作有关世界的在人与自然之间进行的一场对话的一部分——在更早时期的存在，乃是又一个例证，表明我们并没有发明对生态的关切。简而言之，基于对于控制和剥夺自然的各种态度和各种摇摆不定的情形之间的广泛比较，主张西方的优越性和独特性的看法是无法立足的。

[你打破了有关西方独特性的主张，并且认为，它歪曲了我们对于不仅是“他者”的，而且还有我们的过去与现在的理解。你的意思是“我们”或“他们”并没有什么独特的东西可言，因此，这个范畴本身就是误入歧途的吗？]

不全然如此，因为认为每个国家和每个人都是独一无二的观念并没有错。然而，我们以何种方式才是独一无二的呢？我往往会认为自己是独特的，因为我认定自己是个慷慨大方的人或者具有某些类似的品质，可是如果来了某个人将我与别人进行比较，那就未必如此了。将现代性解释为所谓西方特质如个人主义、理性主义和家庭模式的结果，这样的看法妨碍我们对东方和西方达到深层次的理解。我想要说的是，有关西方独特性的观点在某种意义上已经有些不可收拾了。当然，英国在某些方面是独特的，欧洲在别的一些方面是独特的，中国在另外一些方面又是独特的，如此等等。然而，此种看法之所以变得不可收拾，那是因为它成了这样一种想法的共同假设：正因为我们是独特的，我们才能够发明诸如资本主义、现代化这样的东西。如果我们说的是工业资本主义，这也许是对的。然而，如果我们说的是商业资本主义时，当然就不是这么回事了，因为在 14、15、16 世纪，商业资本主义在东方和西方同样活跃，东方甚至有过之而无不及。至于现

代化，谁能够说中国香港或者日本不比我们更加现代？所以，事情是在不断变化的，有人在某时更加现代，而其他人在别的时候更加现
17 代。并不是我作为一名英国人或者欧洲人的特质使得我能够“现代化”。然而，那却是诸如劳伦斯·斯通（Lawrence Stone）和别的一些历史学家们的思考方式。只要去看看比如家庭史，关于西方独一无二的特点的看法如何被过度强调，并被以一种走入歧途的方式加以理论运用。只有考察了别的家庭，比如说中国的家庭，你才能够说英国家庭是否具有独特性。你不能够仅仅依据 18 世纪和 19 世纪英国家庭的数据就主张其独特性。那样并不具有任何健全的理论意义。它是在与现代化、工业化、资本主义相关联而言的意义上是独特的吗？然而，这就是一直在发生的事情。

[而这就是你之所以强烈主张比较研究的重要性，以此来避免种族中心论和走入歧途的观点的原因。但是，你可以就进行比较和对照时所具有的风险来谈一谈吗？]

是的，有很多的困难，极其巨大的困难，这始于人们对于即便一个社会也从不会有足够多的了解，更别说是好几个了。因而我们不得不依赖于别人的研究。可是，事实上，在我们从事研究的任何领域，我们总是这样干，我们在援引这样那样的东西时无法充分地去验证相关素材的质量，而且没有任何补救之道以便臻于完美。在人类学领域尤其如此，因为在这儿可能只有一个人在某个特定的民族中间进行研究工作，这就使得要评估其研究质量比之比如说对于欧洲社会的研究要困难得多，对于后者我们可以从一系列的视角来进行考察。不管怎么说，至关紧要的是，在我们提出任何总结性的论点之前，我们总可以在不同的社会那里看到某些东西。许许多多的历史研究，尤其是对于现代早期欧洲的研究，往往宣称某种事情首次在历史上出现了（比

如说儿童的观念*），而没有多方考察他们所主张的东西是否完全是错误的。特别是英国历史学家，他们往往太以自身的岛国为中心而过于强调英国的独特性。问题在于，18 世纪末的英国确实在生产的组织和能源的控制方面取得了某些特殊的进展，尔后又为全世界其他地方所效法。英国历史学家们就由此推断英国社会的独特性，而没有看看这是否是真的。在家庭研究方面这种情形尤其严重，人们追随着马尔萨斯，认为亚洲模式有着很大的不同，并声称正是西欧模式的独特性促进了现代化、资本主义等等。问题在于我们总是需要调整那些观念，
以使得它们能够与别的地区类似的发展相容。曾经有一度，有人说日 18
本之所以在进步，就是因为它像英格兰一样是一个小岛，或者是日本封建主义（被认为是世界上其他地方唯一的类似于西欧封建主义的体制）有利于使它走向资本主义。你在佩里·安德森（Perry Anderson）的《绝对主义国家的系谱》（*Lineages of the Absolutist State*, 1974）中可以清晰地看到这一点。可是，你刚说完这话，就发现中国大陆和台湾地区也在以同样的方式发展，于是你又得对那个论断做出一系列进一步的修正。所以，困难的确很多，这也是许多人，包括后现代主义者和其他一些人完全拒斥比较研究的原因。

然而，无论有多困难，我们也得从事比如像韦伯关于世界各宗教所进行的那种比较研究。即便我们可能出错，那也比单单说基督教乃是独特的，而根本没有四处环顾来发现它真正有哪些地方是独特的好得多。尽管我们无从达到完美，也可能无法高效率地来从事这项工作，比较研究还是我们在历史和社会科学中所能够做的可与科学家们的实验相媲美的少数几桩事情之一。

---

* 杰克·古迪在这里大概指的是法国史家阿利埃斯在其名作《儿童的世纪》中所提出的论点。——译者注

[比较研究的问题之一就在于，在不同的文化之间就其观念、物品和习俗进行比较，而无视赋予它们以意义的语境，这是对弗雷泽的研究很常见的一个批评。这个问题有可能解决吗？]

我的那些前驱者们无法想象对于非洲社会的研究如何可以帮助我们洞悉欧洲农民生活的若干方面，他们对弗雷泽批评得很厉害。一方面，自我在德国艾希施泰特战俘营的图书馆中看到两卷本的《金枝》缩写本起，我就对他的著作入了迷。正是此书让我对人类学发生了兴趣，而且我想，如果不是弗雷泽的话，也许我本不会进入这个行当的。我同意这种看法，认为他在处理某些观念——如他所探讨和比较过的来自世界各地的灵魂的观念——时极具原子论色彩。他没有田野工作的经验，而这是眼下我们每个人都有的。无论我们是历史学家还是人类学家，我们全都进行过某种深入的实地考察，由此我们就有了某种试金石，可以不断地回去检验我们的判断，并考察某些观念是否全然适合于某个特定的社会。

然而，在我看来，对于弗雷泽的反弹走得太远了，因为他以除了列维-斯特劳斯之外的也许任何其他人类学家都没有做到过的方式，帮助我们对于发达社会与其他文化之间的关系有所领会！他不仅对社会和历史科学，而且也对文学产生了巨大影响。你去看看 T. S. 艾略特的《荒原》（那是我上大学时最喜爱的作品）中的注释，全都与弗雷泽有关。

19 因此，在目前我们掌握了有关特定社会的更好的素材之后，我们就可以继续探索弗雷泽所提出的那些重大问题。因为他提出的是人们关于社会所要提出来的那些问题。比如说，去追问我们所持有的信仰是普适的还是地方性的，这就是一个再好不过的问题。

[你把自己描述成一个马克思主义者，然而你也同样表明，马克思关

于所谓的“停滞的东方社会形式”和特殊的“亚细亚生产方式”的观点哺育了西方的意识形态偏见。尽管如此，你是否依然还认为马克思主义对于比较研究有所贡献?]

我当然不是一个非马克思主义者，因为我认为，马克思在许多问题上有很多很好的出发点。我今天正在写作对于马克思某些观念进行批判的文字，那只是因为在我看来它们值得郑重其事地被对待。马克思确实给社会科学添加了一个长时段历史的维度，而这是许多社会科学家所不具备的。他有一套有关某种社会形态向另一种发展的理论，那作为一种总体性理论具有某些价值，尽管可能在不少方面有些粗糙和不妥。因而，他关于亚洲社会和欧洲社会的特征的讨论可能是错误的，然而他的确提出了激动人心的问题，并以饶有兴味的方式来处理它们。考古学是马克思有着非常积极的影响的一个领域，使其试图以普遍性的视角来考察历史的流变。我还想到了我在战俘营里读到的另一本引人入胜的书，戈登·柴尔德的《历史上发生了什么》。这位澳大利亚的马克思主义史学家改变了这个国家对史前的研究，并使其更加具有社会取向。关于首先发生在美索不达米亚，而后发生在北印度和中国的青铜时代的巨大进步，他的观点与马克思和韦伯所说的正好相反，表明了在这个时期欧洲与亚洲之间并没有什么实质性的分别。如果说有什么分别的话，那就是亚洲比之欧洲更加先进；因而亚洲的各个社会并不像这些著作家们所认为的那样僵化和专制。

当然，由于缺乏东方语言的知识，马克思和韦伯几乎不可能了解这些社会中商业和制造业的发展。既然以西方语言出现的关于东方还有非洲的材料已经有了巨大进展，在过去可以理解的错误，到现在就不那么好让人原谅了。另一方面，我们所拥有材料数量的增长，也增加了我们掌握材料的难度。

20 [晚近以来历史学与人类学的融合所导致的后果之一，就是微观史更加广泛的吸引力和传播力。历史学家追随着人类学家，对于研究小共同体和藉藉无名的人物充满兴味。如你所知，深孚众望的历史学家们批评了这个新趋向。他们害怕微观史只去研究微观的问题和琐细的主题，而写作此种历史的人就成了微型的历史学家（mini-historians）。比如，约翰·埃利奥特（John Eliott）就很激烈地说，“当马丁·盖尔[*]和马丁·路德一样有名或者前者还更有名时，一定是出了什么问题”。你对此是怎么看的？]

在这一点上我与埃利奥特颇有些同感，然而幸运的是，微观史并非历史学与人类学唯一的合流之处。另一方面，由这些微观研究引出来了某些有趣的东西，表明这是一个激动人心的领域。对于在某个更广阔的层面上具有其重要性的、处于特定时空、特定场景的特定个人的研究也是如此。因此我个人并不对马丁·盖尔耿耿于怀，只要人们不把这当作唯一的研究方法并排斥更广泛的比较研究。那其实也是有时候发生在人类学中的事情，人们专注于田野工作和特定的研究，于是认为普遍性的研究就没有价值。而人类学中更进一步的危险在于，研究者不仅限制在对于某一个特定民族的微观研究，而且也被拘束于有关观察者对该民族的反应的微观研究之中。在那种情况下，你主要关切的就不是学到那个民族的某些东西，更别提什么更加广阔的参照系了。

[那么，历史学与人类学融合的好处又在哪里呢？]

如果你进入一个没有历史记录的文化，就有一个可怕的危险，认

---

* 此系后文中所访谈的纳塔莉·泽蒙·戴维斯的名作《马丁·盖尔归来》中的主人公。——译者注

为它一直就是那个样子；比如说，希瓦罗人和祖尼人*的行事方式中就有某些东西乃是天然如此的。而我们可以确信无疑的就是情况绝非如此。相反地，文化永远在变迁之中。我近来很感兴趣的是人们对于肖像的态度所发生的变化，我认识到，各个文化并非永远都是喜爱绘像的或者崇拜圣像的，而是时时都在变化。于是，像中世纪英国那样一个天主教的社会，花用得很多，在变成新教时却改变和摈弃了这一点；而到了 19 世纪又有了变化；如此等等，不一而足。无论个人还是社会都并非注定在更长的时段内持有特定的态度。倘若你从一个剪影的角度，从同时性的视角来看一个社会（就像我们习惯于在人类学中所说的那样）——那基本上就是你在一个社会中进行田野考察时所 21
能做的，你就会有这样的想法：文化乃是以某种几乎完全是物质性的形式返回到时间之初的东西。正是这样的假定使得人们能够谈论比如说阿散蒂**文化。在某种意义上，历史学就是通过给予我们在人类学中所缺少的时间维度和深度来挽救我们。确确实实，在缺少我们所研究的文化的早期材料时，人类学并不总是能够获得时间深度的；不过，人类学家至少可以在心中明白这样的可能性，那就是，他们所考察的这些世界观和态度并非必定就是永久性的特征；在所有社会中都一样，这些态度可能包含着潜在地导致了时间中的变化的各种冲突。近来，某些对于非洲若干民族的研究就对此提供了证据，我们可以观察到这些民族对于肖像的态度所发生的变化：从造型艺术转向了抽象的形式。

从另外的角度来思考这个问题，人类学对于历史学可以有所裨

---

* 希瓦罗人（Jivaro），居住在厄瓜多尔和秘鲁的印第安人。祖尼人（Zuñi），美国新墨西哥州西部印第安人中的一支。——译者注

** 阿散蒂（Ashanti），加纳的一个地区。——译者注

益，通过它考察某些问题（如亲族关系）时的理论视角和概括方式来影响历史学。人类学可以以其在不同参照系中分析过的广泛素材，来帮助历史学家对某些问题进行研究，比如说婚姻规则和继承制度的问题。我自己就发现，与 E. P. 汤普森和琼·瑟斯克（Joan Thirsk）为“过去与现在丛书”关于不同的继承制度的一本书而进行的合作研究，让我兴奋不已，在更加广泛的参照系中考察欧洲的继承制度，引发了若干有趣的问题，尤其是涉及妇女的时候。[1]

[你起初研究非洲，而眼下写了很多关于欧洲的论著，你在社会科学的领域内成了一位多少有些特立独行的知识分子。你认为你在这两个领域之间的调和有多大的重要性呢?]

我觉得我在非洲的经历非常重要，因为无论我思考的是什么问题，是关于欧洲的还是别的地方的，我都会问自己，这在非洲的语境下会是什么样呢？因而，对我而言，将欧洲经验的某些方面放到非洲的背景下来看，是非常重要的。在对非洲社会和欧洲社会的某些方面（比如说继承制度）的相似和差异进行考察时，我也在试图提出对于那些差异的某种解释，而不是简单地将其作为野蛮心态的结果。那也是我之所以对于读写能力在社会中所起的作用发生兴趣的原因之一。我想要说的是，欧洲和非洲之间所存在着的某些差异，是与这一事实相联系着的：非洲没有书写系统。换句话说，我不是通过讨论与开化
22 心态相对照的野蛮心态来解释非洲社会，如果我们以具体的注重背景的方式来考察它们，我们就可以将实际发生的事情看作引入书写和学校教育的一个结果。在加纳，我在非常短的一段时间内就看到了巨大

〔1〕《家庭与继承：西欧的乡村社会，1200—1800》（*Family and Inheritance: Rural Society in Western Europe, 1200-1800*, Cambridge, Cambridge University Press, 1976）。

的变化；人们的视野开阔起来，人们进行各种各样的活动，如写书等等。我知道有人来自非洲简陋的乡村，那里不存在书写这回事，然而，他们却成了大千世界中的大学教师、小说家和商人，甚至有人成了联合国的秘书长！

[在研究了某些以相对孤立为特征的非洲文化之后，你怎么看待爱德华·萨义德（Edward Said）的概括“一切文化的历史都是文化借用的历史”？]

认为非洲的这些口头语言的文化是停滞僵化的、有赖于外来的观念，这种看法当然是错误的。我觉得我们不能低估在不同文化中所产生的发明创新的数量。只有既考虑到借用，又考虑到人群当中存在的创新的因素，人类社会中所具有的巨大的多样性才能够得到解释。在大多数文化中这两种进程并行不悖，我不认为谁能够将一切都说成是内部的发明创新或者将一切都说成是从外部借用而来。我们必须一个部门一个部门地来加以研究，比如就非洲的情形而论，在宗教和艺术的领域内就有大量的发明创新，新的崇拜和新的观念层出不穷，有时会有一些关键要素是借用而来的。在别的领域，如农业、科技和书写系统，文化借用的情况就显得非常重要。

[你涉猎广泛的著作也没有漏掉巴西。是什么使得你对1835年巴伊亚州萨尔瓦多城的奴隶暴动感兴趣呢？]

部分是因为我对一般而言的暴动感兴趣，但是老实说，就这个特例而言，那是因为当地警察局长对这一事件的理解让我入了迷。他将暴动相对而言取得的成功归咎于书写在暴动组织中所发挥的重要作用。我们知道，在萨尔瓦多参加暴动的奴隶和自由人（其中大部分是约鲁巴人中的穆斯林）那时候正在非正式的伊斯兰学校中学习用阿拉伯字母阅读和书写，并且许多领导人是受过教育的非洲人，他们游历过很多地方，精通阿拉伯文。反叛者们有了这些能力，就可以传递便
23 条给别人来传达指示，尼娜·罗德里格[1] 1900 年所研究的，正是警察缴获和收集的这些资料。

此次暴动失败之后，官方采取了严酷的措施从黑人社群中消除危险因素：400 位有读写能力的黑人被送回西非，他们被作为未来暴动的因子而驱逐出去。你看得出，我早年对读写能力的后果的兴趣，就是被这样一个戏剧性事件所引发的，它表明一旦这些人有了阿拉伯字母表，他们就可以在更加广阔的活动范围内有所作为。因而，这个事件就以戏剧性的方式将读和写对于文化变革所具有的潜能表现出来了。这项研究的结果，就是我对读写能力在美洲其他的奴隶暴动中所发挥的作用产生了兴趣，但是我并没有做更多的研究。

[你的一个意图是要反驳在“我们”（开化的、先进的、逻辑—经验的民族）与“他们”（原始的、神话般的民族）之间所做出的以人种为中心的分野。与此同时，你拒绝接受文化相对主义，称之为“感伤的平等主义”。文化相对主义的错误在哪里呢？]

这很有点后现代主义的风格，尽管在人类学自身当中长期以来就有这个成分，因为在某种程度上，人类学研究者总是想要指出——我觉得是很正确的——某些社会并不像许多人所认为的那样与我们如此悬殊。然而，重要的是，在看到相似性的同时也要看到差异。极端形式的相对主义就等于在说，非洲人与中国人、日本人等等并无不同。

---

〔1〕 尼娜·罗德里格（R. Nina Rodrigues, 1862—1906），巴西人类学家，著有 *As raças humanas e a responsabilidade penal no Brasil*（1894），*Os africanos no Brasil*（1933），*O animismo fetichista dos negros baianos*（1935）。

倘若他们真是一样的，为什么他们所取得的成就又是不同的呢？因此在我看来，这些年来出现的认为所有人类社会都是一样的那种观点，与文化史截然相反，因为不可能将没有文字的民族与有文字的民族所取得的成就等量齐观。我们必须将这样的事实纳入考虑：没有我所谓智力技术（technology of the intellect）的社会，就不可能与那些具有此种技术的社会以同样的方式来建构知识。当然，他们会有关于自然的知识系统，但是他们不可能取得那些具有书籍、百科全书、辞典和一切那样的东西的社会所取得的同等成就。简而言之，像德里达那样的哲学家，认为阅读自然与阅读书籍并无不同，这是极其错误的。阅读星星并不能带给你与通过阅读书籍所得到的同样的知识，比如说关于巴西的知识。这就是在我看来文化相对主义错误的地方。

这并不是说我比他们更好或更聪明，而是因为我可以使用钢笔和 24
铅笔，可以读书和使用书，而这就使得我可以做有些事情，而那是来自其他类型的文化的人们（无论他们多么聪明、多么有天赋）所做不到的。犁和拖拉机也是如此。使用犁、畜力或拖拉机的力量，比起如果我是一个像在非洲那样刀耕火种的农民来说，可以生产出更多的东西来。正是由于生产系统变得如此复杂精致，生产出来了剩余产品，我们才能够这样坐在这里好几个小时来谈话。在一个简单的口头语言的文化中，我们就得在绝大部分时间出门劳动以获取食物。因此，看不到这些差异的存在，显然是错误的。这些并不是道德上的差异。

[你坚决地拒绝将心态概念作为恰当的历史解释。你指出，心态史表露出来的是某种智力上的懒惰。能否谈一下你对此种研究路数的保留态度？]

在我看来，像菲力浦·阿利埃斯（Philippe Ariès）、劳伦斯·斯通和其他许多人那样在历史的心态中发现变化，那也太容易、太简单了些。比如说，“儿童的发明”就没有什么说服力，因为其中缺少比较的视角。为了证明这个发明在某个特定的历史时刻发生在欧洲，就有必要知道，首先，此前儿童是个什么样，其次，过去和现在的其他社会是如何看待儿童的。关于18世纪在欧洲出现的夫妻之爱的观点，也需要作如是观。想要知道这样的论点站不住脚，我们只需要回过头去看一下中世纪和古罗马。伊安·瓦特（我以前在剑桥的同事，写过一本关于小说兴起的引人入胜的著作）就是朝着那样一些路子来做研究的，而我也批评过将希腊的伟大成就解释为“希腊天才”的成果。用希腊人的“天才”或“心态”来解释他们的成功，这里面具有某种智力上的懒惰。在这个方面，我赞同杰弗里·劳埃德（Geoffrey Lloyd）在他的著作《破除心态的神话》（*Demystifying Mentalities*）中所提出的批评。要想打破他们那种任何东西都说明不了的循环论证，我们必须试图去发现创造了所谓“希腊奇迹”的因素。而这就是我们在1963年一篇引起很大争议的论文《读写能力的结果》（“The Consequences of Literacy”）中所要做的，我们在那篇论文中利用识文断字者和文盲的范畴来探讨人类的发展。

[可是，你的识文断字者—文盲的二分法（与列维-斯特劳斯和列维-布留尔所利用的野蛮—开化和逻辑—前逻辑的二元对立截然相反）
25 与你认为是种族中心论的过于简单化的其他对立在哪些地方有所不同？]

其他的二分法似乎将各个人类社会视作固定不变的，因为它们不去劳神解释它们的不同，也没有什么内在的变迁的概念。单单是说各个社会是逻辑的或前逻辑的，或者热的或冷的，并不能让人了解差异何在，以及从一个到另一个的过渡又是如何实现的。我研究读写能力是想要表明书写在某个人类社会中究竟起了什么作用，使得它区别于某个没有读写能力的社会；我还要借此引入一个动态的因素，试图表明一种类型的社会是如何过渡到另一种的。我不把它们视为一成不变的，因为我指示了变迁的机制，书写的引入乃是使系统发生变化的重要动因。可是，我提出的那个对立绝非像别的对立那样是二元的，因为我将交流方式中的所有变化都视作是相关的。从不能读写到能够读写，这中间的变动确实有着重大意义；然而，我也指出，书写所引发的变化，也根据被采纳的是何种系统——无论是像中国的那种象形系统，还是后来近东的那种字母系统——而彼此有所不同。并且，随后发生的变化，比如印刷术的发明和书籍生产的机械化，对现代世界产生了巨大的冲击。在此之前，全部的人类经验随着话语系统的发展而经历了一场巨大的变化。这样，我就看到了一整套给人类社会带来差异的区分之处，而不是像我的有些同行那样，只看到一个巨大的分别。

例如，历史学家们经常会谈到有历史的和史前的分别，一个有档案材料而另一个没有，而我认为，如果它们不是试图通过某种特定的变迁机制来表明，比如当人们开始把事情写下来时，发生了什么，这些区分（就像列维-斯特劳斯的热的社会和冷的社会一样）就并没有太大意义。实际上，将口头语言的社会视作一成不变和僵化停滞的，此种观点在我看来大谬不然，因为它们并不具有像我们的纸和笔那样的固定的存储系统；因此，既然无书可寻，它们就得不断地创造出新东西。比如说，就宗教而论，我一直认为，书写使得事情相当保守，而在口头语言的文化中，宗教常常变动不居，存在着多种多样的崇拜。当你拥有的是书面语言的宗教时，你总是要以各种方式回到书本，圣书就成了固定不变的文本。因此，我的目标是要表明，书写和非书写之间的差别何在，而这些差别又如何影响了诸如经济、宗教这样的人类活动的各个领域。

在我写作《野蛮心灵的驯化》* 时，我故意选择这个标题来强调
26 这一事实：我想要处理的是一个过程而不仅仅是一种两分法。我想要表明在那个变动中所涉及的驯化过程，因为我认为，列维–斯特劳斯归之于冷的社会和热的社会的某些东西（不是所有东西），可以从交流方式的差异得到更好的解释。

我之所以培养起这种特殊的关切，有两次经历起了关键性的作用。第一次是当我在中东和意大利当战俘时，突然发现自己身边什么书也没有（我前面说过，德国战俘营那个绝好的图书馆让我大为吃惊）。战后我重逢伊安·瓦特——他有着同样的经历（但他没有艾希施泰特的图书馆），我们决定合作研究交流模式对于人类社会的影响；并且，尤其是记忆的作用以及读写能力的引入对于没有书写的社会所产生的影响。第二次经历是我可以在非洲观察到“野蛮心灵的驯化”的实行过程。列维–斯特劳斯对于两种对立的社会类型的探讨，似乎暗含着人们被锁定在那一分野中的内涵，而我在非洲的经历却表明了相反的情形，人们不断在变化，尤其是随着以教授书写为中心的学校的建立，情况更是如此。比如，当人们被要求去登记他们数百年甚至上千年来所耕种的土地时，财产观念就受到了巨大的影响。在那之前，他们与其他许多人一道拥有一片土地，许多人对这片土地都拥有权利。然而，当他们被要求写下这样的文书——“我，杰克·古迪拥有这片土地”——时，这个行动就将所有其他人排除在外了。因而，文书的引入就以此种方式全然改变了所有权的性质。

[在你关于表象和冲突的著作中，你引入了一种文化的概念，其中包

---

* 此标题暗指列维–斯特劳斯的著作（中文本译为《野性思维》）。——译者注

含你称之为“认知的冲突”（cognitive contradiction）的重要而复杂的因素。它扮演了什么样的角色?]

如果这有点暧昧不清的话，我很抱歉，但是它对我来说，也有些暧昧不清。“认知的冲突”的概念源自于我的信念——各个社会并没有被拘束在某个固定不变的状态，文化并不是以凝固的形式返回到万物之初的某种东西。通过表明在每个无论多么简单的文化当中都存在某种冲突的因素，我试图以这个概念来解释文化变迁的某些方面。这其实是人类处境的一部分，是人人所共有的某种东西。表象对于人生必不可少，而在表象事物的整个过程当中，却存在着矛盾冲突。并且，正因为每个文化中都潜藏着冲突，才有了发生变化的潜能。

就像我前面简略地谈到的，我起初所面临的问题，是在非洲各民族中可以观察到的从造型艺术到抽象形式的艺术的转变。为什么，比如说，某些非洲文化中具有形象化的图像，而相邻的民族却具有抽象 27
的表象？还有，为什么此种情形随着时间而发生变化？这种分布状况看来并非完全是任意和偶然的，而是正好相反，有关图像形式存在某些带有普遍性的疑问。某些群体并不觉得创造形象化的图像会有什么问题，别的群体却认为很不恰当。同样的现象也可以在早期基督教，后来是将神像从伊利大教堂前推倒的新教徒那里看到，这表明，随着时间的流逝，在一个文化当中存在着某种前后摇摆的运动。比如说，你可以在犹太教和佛教的历史中看到类似的从形象化到抽象形式，又重新返回的运动或变化。我们今天看到佛教寺庙中挤满了佛陀的像，然而，佛教在其最初的五个世纪中根本就没有这样形象化的造像。显然是和尚们为了在俗人中传播宗教才造了这些像。即便是现在，佛教禅宗也不大重视造像；禅宗的信徒们认为自己是在践行一种更加精致的宗教形式，他们重视的更是言词而非图像。

因此，在许多文化中能够看到随着时间流逝对图像的使用发生了巨大变化的这一证据，在我看来，表明了表象的观念在旧有的柏拉图式的同一条路线上有所摇摆，柏拉图式的观念反对表象，是因为表象从来就不是物自身。用柏拉图的话来说，表象乃是谎言。这就意味着，使用图像的人们往往会问这样的问题：“在呈现（presentation，表现）和表象（representation，再现）之间有什么差异？”而且由此他们最终就会拒斥表象，如 20 世纪初期俄国和法国的抽象派艺术家之所为。一度被视为神圣的圣体*，逐渐被看作不过就是一片面包。

于是，我试图以我引入文化概念中的“认知的冲突”的要素，来理解文化变迁的某些方面，它们有的发生得非常突然，就像是人们将伊利大教堂的天使们的手臂折断，十年后又给安放回去了。或者就像是 1648 年伦敦的剧院完全消失了，而到 17 世纪 60 年代围绕着复辟的戏剧活动又猛然兴盛起来。让人迷惑不解的是，一会儿拒绝，一会儿接纳的，正是同样一批人，同样的伦敦人。因此，我要论证的是，这些变动并非单纯就是外部强加的结果。相反，它们表明，文化与人对其所作所为都是摇摆不定的；因为人们也对戏剧是否为正当的活动、形象化的图像是否适宜等等心怀疑虑。你可以在犹太教中看到此种变动的一个戏剧性的例子。起初，犹太人郑重其事地看待《旧约》中关于它们不能给世间任何东西造像的诫命，并且确实也没有造任何像。
28 可是后来一切都突然发生了变化。19 世纪时犹太人没有绘画，对戏剧也不积极，然而他们却建立了好莱坞，并且在电影、绘画、雕塑、戏剧和一般艺术的领域内都变得异常重要。据说，20 世纪初的马克·夏加尔（Marc Chargall）是历史上第一位犹太画家！

---

* 圣体（host），系天主教在弥撒中或新教在圣餐中经过“祝圣”的面饼，代表耶稣的身体。——译者注

［在属于你兴趣范围的所有著作中，哪些是你想要自己写出来的？］

有不少小说我希望是自己写出来的。但是，在非虚构的、最接近于我专业的领域内，要写出我在步入人类学之前、战争期间在艾希施泰特发现的那两本书，那会是了不起的成就：戈登·柴尔德的《历史上发生了什么》是对人类历史早期阶段的杰出总结，詹姆斯·弗雷泽的《金枝》虽然我的前辈们很不喜欢，却是一部予人启迪的著作。这些对我产生了巨大影响的书，当然会满足我的勃勃雄心。但是，如果要我说我自己的书的话，我想也许我会引以为傲的是没有我自己的任何话的那一本。听起来可能有点古怪，然而对于巴格人神话的记录和翻译，在我看来是我最具有持久价值的成就。不是说我创作了一部文学著作，而是说，通过记录和翻译这个非洲神话，我在某种意义上再造了一部文学作品，它探讨了根本性的神学问题，并显示了一种口头语言的文化当中的哲学因子。看似与基督教或伊斯兰教有着特殊联系的神学问题，在这里被表明乃是普遍性的问题，是许多宗教都会碰到的。是的，因为它们全都包含在这个神话里：神的物质性和非物质性的问题，创世神的问题，恶的问题——为什么神创造善的同时也创造恶？为什么他不降临尘世并改变这一切？等等。

因而，我在弄那本书时觉得最感欣慰的事情之一就是，尽管全部的哲学因子都摆在那里，可是如果我没有在那个特定时间写下这个神话的那一特定版本，它可能就会消逝无踪。而这桩事情中异乎寻常的是，如今那个民族就将我的翻译视作某种神圣的文本，视作他们的《圣经》；我现在已经在很大程度上成了他们历史中的一个部分。我的那个版本令他们感兴趣，不是因为我写了它，而是因为我在五十年前从老人们那里记下了它。如果有人决定现在去记下它，他的版本将会有很大的不同，因为那是在五十年之后才记录下来的。于是，我仿佛就是记录了那些充满智慧的人们的鲜活的记忆。如果可以打个比方的话，就好像我是坐在荷马身边记下他的吟诵，而别人只有荷马诗歌五十年后的一个版本，那与我的版本很不一样。我们自己的社会是以书写来储存文化的，而所有口头语言的社会的文化却不一样，它们将文化储存在记忆中。所以，显而易见的是老人在口头语言的社会中具有特殊地位，是权力和知识的源泉。他们是有智慧的人，因为他们有比别人更长久的记忆，他们是信息库。如果你像他们一样相信，知识是从回溯到很远的地方来的，那么，离那个时期最近的人就是对它知道得最多、手握真理的人。

我必须得说，我并不是在实实在在的吟诵的语境中来记录那个神话的。要想进入所有事情都在其中发生的那间屋子，必须得先加入一个秘密会社，就像是加入共济会。只有这样做，我才有可能参加这个会社的入会仪式，那个神话就是在这个时候被吟诵的。于是，我只好找到某个愿意在外面为我吟诵的参加了仪式的人。而我之所以从没有加入这个秘密会社，有一部分是因为入会的程序要求你在一棵树下静坐大约六个星期，那好像不是我在那里消磨时间的好办法！

剑桥，1997 年 10 月、11 月

论著选目

Death,Property and the Ancestors: A Study of the Mortuary Customs of the LoDagaa of West Africa (Stanford, Stanford University Press, 1962).

ed., *Literacy in Traditional Societies* (Cambridge, Cambridge University Press, 1968); translated into German and Spanish.

The Myth of the Bagre (Oxford, Oxford University Press, 1972).

The Domestication of the Savage Mind (Cambridge, Cambridge University Press, 1977); translated into Spanish, French, Italian, Japanese, Portuguese, Turkish.

Cooking, Cuisine and Class: A Study in Comparative Sociology (Cambridge, Cambridge University Press, 1982); translated into Spanish and French.

The Development of the Family and Marriage in Europe (Cambridge, Cambridge University Press, 1983); translated into Spanish, French, Italian, Portuguese.

The Culture of Flowers (Cambridge, Cambridge University Press, 1993).

The Expansive Moment: Anthropology in Britain and Africa, 1918-1970 (Cambridge, Cambridge University Press, 1995).

The East in the West (Cambridge, Cambridge University Press, 1996); translated into French and Italian.

Representations and Contradictions: Ambivalence towards Images, Theatre, Fictions, Relics and Sexuality (Oxford, Blackwell Publishers, 1997); translated into Spanish.

Love and Food (London, Verso, 1999).

The European Family (Oxford, Blackwell Publishers, 2000).

阿萨·布里格斯

31 阿萨·布里格斯（1921 年生人）是当今英国最负盛名的社会史家之一。尽管他是在世的最伟大的维多利亚时期英国研究的专家，布里格斯却从来没有将自己约束在某一个单一的时期、地区或者甚至是专题上。他广泛的兴趣和惊人的工作能力很早就显示出来了：当他还在剑桥大学读历史时，他还暗自在伦敦大学读经济学。对于大多数人来说，这两个学科中的任何一个都需要全力投入和努力学习。据说布里格斯晚上只睡四个小时，而他写信、写书评，甚至于写书的速度，总是令他的同事们羡慕不已。

阿萨·布里格斯生长在约克郡，受到了他的出身地的深刻影响。布里格斯对于英国历史所有巨大的贡献，体现在他对于工业革命研究的征服，对于那场在北部开始的“长期革命”的执着兴趣，在他看来，它不用街垒和政变，就改变了整个社会结构。

就像其同代人一样，布里格斯对经济史心醉神迷，然而与他的大多数同代人有所不同，他拓宽了自己的兴趣，并成为英国社会史的先行者之一。他的《维多利亚时代的城市》（*Victorian Cities*）刊行于 1963 年，那时候，城市史还没有成为自成一体的次级学科。在那部著作中，他还提出了在那时还很不寻常的一套比较研究方法。他对于维多利亚时期澳大利亚墨尔本的讨论，将其置于与遍布小作坊的伯明翰和工业革命的典型城市曼彻斯特的比较之下，此书至今无人超越，并且仍然是对维多利亚时代或城市研究和比较研究感兴趣者的必读书。

还在20世纪60年代时，布里格斯就宣布，他在准备一部讨论 32
“维多利亚时代的物品”的书，那个时候，人们对物质文化史还闻所未闻；然而，没完没了的行政职务使得他到1988年才写完了《维多利亚时代的物品》（*Victorian Things*）。与人们可能想象的相反，这不是对于古物的研究，而是一部既基于文本研究，同时又基于物品研究的社会史。当他在1963年发表的一场讲演中宣布这项计划时，布里格斯生动地说明了他的研究方法，他提出，应该有人研究割草机的历史，将这东西与中产阶级带有大庭院的郊区的兴起，以及家庭仆人的衰落等等联系在一起。

阿萨·布里格斯也是英国历史学家中最早表现出对于现代传播的历史和休闲产业发展的兴趣的，这是他1960年一次演讲的主题，那时这样的主题也还没有被人发现。所以用不着奇怪，他会应邀撰写BBC（英国广播公司）的历史，数年来就此专题他已经出版了好几部书。

有了这样的背景，人们就会指望布里格斯最终写出一部英国社会史来，这是取代更加传统老派的大史学家乔治·麦考莱·屈维廉（George Macaulay Trevelyan）那部著名的《英国社会史》（*English Social History*, 1942）的首次尝试。既然他长期关注的是维多利亚和前维多利亚时代，人们就猜想，布里格斯会以18世纪或者最早以中世纪结束作为他这部史书的开端。然而他以其一如既往的勇气超出了每个人最大胆的设想，决定回到最初的时代，从史前开始写他的《英国社会史》（*Social History of England,* 1983）！值得注意的是，布里格斯的这本书受到了巴西社会学家和历史学家吉尔贝托·弗雷雷（Gilberto Freyre）的著作的很多启发，布里格斯自承，弗雷雷是第一位使他意识到视觉与社会之间的关联以及物品作为历史证据的重要性的知识分子。[1]

年过八十，布里格斯依旧展现出他整个思想生涯中都十分突出的令人艳美的精力和勇气：他近来写了一部关于媒体的通史（与彼得·伯克合作），从谷登堡*一直写到互联网，为此他还游历了加利福尼亚，以了解硅谷现象。

对阿萨·布里格斯的任何大致描述，都不会不提到他对教育和政治的兴趣，他对这些问题有着强烈的信念。在20世纪60年代，他帮
33 助设计了开放大学和苏塞克斯大学，在教育领域引发了巨大的革新。布里格斯为苏塞克斯聘用了许多年轻的牛津学者，这个在南部海岸靠近布赖顿的地方新建立起来的大学，被人们称作“海边的巴利奥**”。然而，布里格斯并没有在那儿复制牛津、剑桥体制的意图：他想要以不同的模式创造出一个卓越的中心。他梦想有一个不分系科的大学，并力图（用他的话来说）通过在艺术研究中引入跨学科方法来“重绘学术地图”，这在那时相当具有革命性。在苏塞克斯，学习历史可以在社会研究学院，将历史学的课程与社会学和社会科学哲学结合起

〔1〕 吉尔贝托·弗雷雷（1900—1987），巴西社会学家和历史学家，以其对于种族和文化混杂以及父权制家庭的研究而知名，著有《主与奴》（*The Masters and the Slaves,* 1933）和《别墅与棚屋》（*The Mansions and the Shanties,* 1936），两书均有英文本。

* 谷登堡（Johann Gutenberg，1398—1468），德国人，西方铅活字印刷的发明人。——译者注

** 巴利奥（Balliol），牛津大学的一个学院。——译者注

来；也可以在欧洲研究学院，将历史学与哲学和文学结合起来；甚至还可以在非洲和亚洲研究学院，将历史学与经济学和人类学结合起来。在政治领域，布里格斯对于工人事业和工党的支持，在1975年受到了激励，他被吉姆·卡拉汉（Jim Callaghan）领导的工党政府授予爵位。

尽管1991年就退休了，布里格斯勋爵仍然作为好几个实体机构（如英国社会史学会和维多利亚学会）的主席而忙碌着，并且应邀在美国、日本、中国、印度和欧洲各个国家讲演。他的多个职位让他不停地游走于他所居住的苏塞克斯、上议院和他所属的伦敦各家机构之间，要在他的日程里给我们的访谈找出一段空隙来，并不是件容易的事情。终于，布里格斯在他伦敦的办公室里热情而愉快地接待了我。他的办公室恰好位于维多利亚时代的大作家萨克雷住过的一栋漂亮的房子里。如我所预料的，他言辞流利，说话快捷而准确，谈起了他的研究、他对吉尔贝托·弗雷雷的兴趣、他的思想轨迹、维多利亚时代、英国君主制的未来等等。

玛丽亚·露西娅·帕拉蕾丝-伯克 ［你是如何决定要做一个历史学家的？你的家庭背景和受到的教育影响了你后来的生涯吗？布里格斯家族起到了关键性的作用吗？］

阿萨·布里格斯

我还是小孩甚至到青少年的时候，都从来没有过想从事这一行的打算。我想，只是在我到了剑桥的西德尼·苏塞克斯学院之后，我才想要做一名历史学家。布里格斯家族间接地起了作用。我的祖父出生在利兹的工业区，可以把他描述成一位从塞缪尔·斯迈尔斯（Samuel Smiles）的书中走下来的人物，而且斯迈尔斯的一些演讲中的确也提到过他。我的祖母来自多少要高些的社会等级，她奇特的经历当然有助于我对历史发生兴趣——她从来没有见过自己的父母！她的母亲在
34 分娩时去世了，她的父亲在她出世之前也故去了。我的父亲和祖父都是领班技师，他们手都很巧，我想我对技术史越来越有兴趣，一定程度上是源于这样一些家庭背景。我的祖父尤其对历史感兴趣，我正是跟着他，很小时就游历了约克郡基斯利附近的每一所寺院、每一座城堡和每一个旧城镇。我们谈得很多，很高兴，他很长寿，看着我上了剑桥，那对他来说是件了不起的事情。

至于我母亲这一边，我的先祖们全都是农民，他们很成功，成了蔬菜水果零售商，然而，我外祖父在他最后患病时留下了巨额账单，随之又是20世纪30年代的大萧条，使得这个家族的生意处于很可怜的状态。我长大成人时特别清楚我生活在一个经济萧条期的事实。我十岁时，得到了一笔奖学金，上了一所老语法学校，在那里受到饶有趣味的教育。到六年级时，身为历史学家的校长对我的将来产生了很大影响。完全是由于他——一个循循善诱而又颇有权威的人，我去了西德尼·苏塞克斯学院，他正是从那儿毕业的。他坚持认为我应该读历史，尽管那并不是我成绩最好的学科。直到那时为止，文科和理科对我而言是半斤八两，英文一直是我最喜爱的学科。不管怎么说，我非常高兴听从了我那校长的建议。我对此从未有过怀疑。

[是什么使得你选择维多利亚时期的英国作为你主要的研究领域?]

我对历史中连续与变迁之间的关系非常感兴趣，而在维多利亚时期的英国，变迁和连续都同样巨大，就像我童年时代的约克郡一样。我对女王的关切不及对那一整个时期的关切，虽然我发现她也很有趣。在前所未有的变化正在发生的那个时代，维多利亚女王在王位上提供了某种连续性的因素。在从1837年到1901年的整个时期，你可

以看到女王的头像出现在硬币上。这件事本身就令研究 19 世纪英国的法国大历史学家埃利·阿勒维（Elie Halévy）着了迷。

[对你而言，挑战关于维多利亚时代的陈腐观念有多重要？]

我挑战了所有的东西，因为事实上，在我开始写作时，人们对维多利亚时代英国并没有多大的兴趣。尤其比起 19 世纪来，英国史学家们更感兴趣的是 17 世纪。我试图更加严肃地来看待维多利亚时代的人们并力图对他们加以透视，因此在我看来，我的确发挥了一些影 35
响使得人们对于维多利亚时代的英国产生了更大的兴趣。我对近来的各种观点并没有太多挑战；我所挑战的是对于维多利亚时代英国的陈旧观点，那些观点尽管有时表达得流光溢彩（像在利顿·斯特莱切[Lytton Strachey]的《维多利亚时代名人录》[*Eminent Victorians*]中），却极端陈腐。因而，我提出了某些在我看来是全新的东西，来挑战将维多利亚时代的人们看作拘谨、伪善、僵硬、更善于创造物质性的东西而不是文化的那种观点。

[你称之为“改进的年代”的那段时期，被霍布斯鲍姆命名为“革命的年代”。你如何比较自己关于维多利亚时代英国的观点与埃里克·霍布斯鲍姆和 E. P. 汤普森的观点？]

我想，不同的名称对于它们各自的使用者而言都是恰当的。就英国而论，我所说的“改进的年代”比之“革命的年代”更好。但埃里克·霍布斯鲍姆——我对他非常熟悉，他是我的朋友——谈的是欧洲，而“革命的年代”对欧洲比对英国更加合适。可以说，我是在仔细入微地集中考察英国，他则更加普遍和包罗万象地来考察欧洲甚至整个世界。他给《改进的年代》写了一篇精彩的评论，他也赞同我的这个用词，那是基于当时人们对自己时代的看法的。我们的分歧在别的地方，我的观点不同于他的，因为我并不以马克思主义为起点。霍布斯鲍姆比我更加强调从革命到资本主义、从资本主义到帝国主义等等的历史阶段。这的确是马克思主义的阶段划分；而我认为历史比那要复杂得多，其间有摇摆、矛盾和冲突。霍布斯鲍姆本人也认识到了这一点，并且在他写作关于20世纪的那一卷（这一卷他称为《极端的年代》，一个让我觉得很奇特的书名）时，表明他对于自己时代的冲突有了更多的意识。至于爱德华·汤普森，我年轻时候在利兹做教授时就对他很熟悉，他将自己的研究局限于18世纪和19世纪初期，而就其关于工人阶级的观点来说，我更同意霍布斯鲍姆而不是汤普森，并将英国工人阶级的形成时间定位在19世纪晚期而非19世纪早期。不管怎么说，汤普森在三个方面具有重要意义。首先，他深入考察了英国阶级概念的整体。其次，他是一个更加关注经历（包括那些被历史遗漏的人们的经历）而非观念的历史学家；而这正是他的马克思主义和霍布斯鲍姆的马克思主义之间的分别。最后，他激励一代人转向那些吸引了他也吸引了我的那些历史研究主题。

36 [有什么特殊的遭遇在你看来对你的史学风格的发展起了决定性的作用？什么人被你视作自己的导师？]

我所听过的最精彩的讲演是艾琳·鲍尔（Eileen Power）的，那时我在伦敦经济学院念经济学。我后来跟她熟识，认为她才华横溢，卓尔不群。她对于广播的兴趣启迪了我后来对BBC历史的研究。我也很幸运有哈罗德·拉斯基（Harold Laski）这样的老师。他的讲演精彩绝伦、妙趣横生而让人经久不忘。至于哈耶克，他课讲得不是太好，但他本人却令人倾倒，仪表堂堂，是个兴趣广泛的纯正的欧洲人。在剑桥，我上过一门那个大学传统风格的历史课程，更多的时间花在中世纪史而非现代史上，内容更多的是宪政史（和经济史）而较少政治史。迈克尔·奥克肖特（Michael Oakeshott）是最优秀的教师，他真是让我入了迷。他的讲演无论是什么主题，都让人难以忘怀。我自己的导师欧内斯特·巴克（Ernest Barker）那时年事已高，他对我影响很大。我对于政治史和政治思想的兴趣在很大程度上要归因于这两位老师。是巴克让我阅读德国作家的。在1940年的战争危机中，他给我寄了张用德文写的明信片，其中有一长段来自祁克*的引文。我记得当我收到这张明信片时，还因为它居然没被检察官没收而大为惊奇！我还在很大程度上受到那些在两次战争之间反对自由主义的人们（如E. H. 卡尔）的影响。至于我上中学时就阅读过的屈维廉，对我毫无影响。他讲课索然寡味。我是很长时间以后才开始欣赏他的。

[你的《英国社会史》开篇就说，这个国家对于传统、对于保存事物的原样有一份挚爱。在你看来，与别的民族不同，对英国人而言“老年是长项而非短处”。那你如何来解释这么一个悖论：整个世界都因为那些在19世纪使得人们生活发生了革命性变化的如此之多的创新——如你在《维多利亚时代的物品》中所明白展示的那些东西：从电力和铁路到自来水笔、火柴和抽水马桶——而受惠于这样一个国家?]

因为我认为，自中世纪以来英国社会中就存在一种事业心的因子。比如，我们很难以谈论中世纪欧洲农民的同样方式来谈论中世纪的英国农民，在欧洲，农民们穿着传统的装束，被视作一个群体。而当你认真考察英国的乡村结构时，你就会发现他们的收入差异很大，37
而且具有一定的社会流动性。所以我认为，事业心乃是我所谓的连续性的一部分。在我谈到英国人对老年人的尊重时，我并不认为这与对

---

* 奥托·冯·祁克（Otto von Gierke, 1841—1921），德国法学史家，以其关于中世纪法团的研究而知名。——译者注

创造新事物的兴趣不相匹配，而 1700 年时就已经存在的发明的概念，在 18 世纪的英国被大大向前推进。因而，那种创新与传统的结合的悖论，其实更是表面上的而非实质性的。在编织历史画面时，这两种因素都总是会呈现出来的。

我还认为，我在 1983 年《英国社会史》初版中所写到的那种尊重过去的意识，在最近这 15 年或 20 年中发生了很大的变化。在旅游产业将“遗产”资本主义化的同时，我们却非常有效地破坏了某些旧的体制。我们在考虑我们的未来时常常将历史弃之不顾。当下的处境更加复杂微妙，因此，当我们步入新千年时，我们试图将越来越多的过去留在身后。我的《英国社会史》的第四版不仅会不同于第一版，而且也会不同于第二版和第三版。

[我们听得很多的“维多利亚式的道德”，是不是关于某种欧洲现象甚而是某种西方现象的不大妥当的名称？]

我们现在听得少些了。然而，我以为维多利亚式的道德这一概念值得继续保留，只要我们认识到维多利亚时代的人们态度上的多样性。太多的陈词滥调如今依然盛行。我觉得，在他们的那个时代，新人开始具有权威，掌握了权力，宗教遭到科学的挑战并且被人们的冷漠所侵蚀；然而，许许多多维多利亚时期的英国人都还想多少执着于这样的观念——生活中在“实然”之外还有“应然”。现在你不光在英国，还可以在欧洲大陆甚至是巴西看到这一点。我认为维多利亚式的价值观从一个社会传到了别的社会。这些价值观在 20 世纪常常遭到误解或者被人浅薄地对待，然而，它们确确实实存在着。要紧的是不能只从经济或宗教背景而要从文化方面来考察它们，将工业化和在此之前的启蒙运动都考虑进去。

[有这样一种人们多少共同持有的看法，认为正是在维多利亚时代发生了一场广泛的为了确立更加高尚的与公共机构相关的道德、为了公共精神的提升而进行的斗争，这场斗争在克服一套腐败的政治体制时或多或少地取得了成功。你认为事情果真如此吗？倘若这是真的的话，你将改变了人们心态的力量归之于哪些人呢？]

要说在19世纪60年代前后英国的事情开始好转，这在很大程度 38
上是成立的，而且这与恩赐制的终结和各种职业向有才智的人们开放是相关联的。从来没有过什么好的英国腐败史，我相信，要是对于世界各地的腐败以及对于与公共机构相关的道德和个人道德这两者进行详尽的跨文化研究，那是最有趣不过的了。数年前我写过一篇关于与公共机构相关的道德起源的论文，我原本希望能够继续研究下去的。格拉斯顿在这个发展历程中是个极端重要的人物，因为他坚持强调责任在公共财政中的重要性。我不是说这就意味着腐败的结束，因为在选举和地方政府中还存在着大量的腐败，尽管比之许多国家来说范围要小得多。19世纪50—60年代发生的事情乃是三种不同力量结合在一起所产生的压力的结果。首先，大臣们真诚地相信，最重要的事情是要对花出去的钱有个说明而不是决定如何去花钱。其次，在维多利亚时代的英国变得强大的广泛的志愿机构，敦促着各个机构的改进。再次，人们很乐于去探测“丑闻”，而公共舆论就此被唤起。

[倘若公共舆论真的那么重要，是什么导致了它的形成并使其将与公共机构相关的道德作为核心的议题呢？]

不光是报章杂志。尤其是工业家们，这些人不依赖于恩赐而依赖于市场，他们将自己的干劲与在他们看来懒散沉闷、效率低下的传统公共机构相对照，试图创造出摆脱这些特征的新机构。他们中有的人是非国教徒，把英格兰教会也视作这样一个机构。与此同时，也有小说家花了大力气来宣扬与公共机构相关的道德的重要性，并且对于一般公共舆论产生了很大的影响。英国文学中最重要的小说之一，乔治·艾略特（George Eliot）的《米德尔马齐》（*Middlemarch*），很大程度上就是关于与公共机构相关的道德。安东尼·特罗洛普（Anthony Trollope）的小说经常涉及与公共机构相关的道德；狄更斯常常描写上流社会混乱和愚蠢的合流，以及发生的某些不道德的事情。有些诗人也做了同样的事情。比如阿瑟·休·克拉夫（Arthur Hugh Clough）在他的名诗《现代十诫》（*Modern Decalogue*）中，就批判了那个时代所有的罪孽，包括在食物中掺假。

[像你刚才所列举的那些文学参考文献频繁出现在你的著作中。你能够就历史与文学之间的关联谈谈你的观点吗？]

39 我从不认为历史学仅仅是一门社会科学，因为在我看来，历史学家在考察事实和人物时，也要考察文学作品。我得补充说，很久以前我就得出了文学作品可以作为史料证据的结论。首先，绝不能将文学作品仅仅用来证明现成的论点。历史学家应当深入某一部特定的作品，就像我深入乔治·艾略特和特罗洛普一样。在我看来，文学可以做三件事情。它可以让我们接触到共同的经历，否则那些经历就会丧失。它可以表达个人的经历并将它们与共同的经历联结起来。最后，它可以在某一点上超越这些经历并且触及普遍的人类问题。在这个方面，文学显然与哲学相关联，但它可以激发历史学家的想象力并使得他的分析鲜活起来。我深感兴趣的，是去了解在其与全部的自然王国（维多利亚时代的一个关键词）甚至是上帝的王国的关联中，人是被如何看待的。我知道这是我大概无法完成的一个野心勃勃的任务。但是我相信，在文学中比之在恰切的引文中可以看到更多的东西。

[历史研究中有没有什么特殊的领域是值得学者们更加关注的?]

我相信某些领域没有得到应有的关注。我认为，我们需要更好的政治史，而且我们比之过去更需要外交史。波斯尼亚和科索沃的危机强烈地表明，现代武器和计算机并不能取代外交，而国际关系在长时段内所经历的各种变化的方式，应该成为新的历史研究的核心论题之一。

[玛格丽特·撒切尔过去常常谈到需要复兴维多利亚时代的价值观，而近来在梅杰的领导下，国会对于所谓“回到根本”的必要性也谈得很多。你认为这样的复兴可能吗？还有，那些维多利亚时代的价值观是撒切尔和其他人所认为的那样吗?]

不，至少不是某些人所想的那个样子。撒切尔夫人的用语是政治用语，它与维多利亚时代英国的一个方面相关联，那就是意识到工作福音的重要性，把干劲、品格和责任（这是她在循道宗的礼拜堂中受到的教育，她父亲是那儿的一位俗人牧师）视作最要紧的事情。然而她并不懂得，维多利亚时代的英国本身正在经历重大的变迁，而她所谈论的许多价值观并非在女王治下的所有时候都是同等重要的。倘若 40
她说的是社会具有某些价值观很重要，以便在一个个人主义的时代能够具有凝聚力，那就是另外一回事了；可她不是这样想的。显然，任何社会都需要有各种力量在将人们分离开来时又将他们联结起来，你越是市场取向，越强调个人主义，你就越会陷入价值观的问题之中。布莱尔似乎看到了这一点，但却不知道该怎么做。中小学校里的公民课程只有很有限的价值，新近对于学校纪律的强调也起不到什么作用。通过考试来进行越来越多的分级也是如此。还存在另外的危险。一旦你开始谈论例如使一个社会凝聚起来的是什么东西这样的重大问题，就总是有将其琐碎化的危险；新闻影响太大，丑闻和对价值观的背离比之价值观本身受到更大的关注。约翰·梅杰就知道这一点。

[爱德华·萨义德付出了很多努力来表明，帝国主义尽管在官面上已经结束了，却仍然以东方主义——在19世纪尤为重要的西方对于东方的一系列看法——的形式在西方世界里具有活力。考虑到维多利亚时代的英国是近代最强大的帝国主义强国，你能否评论下他的观点？]

我认为需要认真地对待他的观点，因为既存在公开的帝国主义，也存在遮遮掩掩的帝国主义，既存在经济上的帝国主义，也存在文化上的帝国主义。但是我认为就维多利亚帝国而论，记住这一点是很重要的，那就是，比之帝国主义以各种形式发展起来的其他国家，英国一直不乏对于帝国的言辞犀利的批评者。那里有我和别的史学家所谓的“对帝国的论辩”。比如说，没有人会梦想将格拉斯顿——那个时代最伟大的两位政治家之一——称作帝国主义者。情形正好相反。“帝国主义”一词实际上直到这个世纪快结束时才在英国用得多了起来。在这个世纪中叶，它更多地是用来指拿破仑三世的帝国而不是海外帝国。而在这个世纪末英帝国的版图增加了大量领土，在1897年维多利亚女王的钻石大庆*上所奢华表露出来的骄傲之余，也开始出现一种帝国不能持久的意识。维多利亚女王谢世前都未能结束的在南非的战争（1899—1902年）使政治家们分裂了，并让民族感情得以表露。

回到萨义德，我赞同他的看法，许多在19世纪时发展起来的涉及英国与其他民族关系的观念还依然强大，并且在帝国崩溃以后依然

---

* 钻石大庆（Diamond Jubilee），指1897年庆祝维多利亚女王即位60周年的庆典活动。——译者注

保留了下来。不过我倒希望他用更多的时间来比较帝国扩张的过程和 41
帝国收缩的过程。

[公立学校在塑造维多利亚时代的英国时起了什么样的作用?]

我认为它们起了很大的作用，尤其是在为大英帝国培养文职官员方面。它们主要的作用是为中产阶级，还有少数乡绅的儿子和一些贵族的孩子提供教育。19 世纪开始之前，它们从更加广泛的社会阶级收录孩童。在 19 世纪进行改革之后，它们最终将低等阶级的孩子排斥出去了；它们拥有新的校舍，努力灌输自己的道德观念，并且成为越来越有效率的机构。当文职官员向竞争性的考试开放时，公立学校出来的人们理所当然地获得了很多职位。

不过，它们的影响中也有某种矛盾的成分，因为它们每培养出一位汤姆·布朗——一个对于他在学校里被教导的美德和价值深信不疑的人，就总有代表着相反一面的人，那是学校里的二流子（当时用的就是这个词)、帝国边疆的英雄的反面。还有反叛者。公立学校是男人的保留地，而对公立学校所扮演角色的关注，好像是一桩男人的事情。这就是妇女研究之所以重要的一个原因。当然，还有许多其他的原因。

[你是熟悉巴西人吉尔贝托·弗雷雷的重要著作的少数几个英国人之一。你是如何发现他的著作的，这对于你的思想发展又有什么重要性呢?]

我是在去苏塞克斯大学前后的那段时间发现他的著作的。我过去听说过他，看过他某些著作的译本。然而，要到我开始思考视觉的历史与社会史之间的关系时，我才能够说真正认识到了他是多么地有意思。弗雷雷对于房屋和人工制品很感兴趣，作为一名历史学家，他立即就吸引了我。在我写作《维多利亚时代的物品》时，老在想着他。我的《英国社会史》中也有某些受他影响的痕迹。我对于他关于时间（在我所写的关于他的论文中，我谈到了他对于时间的普鲁斯特式的态度）和空间，尤其是对于空间的充满诗意的研究方式也充满兴趣。他对于气味、色彩甚至是噪声的极度敏感也让我印象深刻。那也是吸引了我的东西，我希望我的葡萄牙文能够更好，那样，就可以去阅读许多没有翻译过的东西了。

42 我与牙买加社会学家费尔南多·恩里克斯（Fernando Henriques）的来往，对于我发现弗雷雷来说也很关键。他那时在主持位于巴巴多斯的苏塞克斯大学的多种族研究中心（可惜那个中心没能保留下来），对于弗雷雷对色彩的态度极有兴趣。费尔南多对于色彩的感受更是审美的而非社会的，弗雷雷也是如此，他阐明了对巴西人的认同而言色彩的混合所具有的意义。

[你认为，弗雷雷思想的重要性何在？]

我认为他并没有受到应得的认真对待。作为20世纪一位杰出的历史学家，他并没有在历史学版图上占有他应有的一席之地。他有其很独特的东西，但不大好把他与哪一个学派或者说哪一种历史学传统联系起来。不能够就他没有说出来的方面来对他做出负面的评价。他应该得到人们的赞赏。我不知道在弗雷雷之外，还有什么人能够就家居安排或者种植园生活写出如此详细而又充满原创性的东西来。

在英国我没有看到真正大量研读过弗雷雷的人。当然，美国有人了解他，但总体而言，美国人比英国人对巴西的历史更有兴趣。在英国，在你之前还没有人问过我关于弗雷雷的什么问题。而且，在对我论文集的评论中，我不记得有任何人挑出过我讨论弗雷雷的那一篇，或者是评论过我选择弗雷雷作为最令我感兴趣的历史学家之一这个事实。

在我写作关于弗雷雷的论文时，我认为将他与屈维廉进行比较是有益的，因为这两位历史学家具有不多的几个重要共同点：他们都对空间、建筑、他们自己祖国历史中长时段的连续性感兴趣；他们出于个人气质，对于“现代进步”的某些表现都很抵制。我不大满意戴维·坎纳迪勒（David Cannadine）的《屈维廉》（*Trevelyan*）一书，因为在我看来，他恰恰把我们正在谈论的东西给漏掉了。比较是很重要的，尤其是在社会史变成文化史之时。

[你像弗雷雷一样，在很多地方把报纸当作史料来用。你是受到弗雷雷对此广泛而较早使用的启发吗？]

我认为，他将报纸作为史料来运用，在他那个时代可是一项了不起的成就，就像他对于其他很少被人利用过的材料（诸如礼仪手册、照片甚至是药方）的使用一样。但是，就使用报纸而言，我并不是受了他的启发。在弗雷雷之前，我就在大量使用报纸文献。我后来所做的是以批判和透视的眼光来看待它们，从媒体演化的角度来研究它 43
们。在接触和了解弗雷雷的时候，我并没有充分发展起那个方向的兴趣，然而，我跟他一样，一直在大量地利用报纸，但我没有太多地思考我在做的事情。

[在你看来，利用这种史料的风险又在什么地方呢？]

过度依赖报纸来作为史料是非常危险的，然而利用它们所能够得到的好处和那种危险一样巨大。如果有学生想要跟我一起来从事某个研究课题，只有在他已经沉浸于那一时代的大量史料中之后，我才会接受他所提出的任何大纲；而且在我看来，阅读报纸来感受它们的主题性和即时性，是很宝贵的练习，可以帮助你学会浸淫于史料之中。

你可以借此获得对那一时代活生生的语言的感受，还能够挑出反复出现的词汇和关键概念，并从报纸中整理出一个词典来。然而，我并不觉得这样做就是历史学中真正有意义的成分。报纸绝非仅有的史料来源，而且它们距离我们的时间越近，就越要以怀疑的眼光来对待。它们可能充满偏见，往往千人一面，并且将历史切割成了碎片。在此之外，它们所登载的广告和图片和它们的“新闻”一样有意思。

[就像你所知道的，弗雷雷曾经因为他所用概念的流动性以及他生产和传播一套强大的意识形态——以社会和谐的名义掩盖了巴西社会进程之中的冲突——而受到巴西知识分子的批评。按照此种观点，我们应该将那种以文化混种和社会民主为其特征的巴西的神话归之于他。你同意这些对他的批评吗？]

我很了解这些批评，但我从来没有太多地被概念的流动性所烦扰。它的一个替代品乃是概念的僵硬性；而许多就此批评他的人是在用限制了历史想象力的各色各样的马克思主义框架来进行研究的。说到社会和谐，只有巴西人才能说得上点有用的话，但是我认为，无论如何，他预先就经由自身的经验而倾向于某种作为一个时期的统一性之关键的历史和谐概念。我不了解弗雷雷对巴西政治局势的看法，但我猜想也许他对于军方的危险不够敏感，并且或许高估了巴西社会的天然和谐，而低估
44 了那些导致冲突的力量。然而，我并没有在他的著述中看到任何的不一致。我觉得它们浑然一体。我没有看到弗雷雷有两本书是使用了不同的方法或者是得出了关于巴西的不同结论。我认为，他也很急切地想要表明巴西历史有着一个时间的维度，而那是不同于北美历史的时间维度的。

作为一位文化史家（这个词在他在世时用得很少，如今已经很常见了）的弗雷雷对我具有最大的重要性。我不想为弗雷雷争得社会学

家或者社会心理学家的头衔，然而他确实看到了将这两者结合起来的重要性。甚至在他还没有纯熟的社会学训练之前，他就有了社会学的意识，并且在他观察人们、力图深入他们的内心时，他也具有心理学的意识。因此，我觉得应该将他不仅与英国社会史家们而且也与法国的“心态”史家们进行比较。所以，如果要将他纳入某种总体性的历史学架构的话，应该将他同时纳入法国史学和英国史学。

[你看到他对英国所具有的那种“有形的和神秘的爱”的混合吗？换句话说，在弗雷雷的态度和论著中有明显的亲英倾向吗？]

是的，他的亲英倾向在我看来十分明显，然而与此同时，那是一种比之我在美国所遇到的更令人愉快的亲英倾向。我宁愿碰到对他们自己的和我们的社会真正进行批判的人。所以，我在与亲英派为伍时并不感到高兴。然而，在弗雷雷那里亲英倾向并没有让我喘不过气来，因为我可以跟他谈论历史、作为史料的报纸和我们所涉及的许多其他的话题。他在英国文学方面的知识非常深厚和广博，连人们所说的小作家和随笔作家他都了解。可是除非是有必要，他是不会提及任何英国作家的。他不会用他们来达到某种效果。他真正地了解他们，阅读他们，而且在他谈论吉辛、佩特、狄更斯等作家时，他明白自己所说的东西。他喜爱英语和散文风格，比之法文繁复的风格而言，他更喜欢英语对谈式的语调。历史学家要写得一手让人记得住的好文章，这对他来说非常重要。

既然我知道他喜爱英国，我就觉得有一所英国大学给他授予名誉学位很有必要，正是出于我的动议和费尔南多·恩里克斯的有力支持，苏塞克斯大学 1966 年授予了他名誉博士学位，那时我是那儿的副校长。

45 [弗雷雷爱说，他“浸淫于英国文学”之中，是用“英吉利的眼睛”来看葡萄牙的。你会说，在你访问巴西时，你是透过弗雷雷的眼睛来看这个国家的吗？]

我是用自己的眼睛来看巴西的！我去过委内瑞拉、墨西哥，多次到过加勒比地区，我对色彩和文化问题充满兴趣。比如说，在我观察里约热内卢时将它与别的城市进行比较的方式，是弗雷雷或许不会做的。我写了关于城市的论著，也知道在圣保罗有一群完全不一样的史学家在研究那个城市的发展，其中有些人采用了我的“堆出来的城市（shock city）”（曼彻斯特和洛杉矶就是两个例证）的观念，并用之于圣保罗。确实在加州还开过一个会议，讨论作为堆出来的城市的曼彻斯特、洛杉矶和圣保罗。在弗雷雷辞世之后我从巴西学到的东西来自于不同的一些渠道。不过，只要记住从那时起巴西发生了巨大的变化，并且当代巴西有某些要求变革的力量是弗雷雷所没有想到的。我还是告诉去巴西的人要读他。这一点没有疑问。

[与在牛津大学就觉得浑身不对劲的法国史学家勒高夫相反，弗雷雷坦言，他在那儿感觉好极了，就像他本就属于那里一样。你见过弗雷雷，也了解他的著作，你如何解释这个年轻的巴西人对于那个许多英国人都觉得待得不自在的地方有这样的依恋呢？]

因为牛津是一个新旧并存、新的东西在旧的框架中伸展和漂移的地方。弗雷雷身上的确有某种敏感、某种近乎于浪漫的东西，使得他能够去品味废墟的观念、中国的钟表、伍斯特学院湖面上天鹅游动的景象等等。我觉得，不知道他对于美的态度的重要性，就无法了解弗雷雷。他意识到存在于美之中的衰颓的因素，然而，他还是被美的事物所深深吸引，而牛津恰恰看上去很美，完全不同于他所讨厌的烟雾沉沉的工业城市。

那么，为什么英国人对此无动于衷呢？因为我们是以我们在英国其他地方的经验来看待牛津的，而弗雷雷没有那样的经验。而且我们也将自己在那里学习和教书时不大愉快的感受带给了牛津。我无法以和弗雷雷同样的态度来对待牛津，那里头有许多和他所知道的截然相反的东西。

[英国的政策中对19世纪的巴西影响最大的就是反奴隶制运动。你如
何看待某些历史学家所持有的这样的观点：这场运动绝非是公共精神 46
和道德理想主义的展示，而是恰恰相反，它旨在打击别的国家的经济力量，并且是要将英国的公众舆论从对于更普遍的选举权和广泛的社会改革的要求转移到别的地方？]

我对于这两种观点都不能赞同。反奴隶制运动混合了各种动机。英国人在有的时候可以很伪善，认为19世纪初期一些英国产业工人比之种植园的奴隶更受虐待的论点，也有几分真实。我注意到，在我生长的英国的约克郡，在工厂中做工的工人们的处境被工厂改革家们比作是奴隶。我从不觉得，反奴隶制运动是用来将人们的注意力从他们自身的问题转移开去的把戏。我从没这样想过。至于说想要破坏别人的经济，我想19世纪时真正被破坏了的是印度的经济，而印度并不存在奴隶制。至于非洲的情况，我过去常常爱在特立尼达和埃里克·威廉斯（Eric Williams）讨论这个话题，他对于殖民地奴隶制和英国资本主义之间的关系提出了非常不同的问题。这里有很多依然值得讨论的东西。

[对于巴西人，也许对于所有有着共和制背景的社会而言，一个与劳工运动和工党有着密切关联的人接受了贵族头衔，并且享有了随之而

来的特权，似乎有点奇怪。这一点你是怎么看的?]

比起英国人来，英国之外的人对这个问题更感兴趣。几年前我在中国，有一个很好的年轻翻译跟着我四处跑，他根本就没有问过我关于英国的问题。我们一直谈论的都是中国，直到我们分别的前一个早上，他对我说："我能够问你一个很私人的问题吗？做勋爵是什么样的感觉?"我说："它让我感觉到如果我不是勋爵的话，也没有什么不同。"我1975年被工党的首相詹姆斯·卡拉汉授予爵位的原因，是因为我在几所新的大学建立之初就深入参加了大学政策的制订，而在人们看来，教育在英国的重要性应该多少在国会中拥有代表。另一个原因则是我担任过一个关于护士工作条件和对她们进行教育培训的委员会的主席。人们又认为在国会正要通过一项《护士法令》的时候，有一个真正知道其主旨并能够帮助它得以通过的出席人，是很重要的。

47 在说明了这两点之后，我要强调的是，我不是作为政治家而进入议院的。倘若我想要做政治家的话，我就该早早地进入众议院。贵族院——它的构成与我进去时已经大不一样了——只占据了我生活中很小的一个部分。我的贵族头衔主要是用来收集信息的。这个头衔没有改变我任何的态度和行为。它也没有带来任何特权。我写自己的名字时一直都是"阿萨·布里格斯"，从来没写成"布里格斯勋爵"。我在国外也从没有称呼自己为布里格斯勋爵，但奇怪的是在国外，就像我刚才所说的，人们对这个问题最有兴趣。我不认为这是因为他们对于连续比之对于变化更有兴趣，而是因为他们对身份地位极为关注。

[我们来谈一下将来。近来对于王室价值的争议明显增加了，我们经常听到有人谈起英国君主制的长处丧失殆尽，甚而没有了继续存在下去的理由。你是否相信有一种取消君主制的真实趋向，或者你是否依然认为有什么（或者是很多）有利于王室的东西可说呢?]

我不觉得有什么强有力的运动要取消它。或许存在着压力，要改变它的角色或者改变传承路线，然而那并不是要取消这一体制。在维多利亚女王之前，这个体制并不走运，而且如果你回过头去看，是维多利亚女王发展出来了王室的概念。她或者身为她的臣民的其他人并没有多么兴高采烈地来仰视她的叔叔伯伯们。在维多利亚女王的丈夫去世、她也以某种方式隐退之时，也有不少批评甚至是共和主义的主张，因为有人认为她没有尽自己的职责；然而即便是那个时候，人们对她也更多的是同情而非批评。

我不是说有什么体制是万古长存的，然而，除非发生了什么愚蠢至极的事情，如果在21世纪当中有什么巨大的压力要来取消君主制的话，我会感到惊奇的。我补充说一句，我的《英国社会史》的最近一版之所以不同于以前，一个原因是我要将戴安娜王妃、布莱尔和“新工党”加进去。英国人对共和国和总统的观念还没有太大的热情。英国君主制没有什么实质性的政治权力，却具备诸多象征性力量。

[罗伯特·达恩顿指出，法国新闻出版业在旧制度没落时起到了关键
性的作用。通过刊行关于路易十六、玛丽·安特瓦内特和其他王室成
员丢尽脸面、破坏名誉的性生活故事，那些诽谤者们就激起了人们大
不敬的情绪，使得君主制声名扫地，最终削弱了它的权威。你是否认 48
为就像旧制度时期法国的情形一样，现代英国媒体对于当前君主制的
危机负有重要责任?]

我想，达恩顿在令人们注意到这些文献时是对的，但在我看来，并不是这些东西引发了法国革命。我认为，财政危机和法国君主制在解决危机时的无能为力，再加上启蒙运动各种观念的传播，比之各种污言秽语的诽谤性文字的传播而言，与法国君主制的衰亡有更大的关联。这些文字所做到的，是使得人们在君主制倾覆以后行为表现有所

变化。换言之，它是在巴士底狱被攻陷、国王被处死之后才变得重要的。

在英国，这些满是污言秽语的诽谤之辞，是与比之达恩顿所说的主要处于地下状态的文学远为强大有力的媒体系统联系在一起的。而且，痴迷于丑闻（不光是王室丑闻）的媒体当然会使确保维系社会的凝聚因素变得困难；并且，英国媒体中很大一部分（不光是通俗小报）往往更是要迎合公众偏见，而不是传递信息或激发讨论。我觉得奇怪的是，拥有《泰晤士报》的同一个人，也拥有最为通俗的报纸《太阳报》，后者用极高水准的新闻记者的能耐来制造极低层次的新闻！

王室性丑闻的曝光或许削弱了其地位，然而我觉得也不能太将这一点当真。这其中包含某种肥皂剧的成分，吸引了许多英国人和外国人，或许它所吸引的外国人比英国本国人更多。除开贵族头衔外，我在国外被问得最多的问题就是，王室又怎么样了。

伦敦，1996 年 7 月、10 月

（1999 年 7 月更新并扩展）

论著选目

Victorian People（London, Odham, 1954）.

The Age of Improvement, 1783-1867（London, Longman, 1959）.

Mass Entertainment: The Origins of a Modern Industry（lecture, Adelaide, 1960）.

The History of Broadcasting in the United Kingdom（5 vols, Oxford, Oxford University Press, 1961- ; new edn, 1995）.

Victorian Cities (London, Odham, 1963).

A Social History of England (London, Weidenfeld and Nicolson, 1983).

Collected Essays (3 vols, Brighton, Harvester, 1985).

Victorian Things (London, Batsford, 1988).

The Story of the Leverhulme Trust (London, Leverhulme, 1991).

(with Peter Burke) *A Social History of the Media: From Gutenberg to the Internet* (Cambridge, Polity, 2001).

纳塔莉·泽蒙·戴维斯

50 1998年，在回顾她的思想经历时，纳塔莉·泽蒙·戴维斯把她将一系列群体——工人、妇女、犹太人、土著的美国人和非洲人——纳入历史的努力说成是“从事某种一而再、再而三的抢救任务”。若干年前，她称自己与过去的关系“有一部分是母性的”，似乎她通过写作历史，想要“将人们重新带回生活之中，就像母亲想要生育孩子一样”。说这些话时的语调，显露了纳塔莉·戴维斯表达自己的感受和情绪的天赋，而与此同时，她又没有让这一切令她四十余年来所从事的重大研究的最高学术标准打任何折扣。

纳塔莉·戴维斯是16世纪法国史方面无可争议的权威，也是当今不仅在现代早期的社会文化史领域，而且在妇女史的领域最负盛名，也最受敬重的历史学家。在加拿大开设的第一门妇女史课程——那成了在20世纪70和80年代西方大学中最受欢迎的课程的样板——就是由纳塔莉·戴维斯和她的同事吉尔·克尔·康薇[1]所组

---

〔1〕 吉尔·克尔·康薇（Jill Ker Conway，1934年生人），研究19和20世纪妇女史的澳大利亚专家。原多伦多大学教授和副校长，现任教于麻省理工学院。著有《18和19世纪美国的女性经历》（*The Female Experience in Eighteenth and Nineteenth* 〔转下页〕

织的。

纳塔莉·戴维斯是以16世纪里昂历史专家的身份在20世纪60年 51
代赢得声誉的，那时她写了一系列开创性的论文来从各个角度审视那座城市：城市空间、贸易、移民、天主教—新教关系、性别关系等等。在那个时候，她坦承自己主要是对工人阶级感兴趣，而里昂工人的暴动是她可以追寻让她入迷的那些重大问题——阶级、阶级冲突、宗教变迁以及社会和思想世界之间的关联——的理想素材。尽管在成为历史学家之初，她曾在很大程度上以马克思主义为指导，但对于人类学的研究扩充了她的参照系，并给她的研究增加了对于实在之象征层面及其所牵涉到的关系繁复性的关注。并且也因此，在20世纪70年代，纳塔莉·戴维斯的声誉伴随着她新颖的历史学—人类学探索而不断提升。比如说，她对于暴力仪式的开创性研究——尽管集中在16世纪的法国——对于仪式之被用来使反对外来者的城市暴力合法化，提出了更加广泛的问题。因此，可以说人类学强化了纳塔莉·戴维斯的主要特点，即运用地方史来寻机探索更具普遍性的问题。

20世纪80年代早期，纳塔莉·戴维斯作为最畅销的学术著作《马丁·盖尔归来》（*The Return of Martin Guerre*）的作者和由丹尼尔·维涅（Daniel Vigne）执导的同名电影的顾问，国际知名度更大了。她记得，当她开始阅读图卢兹法官让·德·科拉（Jean de Coras）讲述他在1560年所审判的一桩著名案件的书时，她就对自己说："应该将这搬上银幕！"闹上法庭的这桩案子涉及将朗格多克的一个农民家

〔接上页〕*Century America,* New York, Garland, 1982)，但她最近一段时期的著作是自传性的：《从柯南开始的道路》（*The Road from Coorain,* London, Heinemann, 1989, 美国年度最佳销售书籍）和《真的北方：回忆录》（*True North: A Memoir,* London, Hutchinson,1994）。

庭卷入其中的戏剧性事件。一个失踪了十二年的男人重新现身，在三四年内都被他的家人和社群当作真的马丁·盖尔，直到最终被他的妻子贝特朗德告发是冒名顶替。正当这个江湖骗子试图说服法庭，他就是失踪的那个村民时，真正的马丁·盖尔的到来使故事达到了高潮。票房成功的各种要素都不缺少。法国著名演员吉拉尔·德帕尔迪约（Gérard Départdieu）同时扮演真假马丁·盖尔，他的表演有助于使这个故事更加广为人知，并使纳塔莉·戴维斯成为一位既能被学界又能被大众所认可的历史学家。她再一次显示出擅长于用地方史来提出普遍性问题的艺术：在这里，微观的历史——一个法国乡村中假身份的案例——被用来讨论身份形成和阶级关系的问题。

大约与此同时，纳塔莉·戴维斯又在探索新的方向，表明了她作为现代早期犹太文化和妇女文化的历史学家所具有的能力。正是这些
52 兴趣点引出了她迄今最雄心勃勃的著作《边缘中的女人》（*Women on the Margins*，1995），在这部书中，她比较了三位17世纪妇女的生涯——一个犹太人，一个天主教徒和一个新教徒——以及她们不只是在法国而且是欧洲，或者其他大洲的冒险经历。她解释说，这个计划“将我过去的各种兴趣——社会学的、人类学的、民族志的和文学的——编织在了一起，而又还能够让我探求新的领域”。她目前正在写作同一取向的有关文化混合的著作，她甚至在这中间探索了北非的商队路线。

1995年纳塔莉·戴维斯66岁时出版的这部著作，表明她在毫无倦怠地探索新的道路，其中所显示出来的同样的勇气，也可以在她的个人生活中看到。她对此毫不讳言。1929年她出生于底特律一个没有被30年代的大萧条所裹挟的富裕犹太家庭。直到冷战开始和她碰到钱德勒·戴维斯（Chandler Davis）——一名年轻的哈佛数学家，如今

他们结婚已有五十余年——之前，她都生活在平静之中。她受到的是理想化的教育，最初是在底特律郊区一家优等的私立学校，而后就读于史密斯学院，那是所谓的“七姐妹”——美国七所最负盛名的女子文科学院——之一。在此期间，随着她的社会和政治良知越来越敏锐，她开始积极地参加政治辩论和政治活动，反对种族主义，要求表达自由、建立工会等等。纳塔莉·戴维斯回忆说，在她那样得天独厚的家庭环境下，“有色人种来到家里，只会是打扫卫生、熨衣服或者伺候餐桌”；然而，这并没有妨碍她很早就投身于反对种族主义的游行示威，并且无论何时，只要她乘坐公共汽车，就有意坐到某个黑人的身旁。

1948 年与钱德勒的相遇，完全改变了她的生活。首先，是因为她决意要嫁给一位“异族人”（而且只是在恋爱几个星期之后），这对于像她这样的年轻的犹太女子来说是不可思议的。如她所说，钱德勒既非犹太人又非富人。她也很明白，他“英俊、聪明，是个左派，喜欢有才智的女子”，所有这些都无济于事，无法改变来自她的家庭的反对。于是，她没有告诉自己的父母，甚至也没告知史密斯学院（学院倒是很例外地没有开除她），就私奔出嫁了，年仅 19 岁。其次的原因，是这标志着这个家庭开始对付联邦调查局和麦卡锡主义的长篇故事的开始——在那期间，他们的护照被收走，钱德勒还被关起来好几个月。直到 1962 年，他们都在多伦多大学找到教职而搬到加拿大后，这些问题才算是解决了。正是在 20 世纪 50 年代的艰难岁月中，纳塔莉·戴维斯有了三个孩子并且取得了密歇根大学的博士学位。她说，“生养孩子的快乐远远超过了我们所经历的政治磨难”。她毫无窘色地补充说，“生养孩子帮助我成为一名历史学家。它使我更加人性化；它教会我心理学和人际关系，并且令‘物质需要’和‘身体’这些抽 53

象的名词血肉丰满；它向我展露了家庭的力量，而那是那个时候很少有历史学家去研究的”。

纳塔莉·戴维斯近来从普林斯顿退休了，她自1978年以来就在那里任教（在加州大学伯克利分校待了六年之后），然而作为一名研究者和巡回讲演者，她依然活跃于全世界的许多地方。她一直是一个完美无缺的榜样，不仅对于新一代的女学者，而且对于普遍而言的历史学家来说，都是如此。她传达给历史学家和一般公众的信息是，可以将研究过去视作是学会希望，因为它表明，无论社会多么专横无道，总是有可供选择的余地来让人们创造自己的历史。“无论现状看起来多么陈腐不堪和不可救药，过去总是在提醒我们，变化是可以发生的。”

纳塔莉·戴维斯在她的朋友莉萨·贾丁的伦敦的家中接待了我，她身材娇小，神情优雅而有魅力，看上去比实际年龄更加年轻。我们进行了一场长时间的、友好而热情的对话，谈到了现代史学的取向以及她的经历和兴趣中最为丰富多样的各个方面。

玛丽亚·露西娅·帕拉蕾丝-伯克　[你生长在一个犹太家庭，对于这个家庭而言，就像你所说的，“过去太令人不快，不能让孩子们知道”。那么是什么使得你想要投身于对过去的研究之中？]

纳塔莉·泽蒙·戴维斯

从头说起的话，我想，那是一种脱离了过去而飘荡无依的感觉，这么说吧，是一种失去了根的感觉。一方面，我的家庭是来自欧洲的犹太移民，我的祖父、祖母和曾祖父、曾祖母都认为，他们俄国的或波兰的过去不值一提，那在很多方面都让人望而生畏。另一方面，他们又都没有美国的过去，因为就像其他许多在美国的犹太人一样，他们所信奉和投身的是将来。我第一次感受到过去的影响，已经是我上了高中，开始熟悉那些来自于美国旧家庭并且深深植根于这个国家的过去的学生之时。那时，我有一位很好的历史老师，让我开始阅读希腊和欧洲历史、启蒙运动、法国和美国革命等等。我就是在那个时候突然觉得自己属于这些遥远的时间，并将自己置身于那些纯然是欧洲的过往之中。与此同时，了解人们过去所具有的种种情怀的想法深深吸引了我。上了大学后，我的这种兴趣依然继续保留着，同时我还痴迷于文学和写作，那方面的兴趣可以说是家传的，因为我父亲就是一个受人欢迎的剧作家。几个星期之前，我的女儿在我 70 岁生日的纪念会上做回忆性的讲话“我父母的女儿”时，还提到她童年时的记忆——听着打字机哒哒作响，在我思考时又暂停下来。那让我想起我 54
还是小姑娘时候的事情，我父亲在写作他的剧本时，也是哒哒地打字，然后又停下来。因而，对于写作和想象性的创造的兴趣，很早就在我身上体现出来。至于历史，它之所以重要，不仅是它给了我所缺少的对于过去的感受，而且还因为它符合我对于政治的浓厚兴趣。自上大学起，为着政治的原由而去了解历史就是必不可少的。马克思说过，历史乃是唯一一门能够指导人们走向未来的科学，并且这样一种想法让我入了迷，那就是，我不是作为一个女人或者一个犹太人——这些身份在那个时候似乎并不是什么让人感兴趣的问题，而是作为一个个体处于奔涌不息的人类大潮之中。

至于我毕生对历史的兴趣，一直激励着我的，不是期望着在过去之中为我们当下的问题找到简单的答案，从过去之中找到药方或者学到什么清楚明白的教训。如果真的有这样的教训的话，也是极其模糊不清的。我刚才所表达的意见也许会被错误地当作犬儒主义的历史观，可是我不是犬儒派。我常常会想到文艺复兴时期的人文主义者皮科·德拉·米兰多拉[1]所说的关于人的话：他们可以往上达到天使一般的成就，他们也可以堕落到可悲的事物之中，做出魔鬼一般的作为。皮科的话在让我们感受到希望的同时，又让我们感受到极度可悲情形的威胁。我在更年轻的时候，往往在人类经验中找寻更加积极向上的方面，甚至于到可能出现的压迫和管制的经验中去找寻。如今我依然能够以更多的冷静和忧伤来写这个方面，然而，我也会乐于讨论人道，而它在我眼中更加复杂，我对它也有了更加广泛的经验。所以，我要说，我对于过去的重要性的认识有所增强也有所扩大，容纳了一系列主题。比如说，二十五年前，我开始将妇女纳入我的研究，而近来又纳入了犹太史和欧洲之外的主题。我的兴趣扩展使我具有更加有利的视角来研究过去。

[还在中学时代，你就积极参与到当时的辩论和事件中。你抗议过马歇尔计划、麦卡锡主义，而且在公共汽车上你总是坐到黑人的身旁来抗议种族歧视。那么，你是否会将自己视作一位有所执着或积极入世的知识分子？你是否将你写作的历史用来服务于这种执着？]

我当然想要成为一个积极入世的知识分子，然而我介入的方式随着时间流逝而发生了改变。我在做学生时在政治上很积极，直到我开
55 始有了自己的小宝贝。此后，我对正在发生的事情高度关注，但是我的行动限于在请愿书和书信上签名、寄钱，而很少参加持续进行的有组织的运动。当然，民权运动和越南战争期间我参加了游行。近年来，我参加了一次对海湾战争（那是美国政府犯下的一个极其可悲的错误）的抗议，并反对多伦多大学给前总统乔治·布什授予名誉博士

〔1〕 皮科·德拉·米兰多拉（Pico della Mirandola，1463—1494），意大利人文主义者，《论人的尊严》的作者。

学位。我还一直支持一些致力于帮助巴勒斯坦人重建他们被毁的房屋，并保护他们的土地免遭定居者的侵占的以色列朋友。然而，除了类似情况下的介入之外，我的执着和践履都与我的工作有关，比如，捍卫更加注重参与的大学生活形式，以及院系中反等级制的结构。然而，我必须补充一点，如果说我在系里的工作是受到我的政治价值观激励的话，我作为一名历史学家的工作却不是为政治服务的。就我的著作有其批判性的锋芒——那是我希望能够一直如此的——而论，在我看来似乎就是一种执着和践履。因为我作为一名历史学家的首要任务，就是去理解过去，围绕着它进行研究以获得尽可能多的证据，检验我手头的证据，尽我所能来解释它，使提出的各种问题和材料所显示出来的东西有一个好的结果。即便在我作为一个信奉马克思主义的本科生而最为积极地投身于各种活动的时候，我也从来不是一个教条主义者。我觉得马克思主义是一种对我有帮助的洞见，但我也总是对于我的研究所发现的东西有充分的尊重。历史学通过它所赋予你的视野，通过给予你可以据以作为出发点来观察和理解当下的有利位置，通过给予你的智慧或耐心以及那种令人沉稳下来的对于变革发生的可能性的希望，来提供服务。

[那么，你是否赞同通常的那种见解，认为历史学家应该中立和不偏不倚，而绝不能采取某种立场?]

在过去十年左右，我对于德国占领期间法国学术的研究直接就关涉到这个问题。早在20世纪70年代初期我就已经开始在思考这个问题了，我那时在研究16世纪的宗教暴力。然而，现在我试图去理解即便那些与纳粹合作的历史学家，因此，搞清楚我们正在书写的人们来自何方的重要性就日益明显。我不断地在追问，是什么东西造就了那些史学家和他们的道德观。这并不是说他们在我眼中就是对的，而是要通过他们的生活轨迹和他们时代的某些价值观来使他们能够为人所理解。换句话说，我不是要以某种精神分裂症或精神疾病或仅仅是妒忌心来解释他们（那会意味着某种程度上的还原论），在我看来，
56 一个极端重要的任务就是要通过他们自己的声音而不是我的声音来理解他们。

另一方面，历史学家也许会想要——这是个人风格的问题——将他或她自己的声音多少穿插到著作之中。我在写作16世纪的暴力仪式时就是这样做的。我试图以一种并非还原论的方式来使那些粗野而残酷的暴力行动呈现其意义。与此同时，我并非想对那一论题不作任何判断，不在某个地方将自己介入其中。因而，就在那篇文章的末尾，我说，暴力的仪式并非就是暴力的权利，并且就以某些当代的参照而对当前作出了评论。倘若我们是以此种方式来介入的话，读者就很清楚，我们做的是什么事情，我们从何而来，我们站在何处。换言之，我们应该以某些说明文字或文学技巧来表明，叙事的声音在变化，他们现在听到的是我们个人的声音。我很明白，一个人的价值观在所有的时候都会影响到他所写作的东西，然而我并不认为，历史学家每时每刻都应当是自觉的和干预的，就像当代某些论著所说的那样。其实，那可能会让人很厌烦的。

[20世纪50年代，你生养了三个孩子，又写作了博士论文，这也是你遭逢了各种戏剧性经历的一个时期：你和你丈夫因为拒绝宣誓反对共产主义而遭到迫害，你的丈夫上了黑名单而无法在一家美国大学里找到终身教职，并且最终因为蔑视国会而被收监。你说过，对于你的学术生涯来说，“这段时期最糟糕不过的”就是你思想上的孤立。尽管如此，你是否认为，不依附于任何团体也有很大的好处？并且你带给史学研究的不少革新就来自于这场并非你所自愿的孤立？]

我觉得这个看法很好，那种处境的确有其积极的一面。我不需要非得去做某个人的助理，也用不着费心来取悦于人，因为我的处境不需要去取悦于他们。我甚至没有在我要去呈交论文的那个城市做研究，而且，我在密歇根大学念研究生的第一年以后，也不属于任何学生团体。那个时候，我们大部分时间住在纽约，我做自己的事情，给不同的杂志投稿，在纽约公共图书馆看书，参加学术会议——那些会议虽然很有趣，却让我有点孤单，因为我那时候在那儿谁都不认识。其实，要是有一两个像我一样，抚育孩子的同时又对历史很感兴趣的朋友，情况就会好一些。正是在这个时期，我在纽约碰到了来自哥伦比亚大学的罗莎莉·科利[1]，我有一个学期的晚上在哥大教课。我有一本书的献词是怀念她的，因为我们之间的谈话在思想上对我来说很 57
重要。她对我来说不是教师，而不如说更像一个年长的朋友，这就使得两个女人之间能够多少以平等的地位来进行独立的讨论。五六年前，我在《边缘中的女人》里写到画家和博物学家玛利亚·西贝拉·梅里安（Maria Sibylla Merian）时，当我谈到她没有庇护人之时，我感觉是在提取我的某些个人经验。我希望，我对于此种处境的熟悉给了我一些洞察力，而在提到她能够以自己的方式来行事时，我又不是仅仅在将自身投影到她的身上。和她一样，我也是以自己的方式来行事，而且当然也不会为谁会来审查我的博士论文而忧心忡忡。在我写作时，我唯一会想到的是些已经故去的知识分子，比如马克斯·韦伯，还有开始写作有关韦伯对新教论题的其他几个人，那些人我自己

---

〔1〕 罗莎莉·科利（Rosalie Colie，1924—1972），北美文学批评家，著有《流行的悖论：文艺复兴的悖论传统》（*Paradoxica Epidemica: The Renaissance Tradition of Paradox*, Princeton, Princeton University Press, 1966）和《莎士比亚的鲜活艺术》（*Shakespeare's Living Art*, Princeton, Princeton University Press, 1974）。

并不认识。我不是在想，甲或者乙要说些什么，跟我讨论的人主要就是我的丈夫，他压根儿就不是历史学家。

[你在 20 世纪 50 年代早期开始攻读博士学位时，写了一篇论克里斯蒂娜·德·皮桑（Christine de Pisan）的论文，然而你却决定不选择妇女史来做学位论文，而那本会是一个突破。例如凯斯·托马斯说过，50 年代后期使得他没有能够继续从事这一领域的原因，是他缺少对这个主题的一般性兴趣。那时候，使得你没有能够探索这一新领域的又是什么呢？]

那对我来说，无论从思想上还是从职业角度来看都不是正道，尽管克里斯蒂娜的《女子之城》（*City of Ladies*）让我痴迷，让我陶醉于对她的研究。所以，我很为自己了解克里斯蒂娜·德·皮桑而高兴，但我一点也不为在那时候没有进行妇女史的研究而感到遗憾。首先，我觉得更重要的是去继续研究新教改革中的工匠、阶级和社会变迁，那个时候没有人有兴趣在这个领域来做我那种档案工作。其次，我当时并不认为妇女史给历史研究增添了一个新的维度。在我考察这第一位女子职业文学家时，我试图从社会角度来给她定位，然而，从我的马克思主义观点来看，我不会觉得研究这么一位身居高位的妇女
58 能有多大的新意。我更愿意去探索某些尚未被人涉足过的地方，比如说，我更被在早期的工会中所发现的思想问题所吸引。那就是我从没有修订或刊行关于克里斯蒂娜的那篇论文的原因之一，虽然《观念史杂志》表示过对这篇文章的兴趣。那时候，我把它放在一边，又回到我的工匠研究上来了！再次，我不会因为我是个女人，就想要做和妇女有关的事情。我的选择还有政治方面的理由。在 50 年代早期我写作那篇论文的时候，我们正处于冷战和朝鲜战争期间，当时真正成问题的是和平，而不是妇女。

[在你的青年时代，马克思主义和社会主义吸引了你，像你所说的，它们“提供了某些将过去组织起来的宏大方式”。那么，现在你是否依然认为马克思和他的某些追随者的著作还有价值?]

我从来没有过真正皈依马克思主义的经历。尽管我一直认为马克思的某些论著很有意思也很有价值，但我实际上是相当折中的。马克思本人在历史上是一个富有吸引力的人，的确是 19 世纪伟人中的一位，并且从某种意义上来说，随着冷战的结束，以及我们不再以对或错的方式来争论和评价他，我们处在一个更好的位置，可以既认识到他的局限，又领略他的伟大。我要说，我依然发现马克思和被马克思之后出现的问题所激励的其他一些人极其有意思，给我以很多启迪。他们使得我们无法将世界仅仅视为文本，而且还提醒我们在理解某一文化时冲突的重要性。实际上，我深有体会（并且在我的教学中用得很多）的一个观点就是，要想清楚认识某一时期，最好是考察那些使得人们发生分裂的深刻的矛盾冲突，而不是人们所深信不疑的那些东西。也就是说，各个时期和各个文化是由人们内心深处所共同具有的看法或不确定性聚拢在一起的。我觉得，比起断言某一特定时期之所以成为一体乃是因为所有人都相信某个东西，这确实是一个将事物概念化的更有益的方式。这就是我看问题的方式，或许与马克思主义的某些思维方式颇有相通之处。

[你有自己的历史哲学吗?]

在某种程度上是有的，但那并不涉及对于各种进化阶段的信念。1998 年我有一篇名为“超越进化”的论文，收在波兰历史学家耶日·托波尔斯基（Jerzy Topolski）的纪念文集中，我在那篇论文中讨论了现代化理论——马克思主义的和非马克思主义的——的论点，那

59 些理论都一致相信存在着进化的各个阶段。[1] 我完全不同意这种观点，因为我相信不存在什么单一的轨迹。也许我年纪再大些的时候又会改变自己的观点，但我现在拒绝这种我在做研究生时所信仰的进化模式。我坚持认为，存在着多样化的轨迹、多种多样的道路。如果说这里面有什么哲学的话，那也是一种寻求争议而非共识或融贯的哲学。与其说这是一种哲学，不如说是一种对过去的看法，它关切的是在一个共有的框架内多种多样的行事方式，它在历史运动中寻找的是纷争和裂缝，而非和谐一致。

[很多年里你的研究都集中于里昂。是什么吸引了你？你好像选择就这个城市写了许多论文而不是一部书。这是对于论文形式的有意偏好，还是出于偶然？]

起初，我想检验一下关于宗教与资本主义的论点，而我从亨利·豪瑟[2]的著作中知道，里昂有我所需要的一切：它有超乎寻常的工匠运动、出版业、银行家、商人、工业（像丝织业），甚至还有拉伯雷，他在那儿生活了许多年。它有着一个人为了检验案例所需要的一切。对于这样一种想法——不在巴黎而在一个边缘地方、在中心之外做研究——而言，它也有吸引力。那里的档案材料也极其丰富，我以后好些年的研究都是由这些材料支撑起来的。比如说，我有一整个地区的全套法律文书中证词和遗嘱的全部卷宗。即便是到现在，我关于礼物的那本书（2000 年出版）也大量利用了里昂的资料。

---

〔1〕“Beyond Evolution: Comparative History and its Goals”, in *Swait Historii,* Posnań, Instytut Historii UAM, 1998, pp. 149 - 157: repr. in *Society and Culture.*

〔2〕亨利·豪瑟（Henri Hauser, 1866-1948），法国社会史家，著有《法国古代的工匠与商人》（*Travailleurs et marchands dans l'ancienne France,* 1920）和《16 世纪的现代性》（*La modernité du 16e siècle,* 1930）。

然而，我为什么没有出一本关于里昂的书，而是发表论文呢？我本来是可以出版我的博士论文的。我想，这是我孤立起来的结果。我犯了我告诫自己的学生不要去犯的错误。我对其他东西（比如说人类学）开始感兴趣，我在思想上的野心使得我想要以新的材料为基础来重做那篇论文。那个时候我需要有导师说，就应该按它本来的模样出版。第二个原因是我在那十年中有了孩子，这意味着我在开始教书的时候也在忙着照料孩子，文章也就东放一篇，西放一篇。还有第三个原因，就是我那个时候的兴趣太多，不只是在写和里昂相关的东西，而且也在写作非常不同的主题，有两三篇文章就是讨论商业运算的。因此，是生活史、生活阶段和多重兴趣的某种混合，使得我主要是在写作论文，而不是一本书。这后面并没有什么关于论文的哲学。然
而，如果回头去看《社会与文化》的话，我觉得其中的每一章都是从 60
其他章生发出来的，所以，即便它们是在 14 年中分别撰写出来的，那背后还是有一个单一的思想主题。

[你对 16 世纪尤其是新教有很多研究。你认为你不是基督徒这一点对你的研究而言是好还是坏？你是否认为这一立场能够让你取得局内人所无法得到的洞见？]

对我而言这是好事。但我并不认为这是一个必要条件，因为让・德吕莫（Jean Delumeau）就是一个了不起的例证，表明即便在天主教的框架中进行研究，也可以具有不偏不倚的立场和多样化的视角。但我觉得，对我来说，在 20 世纪 50 年代没有任何教派偏向却是一个明显的好事，那时候还有很多论著是怀有教派之见的，即便是在优秀的史学著作中。新教徒的文章发表在新教的杂志上，天主教徒的文章发表在天主教的杂志上，如此等等。既然我并不是在研究犹太人，而且又没有任何派别倾向，我就退了出来。对我而言，最大的转变就是离

开了进化论的立场，或者用旧的术语来说“进步的”立场。在我开始对人类学和妇女史感兴趣时，我也开始用新的眼光来看天主教。人类学对于宗教的研究方法以及对于宗教更多形式的研究，开阔了我的眼界。这使得我不再将天主教视作一个行将衰亡的体系，而是与新教同样活跃着。而我相信，这种转变由于我是一个局外人而来得更加容易。

[将情况颠倒过来，在你研究犹太人问题时，作为一个局内人，你是否会因为情感的投入而丧失掉某种洞察力？]

是的，我相信有这个危险。对于我来说，如果从事犹太问题研究时，能够把在关于新教和天主教的问题上作为局外人进行研究的经验带到这个课题来，情况会更好。我想，我会尽力利用移情的技能，同时从内和外两个方面来观察这些问题。就犹太人问题而论，我的确在尽力这样做，努力做一个局外人来进行研究，特别是在涉及那些让我惊骇，即便我对它们已经非常熟悉的事情时。在那种情形下，幽默感以及取笑自己的文化、被犹太人给自己唱的颂歌的某些方面所取悦的能力，也许会有所帮助。比如说，我在写作《边缘中的女人》的导言
61 时，就给我所研究的犹太女商人格丽柯尔（Glikl）提出了一个问题，问她为什么总是将自己的儿子们称作拉比（一种荣誉称号），而从没有给女儿们任何特殊的名号。我就是以这种方式切入犹太人过去的性别歧视的习俗——那是犹太文化中让人烦恼的一个方面。因此，我是站在局外来揭示犹太教的某些方面的。而格丽柯尔的答案就让我这样去做。通过自嘲，你可以以某种方式将你与自己所熟悉的东西拉开距离。简而言之，我非常喜欢努力去做一个在局内的局外人的想法。

[你最具开拓性的论文之一是关于16世纪的暴力仪式的。这个兴趣主

要是你在自己研究中发现的结果，还是你对于自己那个年代美国或别的地方的城市暴力的一个反应？]

这两个因素都有，还得再加上大屠杀。我对于里昂的暴力和暴动有着持续不断的兴趣，而其中尤其吸引了我的是 1529 年的“暴乱”，豪瑟已经对这场不同寻常的谷物骚乱做过研究。我想要检视我关于里昂的史料，并看看他的观点——他认为，“暴乱”的动机既有宗教上的（即新教），也有经济上的——是否正确。而我发现的证据证明他是错的。我在研究里昂时所见到的几场主要的骚乱是宗教性的，而谷物骚乱则具有特殊的焦点和传统上的合法性。其次，20 世纪 70 年代的头几年是一个富于挑战性的时期，在美国发生了与结束越战、民权运动相关的许多暴力行动，也波及大学的管治，有时候甚至导致学生接管学校。我也亲自参加了伯克利和其他地方的反战示威，那有时候会变成暴力性质的，不见得一定就是因为我们这边的缘故，而是因为警察那边。所以我目睹了大量的这种现象，并且对于群体行为有了浓厚的兴趣。再次，大屠杀——第二次世界大战中针对犹太人的恐怖暴力在下意识中影响着我。美国的例子不那么极端，因为尽管在民权运动和反对越战的运动中也有烈士，却没有那样大规模的暴行，那在很多方面都类似于 16 世纪的屠杀。即便是小规模的暴力也让人想起 20 世纪德国所发生的事情，包括其仪式性的方面。因而，在我研究 16 世纪的暴力仪式时，我想，我也在试图理解大屠杀。

[对于你研究暴力仪式和人类屠杀他人的冲动而论，弗洛伊德和其他心理学家有何重要性？]

弗洛伊德的某些洞见卓识已然成为我们看待世界的文化方式的一 62
部分，比如他对于父母与子女关系中的紧张成分的观点，我就接受并且运用了。弗洛伊德像马克思一样是一个很有意思的人，我在研究狂欢节时，他是给了我很大帮助的评论家之一。然而，我从来没有想过要采取弗洛伊德主义，因为对我来说，从事历史研究并不是意味着要去验证某种心理学或心理分析的理论，那是心理史学似乎在做的事情。那对我来说是将问题过于简化了。我运用弗洛伊德观点的一个例子，是数年前我所写的关于加尔文教的领袖人物西奥多·德·贝兹（Théodore de Bèze）的论文。我将他与他在法国的人文主义朋友们的决裂、他之皈依加尔文教以及他与一位家仆的勾搭和婚姻，解释为一定程度上是对他父亲的反叛行动。我对贝兹的反叛兴趣很大，我指出，他在到瑞士后所写的第一本书是亚伯将以撒牺牲的悲剧，那是一出关于父亲和儿子的戏剧。你可以看到，我的弗洛伊德主义到了运用已然成为我们总体文化一部分的某一个弗洛伊德的洞见的地步。我不想走得更远。那不是我作为历史学家的目标所在。

[你经常引用其他学科的学者。在你关于暴力仪式的论文中，你引用了例如埃利亚斯·卡内蒂（Elias Canetti）、玛丽·道格拉斯（Mary Douglas）和奈尔·西梅尔瑟（Neil Smelser）。他们能够提供什么历史学家所不能提供的东西呢?]

我需要说明的是，我在《暴力的仪式》（收入《社会与文化》中再次发表）中所引用的许多人就在伯克利，他们是我在当地人际网络的一部分。我觉得在学术研究中了解某人所处的具体共同体，以及他或她是在对谁说话是非常重要的，因为我们都有一个普遍性的视角，也有一个地方性的视角。然而，如果说我所引用的许多作者都属于我当地的学术共同体的话，玛丽·道格拉斯却不是。我对人类学发生兴趣时也关注到了她，她对于污染问题（那是当时历史学家并不研究的一个课题）的理论化极有价值。我那时正开始研究妇女问题，发现她对于月经污染的观点尤其有用，充满洞见卓识。我揣测，我对于所引用的知识分子的选择，取决于他们对我作为历史学家打开眼界的作用。一方面，他们在一个更加广阔的范围内工作，覆盖了我在历史研究中也许无法触及的材料和时期；另一方面，他们在探求某种理论和普遍性论断，历史学家在某些时候也在提出这些东西，但不一定是在暴力这个领域。

[有没有哪些具体的理论家对你的研究而言特别重要，或者你仅仅是 63
从工具性的角度来选择他们的呢？]

主要是工具性的考虑，这并不意味着对他们不尊重。我的意思是，我对其负有最大责任的人不是理论家——我尊重他们，而且对于其中我所熟识的人，我很喜欢他们——而是我在写作的那些人。我最终的责任是对于我那些16世纪的研究对象以及拉伯雷和蒙田——16世纪伟大的观察家——而言的。我总是要回过头到这两位思想家那里去检验我的论点。他们不是理论家，而是对他们那个世纪（妇女除外）有着深入了解的眼光敏锐的观察家。因为这一点，我觉得，如果我的研究走在正轨上的话，就会在拉伯雷和蒙田那里有某种回响。说到妇女问题，我要回到玛格丽特·德·纳瓦尔（Marguerite de Navarre）。比如说，在我关于礼物的书中，我感到必须去重读涂尔干和莫斯，他们之所以重要，是因为他们确实花了很多时间来思考关于交换的理论。但这并不意味着，我就觉得必须向他们致敬，对他们关于这个主题所说的一切恭恭敬敬。在我讨论文化混合的书中也是如此，我在其中试图从欧洲以外的其他视角来看问题。我利用了丰富的资料。我提出了自己的观点，然而我还想知道，后殖民主义的作家和学者们对这个主题在说些什么。我偶尔会受到他们中某些人的启发——如来自摩洛哥的杰出的文学批评家阿卜杜勒法塔赫·吉里托

（Abdelfattah Kilito），我最近见到过他，但即便如此，我不会将他们视为我不容置疑的导师。

［你的第一本书《现代早期法国的社会与文化》（*Society and Culture in Early Modern France*）出版于女权运动的早期阶段，这本书使得你成为妇女史的一个典范。妇女史中是否有某些发展是你不想与之发生关联的？］

我首先得说，如果我对女权运动中所出现的某些东西有批评的话，也不会是将其视为敌人。目前在运动中还存在激烈的斗争，然而倘若说我有所保留的话，我的批评也不是想要将人们赶出门去，或者认为我是全然了解这个问题的人。我一点也没有这种想法。我不喜欢带着这样的想法写出来的妇女史：认为它有其绝对的主题，而所有其他东西都是背叛或者是纯然错误的。我更乐意看到不将妇女视为牺牲品的妇女史（我在说这一点的时候，心中并没有某一本具体的书），不对许多情形下妇女在与男人合作甚至共谋熟视无睹的妇女史。20 世纪 70 年代我在写作对这一领域状况的综述时，敦促历史学家们将眼
64 光从女名流（这是她们在 17 和 18 世纪的名册上的称号）身上移开。在我看来，我们不应该仅仅是创造出关于这个性别的现代版本，尽管它有助于让那些时代杰出妇女为人们所瞩目。然而，这并不意味着不可以有某些正好以妇女作为主角的研究。事实上，我的《边缘中的女人》就是这样的情形，尽管其中也有男人，我还是决意以三个女人为焦点。但是，必须记住的是妇女所处的关系和网络的范围，否则，就有看不到她们置身何处的危险。生活中有若干个系统笼罩在她们身上，我们必须记得这些系统的存在，好看得到全貌。前一段我在柏林的一个研究小组，我的朋友芭芭拉·哈恩（Barbara Hahn，她研究 18 世纪后期和 19 世纪早期柏林的女文学家，其中大都是犹太人）有一

篇极其有意思的论文，探讨那些与犹太女人发生关系的德国男基督徒。她看到了男人们在互相写的信中以嘲讽的口气提到他们的女人，这是其他学者所已经注意到的。但是，她还看到了这些男人写给他们的犹太女人的充满温情和恳求的书信。只有将这些信都放到一起，才可能对他们的关系有更好的理解。你不能仅仅注意那些他们互相就自己的女人说闲话的信件，还得看到他们写给跟他们睡觉的那些女人的信。换句话说，要紧的是我们应该在更加广阔的视野下来审视女人。

[作为妇女研究兴起中一位领头的参加者和观察者，对于这一领域与激进运动结合在一起，你觉得是好事还是坏事？]

我觉得，好处在于一整代人所共有的热情，这种热情在政治活动和这一时期那些精彩而激动人心的讲课中都清晰可辨。不好的地方在于，相信那种激进好斗的精神是解决一切问题的关键——其实不是。就我的情况而论，与同代的其他人一样，很大的差别是我并没有在自己的学术生涯之初就从事妇女史。我在开始做妇女史之前，是一个研究其他东西的历史学家，而且，尽管我被女权运动激励着来步入这一领域，我依然不断受益于我前面所提到的那些兴趣。对我来说，这个时期是一个巨大的挑战，因为我想要研究这个新课题，而又不希望受到它的拘束。我觉得，事实上这就是第一代大多数妇女史专家所遇到的挑战（我更愿意说挑战而不是坏处）：不要让自己的领地过于狭窄，在研究妇女时不见得一定就使得她们成为自己研究的独一无二的主题。

[数年前，E. P. 汤普森提出“卖妻”不仅是男人压迫女人的一个表 65
现，也为妇女显示自己的独立性和性活力提供了空间，他因此而被视为反对女性主义的一个罪恶的史学家。你是否认为这样的反应在今天

已不大可能出现，或者你是否认为就某一点而论，妇女史依旧被牺牲品的观念所笼罩着？]

当时也并不是所有人都做出了那样的反应。我当然就不是那样的，因为在我看来，很显然，这些仪式有时候是双方操作出来的，以便可以在保全丈夫脸面和让妻子嫁给她的情人（尽管是以屈辱的方式）的情况下把婚离掉。我认为这种情况在今天不大会发生了，因为那种反应背后所潜藏着的妇女被视为牺牲品的观念如今已消退了很多。我想，更加严肃的人只会说，汤普森的研究——除了关于“卖妻”的引人入胜的论文之外——根本就没有特别地关注妇女，这倒是真的，因为他主要的兴趣乃是男性的英国工人阶级与社会主义和前社会主义的思想。我倒认为，他可以因为这种沉默、这种忽略而受到质疑，因为这多少是让人不好接受的。倘若要我想一下有什么别的话题可能会在今天激起汤普森所经受过的那种反应的话，我觉得会是大屠杀或种族主义的问题，因为有些学者用迫害和牺牲来解释一切。

[在我看来，男人在女性主义思想中的角色（比如说，提出了思考两性之间平等地位的认识论条件的贝尼托·费霍[1]和普兰·德·拉·巴尔[2]）、讨论女人受到男人压迫问题的某些“男性”的文本的重要

〔1〕 贝尼托·费霍（Benito Jerónimo Feyjóo，1676—1764），西班牙本笃派教士，西班牙启蒙运动的领袖人物，著有论争性文章《捍卫妇女》（“The Defense of Women”），是其 *Theatro critico universal*（1726—1739）中的一篇。

〔2〕 普兰·德·拉·巴尔（FranÇois Poullain de la Barre，1647—1723），著有带有女性主义和笛卡尔派色彩的论文《论两性之间的平等》（De l’égalité des deux sexes，1673）。此文曾部分为英文文章《女人并不比男人低劣》（*Woman not Inferior to Man*）的匿名作者所抄袭，反过来又在1832年被巴西女性主义者尼西娅·弗罗蕾丝塔全文译为葡萄牙文，后者将其仿作玛丽·沃伦斯通克拉夫特（Mary Wollstonecraft）的《女权论》（*Vindication of the Rights of Woman*）的译本（参见玛丽亚·露西娅·帕拉蕾丝-伯克，*Nisia Floresta, o Carapuceiro e outros ensaios de traduÇło cultural,* Sło Paulo，Hucitec，1996）。

性，以及男性作家与女性作家的文本富有成果的相互交织的可能性，这一切要想得到妇女史的承认似乎还很困难。你对认为妇女史为妇女所拥有的那些人有什么要说的呢?]

考虑到今天人们从事妇女史研究的方式，我不认为这种困难不可
避免。我的确认为，我们在研究男人与女人的社会共谋和合作时做的 66
工作远不够好，没有对妇女与男人一起工作时的处境给予足够的注意。因为如果像你所说的那样，一个男人写下了一份文本，很可能有一个与他合作的女性：也就是说，他不会是完全一个人，就坐在他那本笃会的修道院里，从来没有见过女人。他怀着初始动机来写一本书，然而很可能还有某些合作性的工作发生在那儿。而我认为，我们女史学家很少考虑那些跨越边界的合作情形，这涉及权力极不平等的各方。

这就是我之所以从事这种文化混合研究计划，并且一直在思考一些难题（比如，跨越奴隶与自由人之间界线的亲密关系的问题）的原因之一。它们都涉及权力和亲密问题的关系。问题在于我们并没有一套很好的语言来谈论这些问题，而为了描述这些跨越边界的合作，很需要这样一套语言。多年来人们关于爱写了很多文字，然而，当你想要讨论爱与权力差别时，你就需要一套特殊的语言。

谈到思想上的合作，我们熟悉的是学术环境下的思想合作，而没有足够耐心地去考察非正式的合作。我们没有集中考察不同年纪和不同性别的人们在观念上的相互交流和受益。而在科学史、各种类型的学问的历史，以及妇女史中，类似观念交流的例证成千上万。比方说，你想一下普兰·德·拉·巴尔，我们知道他所写的文字，却不知道他认识的女子，除了对他妻子略有所知之外，看看他与她们之间的相互影响和思想交流，会是很有意思的事情。

[在你最早期的一篇论文《城市妇女与宗教变迁》（收入《社会与文化》一书）中，你表明，由于拒绝女圣徒并且取消单独的妇女宗教组织，新教的兴起令妇女在所有的领域都更加处于依附地位。你是否在有意识地反对通常那种认为新教为妇女解放开辟了道路的观点呢？]

我确实认为新教起了这种作用，我也并不想否认就长时期而论他们对妇女解放有所贡献，尤其像是贵格会这样的教派。他们确实开放了一个读书识字的共同领域和礼拜式的共同领域，而这对妇女当然是有好处的。他们对于妇女读书识字的正面肯定和我在那篇文章中所说的“风格上的同化”当然产生了积极的效果。换句话说，即便男人处于顶层，妇女也在一起吟诵圣诗、阅读《圣经》等等。

67 澄清了这一点之后，就可以看到，我在那篇文章中反对的是这样的看法：新教作为一种普遍化的宗教乃是唯一的解决问题的办法。我想表明其他因素所起的作用，因为在妇女共同体内出现了一种早期女性主义的非常重要的形式，比如说，妇女在单独的空间集会，而不是处于由婚姻带来的法律上的从属地位。

[你的著作《马丁·盖尔归来》引起了充满生气的争论，并与勒华拉杜里的《蒙塔尤》和卡洛·金兹堡的《奶酪与蛆虫》一起被归于后现代主义的史学传统而受到赞誉。你同意这种看法吗？]

我不认为后现代主义对于实际上有着不同目标的这三本书是个最有用的范畴，金兹堡的那本书比之其他两本更少具有民族志色彩，而另两本书更加关注于对某一共同体的整体性研究。当我想起后现代时，我想到的是专注于文化和语言的重要性，认为所有的一切都受其制约，从说话到思考的方式；我还会想到，后现代的路数抵制普泛化，更爱谈论碎片而不是融贯的整体。这三本书全都认真地对待地方性文化，然而，它们也关注经验和长时段的传统以及思想结构。我不觉得后现代的标签在这里能够说明多少问题。对于那种认为这几本书是后现代的，因为它们拒绝得出普遍性的结论的看法，我的回答是：虽然彼此有所不同，但这三本书全都希望对于超出它们所研究的个案之外的过程得出某些洞识。它们全都得出了对于其他案例的看法，不仅是通过可能的类比，而且还通过交往网络和权力体系。我想说的是，消息在各地游走，法官和审讯人来自外面。关于马丁·盖尔的案子的各种消息不胫而走，在偏僻的乡村和山区小镇中，关于异端和狂热的思想的消息也在四处流传。

[你如何区分你关于马丁·盖尔的著作与金兹堡或勒华拉杜里撰写的其他重要的微观史著作?]

我首先得说，我不介意被划入微观史家的范畴，尽管我在从事这项研究时，是把自己视为一个走入乡村，既对民族志又对实际表现感兴趣的人类学家。因为做人类学家的好处之一就是你不仅可以观察人并与他们直接交谈，而且还可以观察到他们的实际表现，那就会展现出事物在某种生活中是如何被实际经验并付诸实行的；那些事物往往不会在日记或档案中显现出来。

在谢卡尔·卡普尔（Shekhar Kapur）的电影《伊丽莎白》中有一 68
个体察入微的片段，可以非常生动地说明我想说的东西。那是一个富于洞察力的片刻，即便它或许在历史上并不准确或无法验证。我们看到，将来的女王在去国会进行一场重要的演讲之前自己在做演练。我喜欢那个片刻，虽然她原本的声音或许会不同，而且也可能会有一个导师在场，我们依然可以看到某种极有意思的东西被表现出来了，那是某种隐藏的、不会在档案中以此种方式记载下来的东西。

倘若要将我的著作与金兹堡和勒华拉杜里的进行比较，一个突出之处就是，在我们共同的人类学和民族志的兴趣之外，我还特别关注于一条故事线索。卡洛·金兹堡和勒华拉杜里都在讲故事，审判的故事，然而他们却较少对多重版本感兴趣。所以，我所谓的“故事线索”指的是，有马丁·盖尔（那个离去而又归来的人）的故事、有他妻子的故事、有整个村子的故事，还有法官讲述的故事。我清楚地意识到这些不同的版本，这使得我思考故事是怎样被讲述的，人们又是如何将不同的讲述合并在一起的；这就是我的研究计划将我引向了文学方向的缘故。

[在这部微观史著作出版之后，你的国际声誉好像有了巨大的提高，而且，由于将人们认为可以忽略的和处于边缘的东西纳入历史现象，你就开辟了一条道路，引导了日益众多的此种取向的研究。你是否因为有这些追随者而高兴，或者你是否在某种程度上同意比如说约翰·埃利奥特的批评——他说，“当马丁·盖尔和马丁·路德一样有名或者前者还更有名时，一定是出了什么问题”。]

我没有听说过约翰·埃利奥特的这个批评，这当然是个很机智的说法！事实上，他是我很亲密的一个朋友，而且我也知道他很喜欢我的书。我想我明白他的意思，而且我也认为，如果真是出现了这样的情形，肯定是有什么地方出了问题，就此而论，我同意他的看法。然而，我并不认为真有这样的情形。许多人似乎不知道一部好的微观史应该是什么样的。我想，卡洛·金兹堡、乔瓦尼·列维和其他写作微观史的人也会同意，倘若一部微观史写得好的话，它应该是一部有自身深厚内蕴的研究，同时也会揭示出与在它之外的其他进程和事件的关联。

微观史看似好写，实际绝非如此。许多人认为，那不过是寻找一个有趣的故事然后再说出来的问题。他们相信，那比写作比如说必须要涵盖许多领域的教科书要容易得多。可实际情况是，由于教科书是通论性质的，你并不必须对每一个小问题都进行研究，而一部好的微 69
观史却同时需要具备细节、证据和 *histoire totale*［总体史］的雄心。

我不会建议一位历史学家不做别的，专做微观史，就像我不会建议一个人只做妇女史而不做任何别的东西一样。理想的状况是，一位历史学家应该在某个时期尝试进行不同模式的研究，这样就可以了解问题所在，了解地方性的和普遍性的框架之间的联系。比如，就马丁·盖尔而论，没有早期现代法国国家的司法体系和人们对于社会流动性的广泛期望，他的故事就没有意义。历史学家必须在这些高度聚焦的研究和更加宽泛的研究之间保持不间断的对话，并将对话所可能具有的意蕴充分发挥出来。在某种意义上，教学的任务就是促进这种产生关联并将事物联系起来的对话。实际上，当我们在教学时选用这本或那本书、讨论某种类型的研究的时候，一直做的就是这件事。

回到埃利奥特关于马丁·盖尔和马丁·路德的评论，我想，那本质上是一个告诫而非一个断定，因为，公道地说，盖尔还是不如路德有名。我这本书经常被排到课程里，但却是作为补充读物，并且，马丁·盖尔的审讯也并非必修课程的一部分。人们的确从他的故事中得到了很多乐趣（尤其是拍成电影之后），而且也许聊天时对他比对路德聊得更多。然而那只是表面上短时间内的事情。我希望已经发生的改变是，马丁·路德们在被讲授的时候，不再会不考虑到或涉及马丁·盖尔们。我期望，德国的微观史研究能够呈现出一个新的、更有意思的路德，将鲍勃·斯克里布纳（Bob Scribner）、林达尔·罗珀（Lyndal Roper）的新发现和德国其他有意思的研究都吸收进去。

［历史电影的制作是你一个巨大而持久的兴趣点（你曾说过，还在做学生时，你就有拍纪录片的计划），并且在参与拍摄《马丁·盖尔归

来》之后，你说：“好的历史电影远不只是逼真的服装和道具：它们一定要展现出过去的某些真实的层面，并且它们乃是书面的真实陈述在视觉上的等价物。”那么，你如何来回应海登·怀特的断言——历史电影和历史论著就求真而言都同样有其局限，并且因此，电影的“虚拟性（fictionality）”与历史学家话语的“虚拟性”并无二致——呢？]

海登·怀特和其他人在指出历史学行文中若干影响我们叙事的文学特性方面，给我们很大教益。毫无疑问，让我们对那方面更为敏感
70 是件好事。然而，作为对于历史著作意义的一种总体性的看法，他的立场有其局限性，因为他忽略了历史学家所做出的努力以及他们在为自己的论点做出论证时所遵循的证据规则。在我看来，这两种东西是同时在起作用的。海登·怀特专注于历史学家所采取的文学体裁的问题，而没有考虑到我们所拥有的两千年来的历史写作中所发展起来的文字写作的成规，那使得我们的读者知道我们什么时候是在下确凿的断语、什么时候对于某个论证心怀疑虑、什么时候存在着多重观点。利用这些成规可以做多得多的事情。因此，海登·怀特基于叙事文体而展开的对于历史写作虚拟性的探讨，忽略了文章成规所开启的多种多样的可能性，以及历史既处于文学编排的领域也处于证据领域的这一事实。比如，从前我在普林斯顿的两位同事托尼·格拉夫顿（Tony Grafton）和利昂内尔·戈斯曼（Lionel Gossman）就对同时作为一种文学体裁和一种证据体裁的脚注进行了精彩的讨论。而这只是那许多可能性当中的一种。

说到历史电影，影片的视觉化和戏剧性的规程要想适应证据规则以及历史文字的表达方式，有很多事情要做。比如，我在想，也许有一天电影技巧可以表达与“或许”或者“对这一点有好几种解释方式”这样的用语相当的东西。问题在于，我们在书写时知道得很清楚

如何去运用这种语言，然而，就真实性问题而论，我们还没有同样多的戏剧性的或视觉化的方式，在电影中表达我们所想表达并想要成功处理的东西。因而，在历史电影的创作中还有许多提高的余地，包括需要更多的研究，那最好是由电影从业者来进行，如果他们本人不是历史学家的话，他们可以倾听历史学家在视觉媒介方面所提出的建议。电影讲述故事的方式可能会有所限制，而我也确信，在某些地方文字的讲述是视觉的讲述所不可取代的，而在别的地方情形则正好相反。比方说，电影就具备微观史的某些优势，能够展示具体的表现。它会迫使你去想象某些事情是如何发生的，而那是你只用文字写作时不会费心去思考的。我已经谈到了《伊丽莎白》的例子，《马丁·盖尔归来》也一样，它使得我思考历史是如何被演出的，在历史写作中不会如此。电影可以表现偶然性在过去所发挥的作用，同时也可以表现普遍性力量的作用，而那种力量是你可能从没有想象过会存在的；只有你确实在观察着某个场景的发展，那些力量才崭露出来，而日记、报纸之类的东西里面只会有模糊的线索。简而言之，也许可以主要将电影视作一场在实验室中进行的实验，一场思想实验，而不是在讲述真相。

[你的《档案中的虚构》(*Fiction in Archives*) 生动地表明了在所谓的 71
对于过去的如实记载中活跃着叙事的传统。你会赞成将历史与虚构之间的界线模糊化的理论吗?]

历史写作和历史研究包含了想象的成分。因此在这两种文体的思考和写作方式当中有重叠的部分。但是在另一方面，人们认为，历史学家需要有证据来支持他们所做的每一个陈述。或者，倘若他们没有清楚的证据的话，他们就要使用诸如“一定会是”或“也许是”这样的成规说法。在昨天我与小说家贝丽尔·吉尔罗伊[1]的谈话中，这是两种文体之间深刻而重要的区别。写作小说的作家大概会断定他或她不用回到某个文本来进行检验，而只是随着情节的展开让事情发生。历史学家却不能这样做。如果你想遵循历史学家的规则的话，那是不能容许的。我们有一个戒条：不能只凭自己内心的想法，而且也要求诸外在于我们的某些东西，比如档案或手稿，或者从过去遗留下来的图画或某些踪迹。而我必须说，我喜欢受制于外在于自己的某些东西。

[你在很多年里主要在研究法国而且尤其是里昂，而你的《边缘中的女人》涉及世界的许多地方，这是你思想取向出现了变化，还是你早期研究的自然而然的发展呢？]

我觉得是变化，尽管它与我此前的研究并非没有关系。实际上，我觉得这本书是以我此前的研究为基础的。但是，我本来也可以继续停留在法国的，因而，选择具有如此广大的地理范围的一个课题，让我感觉非常不同于欧洲史专家。我既以欧洲的眼光也以非欧洲的眼光来看问题，这就使得我一开始就将自己放在相对于世界的不同的位置。我愿意与世界其他地方的人们有某种契合感，而这是拥有这种感觉的一个办法。所以，如今在我听到关于欧洲的研究项目时，倘若其中没有关涉到更加广阔的世界，会让我感到不可思议。换在从前，我是绝不会反对别人这样的研究路数的。

---

〔1〕 贝丽尔·吉尔罗伊（Beryl Gilroy），从英属圭亚那移民到英国的教育家和小说家。她著有《黑人教师》（*Black Teacher*, London, Bogle-L'Ouverture, 1976）、《床上》（*In Bed*, London, Macmillan, 1977）和《祖父的足迹》（*Grandpa's Footsteps*, London, Macmillan, 1978）。她是戴维斯在其关于文化混合的研究计划中所要研究的四个20世纪的人物之一。

在我决定要研究非西方、非欧洲的东西时，那些东西对我而言非常陌生，因为那大大超出了我所由之出发的天主教—新教的对立。我最初的动机是决意研究非基督徒、犹太人，而不是仅仅随声附和，或 72
者与学生一起阅读有关他们的文本。那是一个很大的转变，因为其中牵涉到全新的研究素材。我读过很多英文和法文的译文，但从没有研究过犹太人的档案和文献。另一个变化则是，当我写作《边缘中的女人》时，我得去了解 17 世纪。对 17 世纪我有所了解，足够上课用的了，但是我得自己沉潜于大量新材料，包括千年王国（millenarian movements）运动的材料之中，那些材料对于理解贯穿我所研究的这几位女人一生的乌托邦冲动是必不可少的。而为了能够研究苏里南的非洲人，我必须得到一个新的学术工具，其中有颇多乐趣。当然，所有这些变化都会带来大量的工作，然而，我正处在人生中根本不在意这一点的阶段。

对于所有这些新的经验，我得说它们教会我的最重要的事情之一，就是认识到历史学家所来自的地方的重要性，并让我记住历史研究是在许多不同的地方进行的。我去年春天出席的在帕拉马里博召开的加勒比地区史学家协会的会议，就特别有启发意义。我从来没有参加过这样一次会议，其中的议程是由我可以称之为非西方、非欧洲的关注点所明确界定的。即便是我经常参加的国际历史科学大会也不是这样做的。会议的全部安排都是围绕着他们觉得重要的东西来进行的，而那些东西在我眼中并非总是重要的。我只是被这个会议吸引住了，觉得很快活。能够与人分享我对苏里南所做的研究、告诉他们我所发现的东西并得到他们的反馈，这让我欣喜莫名。我选送的是关于犹太人的论文，其实它所探讨的问题与别人所关切的大不相同。历史研究在不同地方是以不同的方式来展开的。对我而言，这一点至少与海登·怀特的诸多发现一样重要，在某些方面甚至还更为重要。怀特让我们注意到思考人们是如何写作的这一点的重要性，而了解在世界上不同的地方人们是如何写作历史的也十分要紧。可以说，我是一个就非洲人来写作的欧洲人。了解他们会如何来写我们是很重要的。

[比较研究对于理解过去而论有多重要？你会同意杰克·古迪的观点——比较乃是我们在历史科学和社会科学中所能做的像是科学家的实验一样的少数几桩事情之一——吗？]

我和他一样认为比较研究非常重要，而且我认为各种微观史（而
73 且在某些方面还有电影）也同样是实验，因为通过它们（如果我们做得足够好的话），我们试图想象日复一日事情实际上是如何发生的，那是一桩引人入胜的事情。在 1998 年的论文《超越进化：比较史学及其目标》（“Beyond Evolution: Comparative History and its Goals”）中，我提出，我们所作的几乎每一个陈述都牵涉到比较，尽管只有在我们对空间上足够分离和具有足够差异的事物进行比较时，我们才会明确地谈到它。我们可以进行三种比较，其中每一种都有其自身的问题。第一种是我在《边缘中的女人》里所做的，我选取的人们实际上处在同一个社会，但却属于或者被忽略，或者从未被在比较视角下考察的群体。在这里是天主教徒、新教徒和犹太人，他们来自相似的工匠或商人的中产阶级，生活在城市中。在此种比较研究中可以做很多事情。比如说，就对女巫的迫害而对犹太人和基督徒进行比较，会给人很大启发。因为人们一直没有回答这个问题：为什么犹太人没有像基督徒那样迫害女巫？我们关于导致迫害女巫的因素的假设，意味着犹太人很容易就会迫害女巫。他们自己就被当作礼仪的谋杀者或巫师而受到外人的迫害，实际上，他们还让罪恶之眼弄得心神不宁，而且他

们也担忧被死者的灵魂所侵扰。因此他们有着本会导致迫害女巫的意识，然而，这一切却并没有发生。

第二种则是对时间和空间上彼此分离的社会进行比较。我以为，在这种情况下，我们提出的问题不应该完全是由我们自身的历史关切所引发的，而且也要由比较所涉及的那个社会的历史关切所引发出来。如果仅仅是在例如英国和德国之间的比较，问题也许不会有那么大的差异。然而，倘若是在日本和法国之间进行比较——就像是我在那篇论文中所评论的例子——问题就明显多了。一本关于江户（即古东京）与巴黎的书[1]错误地从美国大学中产生的兴趣出发来提出所有的问题，如果不是这样本来会很有意思的。理想的情况是，如果你真想找到研究方法，有些问题应该来自日本的历史学。滑稽的是，尽管将近三分之一的作者来自日本，而且编者中也有一名日本人，这些问题却甚至都没被考虑过。

第三种比较则是，你所比较的东西并非严格相像，像法国和日本那样，而是根本不一样，就像是 17 世纪时来自法国的耶稣会士与魁北克的美洲印第安人文化的相遇。正如荷兰人类学家约翰内斯·费边 74
（Johannes Fabian）所精辟地指出的，这种比较研究所遭遇的挑战之一，就是要探讨在同一时期生活着的各个社会，而又不将其中一个当作另一个的先祖。这并不是件容易的事，因为当你研究在其技术体系、交往系统方面如此迥异的社会之时，你会受到很大的诱惑来断定“这些人并非真正处于同一时代”。简而言之，要进行卓有成效的比较研究绝非易事，但值得人们付出努力。

---

〔1〕《江户与巴黎：现代早期的城市生活与国家》（J. L. McClain, J. M. Merriman, U. Kaoru（eds）,*Edo and Paris: Urbain Life and the State in the Early Modern Era,* Ithaca, Cornell University Press,1994）。

[你目前正在研究文化混合，而且好像对于这类研究的积极意义充满乐观的看法，因为像你所说："它们让我们警醒，远离民族主义和种族的肮脏祭坛；它们敦促我们，让我们的思考超越边界；它们提示我们，让我们看到自身之中的混血成分。"那么，对于一位在文化混合中看到的是不谐而非理解，是对不宽容的传统的坚持不放和对于细微差别的自恋不舍，而非仁爱的同情的历史学家，你又做何评论呢？]

我并不否认这消极一面的存在，而且在某些情境下，移民会充满怨气。我在我的新书中所讨论的一个例子，是一个生活于19世纪晚期和20世纪早期的移民到法国的罗马尼亚犹太人。他是一个很有意思的人，一个具有创造力的语文学家，一个拉伯雷专家，他关于拉伯雷的著作非常重要，直到今天我们还在阅读。在我看来，他的罗马尼亚背景对于他给拉伯雷研究带来的革新而言具有关键意义，然而，让人悲哀的是，他终其一生郁郁寡欢，被人隔绝开来。浏览一下巴黎语言学会（那是一个很前卫的机构）的记录，你就会看到他在其中的生活轨迹，以及他如何由于从没感觉到自己真正为人所接纳而变得越来越性格乖张。但是我仍然不会以一种全然令人沮丧的方式，来讲述牵扯到许许多多人类的残酷和悲哀的这个或那个故事，因为即便在那种情形之中，还是存在促成了些许人类契合（solidarity）的某些结构。在成为犹太教徒的苏里南的非洲奴隶的情形中，这一点更是清晰可见。尽管存在着由于他们曾经身为奴隶这一事实而针对他们的种种歧视（而且我们还可以设想，犹太人对于他们的肤色也会感到不大舒服），然而一旦获得自由之后，他们就参与了祈祷式，与犹太人通婚，并在整体上成为犹太人社群的一部分。我不认为这就单纯是人类的爱或者同情所带来的结果。在这个问题上，我的观点是：犹太教乃是一种律法的宗教，而律法所说的一点就是，如果你信犹太教，你就是犹太教徒，你无法改变这一切。倘若你是犹太教徒，你就有参加祈祷式的权利。这或许并不全然就是一个关于人类的同情和共鸣的故事，然而这确实是一个关于某种契合的故事。

因此，我在这项关于文化混合的研究中想要表明的是三点：第 75
一，与那些总是在寻求某种虚假的本真性的人们所认为的相反，文化混合实实在在地存在着；第二，我们需要更好的描述工具和某种类型学来处理这种现象，就如同我们需要更加准确的词汇来描述我前面所提到的那种共谋一样；第三，文化混合可能有某些不好的方面，但它也有非常积极的方面。

[你曾经坦言，“我最好的读者”是“我的丈夫，数学家和作家钱德勒·戴维斯”。可是，在你进行研究时是否还想象着有别的人在肩头注视着你，与你一起批评和讨论呢？]

我在《边缘中的女人》的导论里曾经说过，在想象我与格丽柯尔·巴丝·尤达·莱布、玛丽·德·琳卡奈辛和玛利亚·西贝拉·梅里安（这本书的三个主人公）的对话时，我常常会设想，我写的这些人在阅读我的文字，并且试图猜想她们会对我的文字怎么看、怎么说。那是思考问题的一种很好的方式，因为它提醒你在对关于她们的证据负责时，也要对一度活着而又死去了的这些人负责。我当然也有同时代的审查者，然而他们一直变化不定。关于我所写作的东西，我会想，甲对这种路数会怎么看，乙是不是会欣赏这一点，如此等等，不一而足。通常的情形是，我太专注于自己与史料之间的对话，只考虑到它们而忘记了审查者，一直到书出版之后。至于我的丈夫，我喜欢把自己的研究给他看，以便确信自己写得清楚流畅、论点明确。

[你不愿意被看作一个与专业化和职业化联系在一起的职业历史学家，也不喜欢被人视为一个“激进史学家”。你认同这种说法吗？或者你更偏爱对你的其他什么界定吗？]

在涉及教学和专业问题以及需要某种政治上的契合或忠诚的情形下，我不介意对职业或专业恪尽职守。但是，我确实不喜欢将自己视为一个职业史学家，因为“职业的”这个词似乎带有排除其他讲述过去的方式的意味，而那是我所愿意倾听和参与的。我会说自己激进吗？不会，因为我认为那也意味着限制，并将许多取向排除在外。我宁愿使用“批判的”（而非“激进的”）这个词来描述自己，因为我愿意设想自己是以批判的方式来进行研究，这种方式更加宽阔而又容许在多种方向上展开研究。

76 [你的研究产生了一整个由追随者们构成的学派，也带来了争议，受到了批评。有没有什么批评意见有助于你发展或者重新阐述你的思想？]

很早的时候，在我的第一篇论文《论比洛瓦·里戈的新教》（“On the Protestantism of Beno¸t Rigaut”）刊行时，我的一个朋友告诉我，那篇文章了无新意，我没有以一种可以展示其全部趣味的方式来讲述他的故事。我那时还是个研究生，坚定不移地认为我的写作不是用来取悦其他教授的，而我那位朋友的批评和建议帮助我思考了如何更好地讲述。最近，我从罗伯特·芬莱（Robert Finlay）对《马丁·盖尔归来》的评论中学到了如何对批评作出回应，将其作为一个讨论和澄清自己的研究的机会。你可能知道，他的评论相当具有挑衅性（而且寄给我的那份原稿可说是有些粗鲁），但我决定，无论发生了什么，我都不会把这当作个人的事来处理。因此，我把自己对他的评论的回应——与他的文章一同发表在《美国历史评论》上——当作一个将原本在书中高度压缩的论点发挥开来的机会。有意思的是全美国的方法论课程都把这两篇文章一起用上了，甚至英国也在用，而且我也听说有些学生同意芬莱的意见而不赞同我。但是，这样挺好，因为对于写作来说最要紧的就是你希望有读者来阅读，对它展开争论和思考；而且他们可能以完全不同于你的方式将你的论著变成他们自己的。

我的《边缘中的女人》因为使用了“边缘”一词以及没有将三个故事融为一体而遭到批评。没有别的，这些批评让我知道，你必须不断重复、不厌其烦地说过来说过去，才能为人所理解。我在导言中就已经讨论了这些问题，并且认为自己说得已经很清楚了。不管怎么说，我在此书中最想完成的任务已经实现了。通过这三个女人，我想让今天的人们体验 17 世纪的生活，并认识到这种生活不止一个模式。考虑到这本书在美国被用于本科生和研究生的课程，并以若干种外文出版，我想我已经传达了我主要想说的东西。

[我能不能问你一个你对马克·布洛赫和艾琳·鲍尔（Eileen Power）——两位与你本人一样具有创造性的历史学家——提出过的同样问题：“你与你的老师们有着什么样的关系？你将谁引以为一同进行创新的同伴？你期望有什么样的继承者？”]

我尊重以往的学者和我大学时的老师们，并从他们身上学到了很
多东西，但是他们对我来说并不具有特殊的意义。我的确认为自己是 77
在完全自由地做自己想要做的事情。那部分是由于我属于有着自由意识而又不曾感受到任何“影响的焦虑”（按哈罗德·布鲁姆［Harold Bloom］的说法）的那代政治人。比如说，我没有觉得我必须表现出足够的个性，不能说出与别的学者说过的类似的话。我既不会因为反

叛他们而烦恼，也不会因为自己没有表现出彻底的原创性而深感失望。我只是不把这当作一个问题。也许这种态度多少与我的性别，与我是一个女人有关。我不是一个害怕父亲的儿子，我早年时不多的几位女教师对我而言更像是姐姐一样。

说到将来，说到我的继承者，我希望我的学生重视我对他们应该如何进行研究而提出的建议，但我也希望他们能够独立。当我感觉他们走到一个显然对于我的研究是批判性的方向上的时候，我希望他们能够公平对待我的论著，不要扭曲我的观点，再继续提出他们自己的论证。这里也许又有一个性别特征的问题，是我有时在女学者所写作的评论中观察到的。她们往往在评论中花很大力气来写出准确而仔细的提要，即便她们接下来是要展开攻击。最后，对于那些独立的离你而去的学生，我还要补充的最后一点就是，他们从你的身上得到想法，却不承认传承的谱系，那又怎么样呢？我当然希望自己开创性的身份得到承认，但是如果没有这样的话，我会记得伍迪·艾伦的电影《曼哈顿》中一句了不起的话。他在回忆自己幼年时代时，记得自己的父亲和母亲为了一个偷东西的黑人女仆而争了起来。母亲说她要将这位女仆解雇，父亲的回答是："那她又去偷谁呢？"对那些学生，我就是这样的感受：除了给他们想法之外我还能干什么？因此，就顺其自然吧，要紧的是思想的推进。考察一下这种态度是否在女人身上比在男人身上更常见，想必很有意思。有可能女人更惯于看着孩子成长，更情愿推动他们走向独立。

至于我引以为与自己一同进行革新的同伴的，我要说是卡洛·金兹堡，我感觉与他非常接近，并且多少是在为同样的事业而奋斗，即便我们并不总是意见一致。另一个同伴是埃马纽埃尔·勒华拉杜里，尤其是在他的著作《蒙塔尤》《朗格多克的农民》和《罗芒狂欢节》[1] 中。我在相当孤立的情况下进行研究时所发现的莫里斯·阿居隆（Maurice Agulhon），对于我走上人类学之路也极端重要。事实上，我记得在阅读他的《南方的社会交往》[2] 时，我感觉与他的 78
兴趣非常相近。至于爱德华·汤普森，除了推崇他的著作之外，我也对几乎在同一时间他和我都转向“喧闹小夜曲”* 这种巧合大为吃惊。他为此给我写过信，我们为走上这条共同道路而颇为高兴。在我开始研究妇女史和性别史时，与吉尔·康薇——一位真正的先驱者——非常接近，并且也认为路易斯·梯利（Louise Tilly）、琼·斯科特（Joan Scott）和我是很好的盟友。

[你从学术界得到的承认，包括不少于三十个奖项、若干荣誉学位以及你的著作的十多种语言的译本。回顾你的成功之路，你最引以为豪的成就是什么？]

我觉得这些奖项很不错，但是在我得到荣誉时，我基本上把它们看作是一桩社会事件，对于他人比之对于我自己来说意义更大，因为它们也许有助于年轻人，激励他们的学术生涯。要我想想自己的著作，我不觉得有哪一样是让我尤其感到骄傲的——我自己的论著中没有我特别偏爱的。想到我的著作有时能够给人们的生活——既给学者，也给更广泛的公众——带来喜悦、见识和希望，我会非常高兴。至于说最让我自豪的成就，我不觉得除了自己的儿辈和孙辈之外，还

[1] E. Le Roy Ladurie, *Montaillou,* London, Scolar, 1978; *The Peasants of Languedoc,* Urbana, University of Illinois Press, 1974; *Carnival,* London, Scolar, 1980.

[2] M. Agulhon, *Pénitents et franc-maÇons:* sociabilité méridionale, 1968. 此书无英译本。

* 原文为 rough music（汤普森）和 charivaris（戴维斯），均指新婚时以敲打锅、壶等用具制造出来的“音乐”。——译者注

有什么更重要的东西是我可以留传到将来的。对我来说，没有什么东西比这更重要。

伦敦，1998 年 11 月

论著选目

Society and Culture in Early Modern France (Stanford, Stanford University Press, 1975); translated into German, Spanish, French, Italian, Japanese, Portuguese.

"Anthropology and History in the 1980s: The Possibilities of the Past", *Journal of Interdisciplinary History,* 12/2 (autumn 1981), pp. 267-275.

The Return of Martin Guerre (Cambridge, Mass., Harvard University Press, 1983); translated into German, Spanish, French, Dutch, Italian, Japanese, Swedish, Portuguese, Russian.

Fiction in the Archives: Pardon Tales and their Tellers in Sixteenth-Century France (Stanford, Stanford University Press, 1987); translated into German, French, Italian, Japanese.

"Censorship, Silence and Resistance: The *Annales* during the German Occupation of France", *Literaria Pragensia: Studies in Literature and Culture,* 1 (1991), pp. 13-23.

"Women and the World of the Annales", *History Workshop Journal,* 33 (1992), pp. 121-137.

ed., with Arlette Farge, *A History of Women, vol. 3: Renaissance and Enlightenment Paradoxes* (Cambridge, Mass., Harvard University

Press, 1993); translated into German, Spanish, Italian, French, Dutch, Japanese.

Women on the Margins: Three Seventeenth-Century Lives (Cambridge, Mass., Harvard University Press, 1995); translated into German, Finnish, French, Italian, Portuguese, Swedish.

The Gift in Sixteenth-Century France (Oxford University Press, 2000).

Slaves on Screen: Film and Historical Vision (Toronto, Vintage, 2000).

凯斯·托马斯

80 凯斯·托马斯，或者人们通常所称的凯斯爵士，是当代英国最知名也最具创新性的历史学家之一。在他学术生涯之初，大多数历史学家仍然专注于叙事性的政治史，而托马斯则对一个新的领域做出了杰出贡献：对过往社会的社会—文化研究。他的成名作（为他赢得了声名显赫的沃尔夫森奖）是《宗教与巫术的衰落》（*Religion and the Decline of Magic*, 1971），该书最为人所知的，是探讨了人们以行巫术的罪名来指控自己邻居的原因。它几乎一夜之间就成了畅销书，在书店里被摆在神秘学一类书籍当中，参考此书的既有研究者，也不乏那些有神视能力的人。1994 年，一组知识界名人将其纳入自 1945 年以来对西方公共话语产生最巨大影响的 100 本著作之列，使得此书获得了更高的声誉。另一本巩固了他作为一位革新者的名声的著作是《人与自然世界》（*Man and the Natural World*, 1983），托马斯在这本书中研究了 16、17 和 18 世纪人类对待动物和自然界态度的变迁，率先将文学材料当作历史材料来用。像克里斯托弗·希尔（Christopher Hill）这样热情洋溢的评论者们认为，这部著作会引发对历史学性质与方法的重新思考。这两部著作被翻译成了好几种语言，并使得凯斯·托马斯与埃马纽埃尔·勒华拉杜里和卡洛·金兹堡——他最崇敬的两位当代史学家，与他一样将过去当作是异邦来探索——一道置身于人们所说的“历史人类学”的前沿。托马斯极其推崇他在牛津时碰到的、与他同为威尔士人的人类学家爱德华·伊文斯-普里查德爵士（Sir Edward Ewand-Pritchard），后者对于中非阿赞德地区的巫术、神谕和魔法的研究，大大启发了他自己对17世纪英国文化和社会的研究。 81

托马斯的许多论文、主题演讲和随笔散见于各种刊物和报纸，从来没有收辑成书，这些东西没有同样的国际知名度，但却具有同样的重要性。他在20世纪50年代写作的两篇论文探讨了妇女史，那时距离此种历史受到人们的敬重（更不用说盛行开来了）还有很长一段时间。受到诸如米哈伊尔·巴赫金、诺伯特·埃利亚斯和布罗尼斯拉夫·马林诺夫斯基——更不用说西格蒙德·弗洛伊德了，托马斯的著作受到他的影响比之表面上看起来的要大得多——等社会理论家的启发，他的其他论著涵盖了范围广泛的各种主题，包括人们对于各种议题——笑、整洁、圣洁、健康、过去的社会功能、儿童、代际关系、读写能力、学校的管教和放纵等——的态度的历史。

年轻时候，凯斯·托马斯尖锐地批评他那些拒绝看到各种社会科学对于历史研究的用处的更加保守的同行们，引起了一场喧闹。如今，托马斯的态度要中庸得多，更加珍视传统，对于史学方法发生巨大变化的可能性持谨慎而心存怀疑的态度。不过，他根本上还是一个在研究取径上很激进的历史学家，或者用他的话来说，是一个不喜欢对自己的创新自吹自擂的“静悄悄的革命者”。

倘若说大致上可以将昆廷·斯金纳看作一位剑桥人的话，那么凯斯·托马斯本质上就是一位牛津人。他在牛津生活和工作了约50个年头，为此而深感愉悦和自豪，与他土生土长的那个威尔士村庄相比，在他眼中，这个拥有20万居民的城市是个地道的大都市。伦敦不对他的胃口，几年前有人邀请他到圣保罗大学作演讲，他提的第一个问题就是："圣保罗有多大？"他理所当然地拒绝了这次邀请！

20世纪50年代，在完成巴利奥学院（当时牛津最负盛名的学院）的学业之后，他作为全灵学院的教员开始了自己的职业生涯（用不着博士学位）。他从那里又转到了圣约翰学院，在差不多30年里，他每个星期要上12次辅导课，还要讲两次课，内容是英国史和政治思想史。最终，1986年他当选为圣体学院的院长，于是放弃了那份工作而搬到了高街的另外一边，这个职位他一直做到2000年退休之时。

过去10年左右，托马斯获得了一个英国知识分子所能指望的两项最高荣誉：他因为"对历史学的贡献"而被女王授予爵位，又担任了不列颠学院的院长（他在那里发表的年度讲演因其机智百出而让人们铭记不忘）。凯斯·托马斯在圣体学院他的研究室里接待了我们，他身材瘦高，头发是深色的，笑容可掬，看上去比实际年龄更加年
82 轻。他的房间位于学院"新"的一侧（建于18世纪），有着那种启蒙时代全部的魅力和优雅：高高的天花板，巨大的窗户正对着美丽的花园，古老的家具和画像，满满当当的书架中许多书都是17世纪的版本。凯斯·托马斯偶尔会从他那张安逸的扶手椅中起身，拣出一本书来说明他所说的东西，几个小时的谈话中，他态度友善，声调少有抑扬顿挫的时候，这令他惯常具有的讽刺几乎让人难以觉察。他花了很多时间来谈论他的思想轨迹、兴趣和经历。

玛丽亚·露西娅·帕拉蕾丝-伯克 ［你在一个威尔士农庄中长大，那是一个与智识生活不大合拍的环境。是什么使得你投身于对过去的研究之中呢？］

凯斯·托马斯

是的，我生长在农庄，家里唯一没做农民的就是我。农庄的世界是高度自足而缺乏内省的，对钱极为看重。在那里，人们分为两类——农民和非农民，学术界被视为寄生虫。然而，我那位在卡迪夫大学念过英文并做过教师的母亲，在我变成一个嗜书如命的少年时给了我鼓励。另一方面，我弟弟很反感这一套，成了一个农民，最后非常成功，其结果就是他比我富裕多了！

孩童时代我读了大量像是哈里森·安斯沃斯（Harrison Ainsworth）和瓦尔特·司各特等人所写的历史小说（我想，那些书大都被人遗忘了）。我还读了不少多萝西·玛格丽特·斯图尔特（Dorothy Margaret Stuart）为孩子写的历史书。但我并不认为那与我的专业选择有多大关系。我上学时各个科目都不错，我以历史来取得优等证书（那时候所谓的 A 等）完全出于偶然。我原来打算修英文、拉丁文和法文，那本会是灾难性的，因为拉丁文不够从事古典学的，法文又不够拿来当外文修习，至于英文，我也不知道……但是，学校里有一个新来的历史老师，一个很棒的教师，我在去学生申报自己选择的那个地方的路上，恰好碰到了他。他说："你是要修历史吧？"我回答说："我不知道，可我觉得如果你这么说的话，我就会这么报的。"我总是照着我所碰到的最后一个人所说的去做。

于是，我在六年级时就修了历史，就是在这个时候历史成了我的主科。一位年轻的威尔士的左派教师让我受益良多，他名叫泰维恩·菲利普斯（Teifion Phillips）。他不仅让我念托尼的《宗教与资本主义的兴起》，而且执意要我试试牛津，尽管校长认为那是无稽之谈，因为我那个中学的孩子就不是那块料！然而，不管怎么样，我进了巴利 83

奥学院，也赢得了布拉肯伯里奖学金，这是当时最顶级的奖学金之一。我做到这一点，主要靠的是关于路德、加尔文和相关主题的几篇文章，那些文章是托尼的书和菲利普斯的授课的混杂物。从这时起，我就全心全意以历史为业了。

讲到这里，我必须说我在威尔士上的那所中学——巴里县中学——有着浓厚的历史学传统。从那儿走出的人有：剑桥杰出的考古学家格林·丹尼尔（Glyn Daniel）；经济史教授、牛津耶稣学院的院长哈巴卡克（H. J. Habakkuk）；剑桥经济史教授、英年早逝的戴维·约斯林（David Joslin）；在我之后的马丁·道恩顿（Martin Daunton），他现在是剑桥的经济史教授。你看，这就已经有三个经济史教授了。我怀疑有多少学校能够与之相提并论。那儿还出了一位非常优秀的威尔士史学家戴维·威廉斯（David Williams），他也在那儿教过书。我那所中学真是有着很浓厚的思想传统。

[在塑造你的态度和兴趣方面，牛津以及你与克里斯托弗·希尔的熟识起了多大的作用？]

我到巴利奥学院时，就已经久闻克里斯托弗·希尔的大名，并对他有所了解。事实上，我在一家名为《现代季刊》（*Modern Quarterly*）的马克思主义杂志上读过他的东西，又看过他写的小册子《1640 年英国革命》（*The English Revolution in 1640*）。但我初次见到他，是在巴利奥学院测验和面试的那一天。面试之后，我和其他候选人一起坐在那个可怜的房间里，而克里斯托弗·希尔出乎意料地出现在那里并把我叫了出去，告诉我说我做得很好。我猜，他把我叫出去的真正目的是想说，他觉得如果我拿到一份上巴利奥学院的奖学金，就用不着要优等证书了。他给我解释，从技术上说不需要拿到证书，我最好多花些时间在语言上。我想，这件事情的结果就是克里斯托弗·希尔此人让我铭记于心。

我得说，虽然我考的是历史，心里想的却是去读法律，将来当个公务员或者律师。要到我在军队服役两年（那是我起初极其憎恨的一段经历）回来以后，我才开始了本科的学业，并在某个时候决意要做一个学者。我想，我放弃法律，是因为历史老师说“你不想念法律吧”，我的回答是：“是的，我当然不愿意。”我性格软弱，真有点儿随风倒。

我第一次实实在在地从事历史研究的经验也一定帮助我做出了这个决定。那是我为了大学的一个奖项——斯坦霍普论文奖——而写作
的一篇关于安东尼·伍德（Anthony Wood）的论文。我从没有听说过 84
这个奖项指定的题材伍德其人，我想你大概也没听说过。这是一个17世纪生活在牛津的好古成癖的人，就住在离我现在住处往下两道门的地方，这可真够奇妙的。他写了一部关于牛津所有人的传记辞典《牛津的雅典》（*Athenae Oxonienses*）、一部关于这所大学的历史，以及其他有关牛津城的著作。他还坚持写了一部内容广泛的日记，在本世纪初被很好地编辑出来，而且，他所有的手稿都藏在博德莱安图书馆。他的笔迹干净优雅，很好辨认，要让一个本科生来研读这些手稿资料是很容易的。在我看来，坐在图书馆研读这些写于几百年前、内容又是有关我所熟知而又触手可及的地方文献的手稿，这真是一次令人印象深刻而又愉快的经历。

上学期间我常常选择克里斯托弗·希尔所教授的那些专题，尽管在巴利奥还有其他可供选择的同样杰出的老师，我后来与他们关系更加密切。比如，休·斯特雷顿（Hugh Stretton），来自澳大利亚的19世纪史专家，一个极其机智的人，往往会在论文中提出巧妙的问题，像是“阿斯奎斯先生的肖像画哪幅更好些——是挂在大厅里的那幅，

还是挂在上议院中的那幅?”还有迪克·萨瑟恩（Dick Southern），一位中世纪专家，我们后来成了朋友。不管怎么说，我觉得通过写作有关安东尼·伍德的有奖征文（我得了奖!），我成了一名研究早期现代的历史学家，还有一个原因就是，克里斯托弗·希尔是一名早期现代史的专家。

[你赞同克里斯托弗·希尔的政治态度吗?]

我想，克里斯托弗·希尔吸引我的，更多的是他这个人，而不是他是名马克思主义者。他不是一个喜欢耳提面命的导师，也就是说，你研读完一篇论文后，他什么也不会说。你就会想着说些别的什么东西，那之后是长长的一段停顿，你又得想出点别的东西来说，如此等等。所以说，那种关于克里斯托弗·希尔在他的学生中推行马克思主义的说法是很荒唐的。我们身边没有多少马克思主义，我们也没花多少时间来讨论马克思主义。他没有推行过马克思主义，究其实而论，他没有推行过任何东西。他甚至都不告诉你去写什么，往往是你只得自己选择论文的主题。如果你想不出来自己要写什么东西，你会被认为太差劲了！但是，他非常擅长于把观点表达清楚，那是最高水平的人们才能做到的。

说起来，巴利奥学院中许多我的同代人都是严肃的马克思主义者。事实上，人们必定会很关注马克思主义，因为这个地方有那么多聪明睿智的本科生都是名副其实的马克思主义者。比如，我的同代人拉斐尔·塞缪尔（Raphael Samuel）和查尔斯·泰勒（Charles Taylor），后者大概
85 是一个天主教的马克思主义者，在那个年代当然是很左的；还有些其他人，虽然是声名显赫的马克思主义者，但你可能没听说过，因为他们没有做学者。我自己和过去与现在学会（the Past and Present Society）有关系，那个学会原先叫作卡尔·马克思学会，既然它的发言人

中包括了休·瑟顿–瓦特森（Hugh Seton-Watson），在实践中它未必就一定有非常浓厚的马克思主义的色彩。

我觉得可以说我在很大程度上是某种庸俗的马克思主义者，这是就我关于历史优先性排序的意义上来说的，如果要让我说明的话，我会从物质环境开始，进而是生活和政治结构，尔后就是作为上层建筑的文化和观念。因此我以为自己是赞同马克思主义的基本预设的。在那个年代，马克思主义对我而言，乃是某种几乎是没心没肺的政治经验主义唯一的替代品。在历史证据中没有什么人类学、社会学或者政治科学，至少对我而言是这样。因此，要么是马克思主义，要么是一个接一个的让人厌恶的东西。

[在那个时候年鉴学派不也是一种选择吗？]

我得坦白，我在本科时期从没有读过《年鉴》上的任何一篇文章。我知道，理查德·萨瑟恩（英国在世的最伟大的中世纪史专家）对于马克·布洛赫并没有特别高的评价，我猜想，或许是因为他觉得布洛赫作为一个史学家太过于入世了。布罗代尔倒的确给我留下了某些印象，虽然对于教学大纲他并没有多大的用处。关于菲利普二世的巨著的第二卷太注重细节，难得有所帮助；前一部中他提出了地理决定论的思想，但并不是适用于任何情况。因此，尽管人们习惯于说布罗代尔的书是一部巨著，事实上却很难让人消化。就像是布洛赫或者费弗尔的情形一样，布罗代尔在那个时候并没有让我有所触动。

[你对1956年的政治危机分裂了英国人做何反应？]

我想，可悲的是，无论是苏伊士运河危机还是入侵匈牙利，都没有让我像本应该的那样热情地卷入这场危机。回头看的时候我可以轻易地假装自己参与其中，但实情是我没有。其中缘故是，在我生活的那个特定阶段，我对过去比对当前更有兴趣，因而对当代政治没有多少热情。但是，考虑到我的背景，自在牛津念本科的时期以来，我的政治观点发生了很大的变化。我父母身为农民，是非常保守的。我还记得，在1945年的选举中，当选举结果揭晓，卡迪夫选出了三个工党的国会议员，在我家那是让人难受的一天。我就是在这样的氛围中长
86 大的。到我开始投票的时候，我是工党的支持者，而不是马克思主义的支持者。

[你今天如何看待马克思主义？你是整体拒绝它呢，还是认为它仍然有助于对过去和现在的理解？]

不，我并不整体排斥马克思主义。我认为，存在着各个社会阶级，它们的利益到了某一点上就会发生冲突，而这些利益会反映在政治中，同样也会反映在艺术、宗教和思想中。我还认为马克思对于资本主义趋向于导致垄断的观点是正确的。但我并不认为马克思主义具有什么发布预言的能力；我当然不会认为文化生活是由阶级关系决定的；相反，文化预设会影响人们看待阶级关系的方式。

[过去和现在谁是你的思想英雄？]

这得看我们说的是哪个时期。我对马克·布洛赫的评价很高，也为吕西安·费弗尔的研究路数所吸引，然而在我读本科时，我眼中优秀的历史学家是加德纳（Samuel Gardiner）和弗思（Charles Firth），我是在研读有关共和国时期和护国时期*的专题时读到他们的。对这二位在这个专题上所写作的东西我印象深刻极了，弗思的东西写于50

---

* 共和国时期（the Commonwealth），指英国史上1649—1660年克伦威尔父子治下的共和国时期；护国时期（the Protectorate），指英国史上1653—1659年克伦威尔父子的摄政时期。——译者注

年之前，加德纳的则写于 70 年以前。他们写出来的是极其详尽而又绝非仅是政治性的叙事，让人们很难再有所增益——至今仍是这样。这就是让我印象深刻的东西。这听起来有些说不通，是吗？

然而，此后我的兴趣转向了别的方面。本科时我另一次重要的机缘是碰到了约翰·普雷斯特维奇（John Prestwich），他是我那时候见过的最优秀的历史学家之一。他关于世俗的中世纪史的研究是高水准的，非常具有原创性，然而他几乎没有出版过任何东西。

[在 20 世纪 70 年代的妇女运动引发了对于妇女在历史中的角色的持续增长的兴趣之前，你已经写出了关于这个主题的前驱性的论文。是什么促使你做这件事的呢？]

我还真不大敢确定。也许对事情是如何开始的做一个漫长的回顾，能够帮助我回答这个问题。在我毕业之后，我要做与当时重大的思想问题——所谓的“乡绅之争”——相关的博士课题，那就是有关乡绅兴起的问题，许多显要人物都加入了这场争论：特雷弗·罗珀、劳伦斯·斯通、托尼（R. H. Tawney）成为其中背景，克里斯托弗·希尔也稍稍厕身其中。主要问题在于土地和官职作为英国地主阶级权威之基础的相对重要性。我起初打算做一篇关于罗伯特·塞西尔 87
（Robert Cecil）的博士论文，他是一名伊丽莎白-雅各宾式的政治家，他在财政方面的活动涉及所有这些方面。我的导师、已故的库珀（J. P. Cooper）给在伦敦的乔尔·赫斯特菲尔德（Joel Hurstfield）（他是塞西尔专家）写信，后者回信说他正要出版一部最可靠的塞西尔传记，因此我不应该做这个课题了。可是他从没有出版过任何塞西尔的传记，无论是最严肃的还是别的什么样的！

于是我就轻微地转移了方向，来研究詹姆士一世的宫廷，特别是考察那些把持着官职的人们，探讨他们是什么样的人，官职带来的好处是什么，等等；非常类似于杰拉尔德·艾尔默（Gerald Aylmer）对于查理一世时期（后来是护国时期，然后又是查理二世时期）的官职把持者所做的研究。可是，我被选到了全灵学院，一到那里我就到处受到这样的暗示：做博士论文是件 *infra dig*［有失尊严］的事情，我可以利用这段时间来进行广泛的阅读。我正是这么做的。又因为我在那段时期承担的教学工作很多，我的兴趣就出自我恰好在每个星期里所教的东西，完全是杂乱无章的一种情况。起初，我对 17 世纪的复古运动做了大量的研究，那可以追溯到安东尼·伍德，而后来，因为我在研究 17 世纪 40 年代的宗教宽容，我就读了那个时代非常有名的书，托马斯·爱德华兹（Thomas Edwards）的《坏相》（*Gangraena*）。

爱德华兹是个长老派，他 1646 年出版的这本书是对于宗教宽容的思想和宗教派别的抨击。他主要的论点是，你不能容许宽容，那会打碎家庭，因为那就意味着妻子可以信奉不同于丈夫的宗教，而孩子可以信奉不同于父母的宗教。我在一篇最终名为“妇女与内战中的教派”的论文中探讨了这个问题，我在斯塔布斯学会宣读了这篇论文，克里斯托弗·希尔建议我投给《过去与现在》。我在其中提出，内战中的某些教派通过容许妇女自由言论、参加祈祷和讨论宗教问题，以及在会众当局中享有一定程度的平等，造成了某种形式的妇女解放。我正是由那篇文章走上了更加一般的妇女史研究。

接下来的一步是一篇关于性道德的双重标准的论文，在 1957 年申请圣约翰学院的教职时，有人建议我不要提及这篇论文，因为它不会给人好印象。双重标准的问题倒是我 1957 年进了圣约翰学院后所做的六次讲演中的一讲。那个系列讲演的标题——我得在一年前就申报——像是“从宗教改革到第一次世界大战英国的两性关系”。大概有五个人来听讲演！

最近在《纽约书评》上有一场由某个人对奥尔文·赫夫顿 88
(Olwen Hufton)关于妇女的著作所作的评论引发的无聊争议。奥尔文曾经以几乎没人来听我的讲演来表明，在20世纪50年代，没人对妇女史感兴趣。其实，在有的人看来，问题不在于人们对妇女没有兴趣，而是没有人听说过圣约翰学院那个寂寂无名的小子，那他们凭什么去听他的课呢？不管怎么说，这两种解释都在某些方面有问题，因为在这个“寂寂无名的小子”接下来开讲亚里士多德、霍布斯和卢梭(那是一门必修的论文课)的时候，他不得不搬到考试院，因为圣约翰没有足够大的教室容纳所有来听讲的学生。他们来听讲不是因为我是有名的教师，而是因为那门课排在教学目录上。因此，人们不来听妇女课程的原因，是那门课不在教学目录上，而考试则是让本科生听讲的不二法门。

我还没怎么解释我对妇女课题感兴趣的原因。我真的不大知道，但我觉得那对我来说是个核心的问题，女性占了人类的一半，而这个课题虽然处于核心位置，却从来没有被好好地研究过。我一经步入这个领域，就阅读了那些让我印象深刻的著作。西蒙娜·德·波伏娃的《第二性》在当时自然而然地影响了我，我觉得那或许是最接近于我关于这个主题的宗旨的。我读了不少东西，也收辑了19世纪很多讨论妇女的论著。就因为人们对这个主题根本没有什么兴趣，我转身走开了，真是愚蠢透了。

[在你的著述目录中，自20世纪50年代以来关于历史上的教育和妇女的论文篇目之多，让人印象深刻。你认为这些兴趣有着同样的根源吗？]

我觉得所有这些东西都确实是相互关联的。我想，我在研究妇女史的时候潜在的切入方式是认为，人性和人的态度具有很大的可塑性和弹性，是由这样或者那样的社会、文化和思想压力所造就的。并且，在这些压力中，正规的教育是最彰明较著而又训导有力的。因此，那是将一切联结起来的东西。一个时期教育中所体现出来的价值观非常具有启发意义，不仅因为它们影响了在那个时期所造就出来的人，而且也因为它们还告诉了我们那个时代的价值观。

我不否认在男性和女性之间存在天生的差异，然而我认为大部分东西乃是社会造成的。如今，我认为情况没那么严重，并且认识到当然有很多东西是社会造成的，但并非所有东西都是。也许我还没有说清楚，但我觉得，我一开始时受到像是约翰·洛克的那种恐怕其实很
89 不成熟的心理学的启迪。你得看到，就像我大多数的同代人一样，我们其实在任何方面都没有受到教育，除了历史。在心理学、各门社会科学或者自然科学中，没有任何指南。因此人们为着理解历史行动而提出的假定，乃是人们所谓的常识——也即某一时代的偏见——再加上刚好碰到的书本的混合物。

另一本对我影响很大（尽管事实上在相反的方向）的书是弗洛伊德的《文明及其不满》。那是我在 20 世纪 50 年代所偏爱的一本书，它表明了社会禁绝某种人类感情的方式。

[在笔锋最为锐利的一篇论文中，你表明了在 17 世纪识字率不断增长的社会中，文盲们并没有生活在“精神的暗夜”之中。相反，他们常常在商业上非常成功，而且处在宗教和政治巨变的最前沿。这会给那些依旧相信教育乃是万应灵丹的人们一些触动吗？你会同意那些批评者（比如说杰克·古迪）的见解吗？——他们对于正规的教育必定会带来改善心怀疑虑，并疑心对比如加纳人民进行教育，只会令他们更加不能满足。]

我要说的是，读写能力在现在有不同的内涵：眼下熟悉计算机可

是紧要的事。如果你是个电脑盲，我想你很难做很多事情，你不可能在商业上非常成功，也不可能搞好统治或管理。

说到正规教育，我想我在这个方面是很老派的。在这个方面我所赞同的作者是约翰·斯图亚特·密尔，这意味着我像他一样对教育抱有信心，我认为它能够开阔人们的视野。尽管我花了一生中很多时间来研究各种各样的大众文化，但我可不想将它浪漫化。因此，在我看来，认为某些人生活在黑暗之中这样的看法绝非全然的无稽之谈。倘若我们看一看比如说普通美国人所具备的地理知识，那的确很不怎么样。那里的普通人确实不知道牛津是在君士坦丁堡的东边还是西边。而我把这样的无知视作对于理解事物的一个障碍。因此我确实对教育抱有信心。我确实相信，有知识这样一种东西，拥有它是件好事。我并不否认，那些全然是文盲的人们、没有受过教育的人们可以生活在一个与我们的象征意义同样丰富的世界之中，他们可以拥有有意义的生活，等等。然而，我还是认为他们丧失了很多东西！

[1989年的时候，你敦促历史学家们以恰当的方式来研究儿童史这一 90
生机勃勃的课题，因为在你看来，直至那时为止，他们写的并不是儿童史，而是成人对待儿童态度的历史。从那时以来这个课题有什么发展吗？]

我想，有一点，但并不多。20世纪70年代在人类学的领域有夏洛蒂·哈德曼（Charlotte Hardman）的研究，她对当代社会中的儿童进行人类学的考察。她依循爱奥那·奥佩（Iona Opie）的传统来研究牛津郡游戏场中的儿童，但她的研究要更成熟一些。然而在历史学的领域内，人们几乎一无所成。

关于儿童生活的物质环境的情况，人们了解得比过去多得多。正如美国史学家芭芭拉·哈纳沃特（Barbara Hanawalt）所表明的，人们有可能从对意外死亡的考察来推论小女孩和小男孩之间的身份差别，并且发现，小女孩更有可能被掉下来的炊具里的开水烫着，而小男孩则会跑得远远的，掉到池塘里或者从树上摔下来。换句话说，在很小的儿童身上，你就可以看到性别差异的存在。然而，由于儿童文化本质上是口头的，除了在行动中是很难对其进行研究的。不过不管怎样，我还是认为可以做出更多的努力。

举个例子，儿童日记的麻烦在于，那是他们所有活动中最没有自发性的——除非是天赋超常的儿童，而且受到尤其是其他文学样板的深刻影响，还会受到成人反应的影响。我读过一定数量的儿童日记，其中偶尔有些非常有意思；但是我依旧不认为它们是通往儿童心灵的直接通道。它们提供的主要是一些偶然性很强的信息。我保存了自己在孩童时代的日记，其中说我在十三岁的时候得到了在我看来非常奢侈的一件礼物——一支比罗牌的钢笔，那在那个时候可的确是个奢侈的东西。这里面记载下来的比罗牌钢笔仍然是奢侈品的一个片刻，然而，并没有告诉你关于儿童的任何事情。

[1961 年，你做了一场名为“历史学与人类学”的讲演，单是标题就够让学界迷惑不解的了。在一个几乎没有任何历史学家认真对待人类学的时期，是什么令你对这个学科发生兴趣的呢?]

我想，这一切得从我那年做《牛津杂志》（*Oxford Magazine*）的编辑时说起，出版社送来了伊文斯-普里查德的一本名为《人类学与历史学》（*Anthropology and History*）的小册子。我一读就被它深深吸引了，并在 1961 年的 6 月写了一篇相关的文章。

我想，在那个时候，我仍然因为人们认为我在做的妇女史研究荒唐无稽、不是真正的历史而多少有点痛苦。我马上就被伊文斯-普里
91 查德在那个文本中所传达的观点所深深打动，那就是：在世界上的其

他地方，对于日常生活的专注是完全正常的，而且甚至处于核心位置，而不是偶然为之或位于边缘。这个发现正好出现在这么一个时候，我在那时意识到自己对人类经验的所有方面（而不是单纯传统的政治层面）都想弄个明白。我觉得在这里头指引着我的假设是，我们一开始时就应该认为我们对于过去的人们一无所知，不要仅仅因为在我们看来他们是自然的、人道的和正常的，就将其实是我们自己的情感、信仰或反应加之于他们身上。自从那时以来我就摇摆于两种相反的观点——过去的人们与我们大相径庭抑或根本一致——之间。而且，实际上，对这两者你都可以说上一大堆！然而我还是认为以下观点更加具有理智上的诚实，那就是：要从你实际上所能找到的有关过去的人们的东西出发，来建立你描绘他们的画面；而不是他们必定与我们类似，并且，这就是我们在那些情景下因此会表现出来的模样。

再回过来说我发现了伊文斯-普里查德的小册子，就在我在《牛津杂志》上发表了对它的评论之后，劳伦斯·斯通——他那时正在主持一个小型研讨班——要我写一篇关于人类学与历史学的文章。我为此在人类学研究所读了很多东西，斯通在听我讲过这篇论文后，建议我发表在《过去与现在》上。

我必须坦白地说，我并没有失去对于传统史学的兴趣。我继续从事那方面的教学并且兴致盎然。然而，自此之后，也可能甚至还在更早些的时候，我自己的学术活动与我的教学就已经分道扬镳了。我甚至认为，可以说我其实从来没有在我所教的课题上写过一篇论文——我从前的学生彼得·伯克可能会反对这个说法。在这个方面我有点儿精神分裂！

[在牙买加服兵役的经历，是不是有助于让你对人类学发生兴趣并将16和17世纪的英国男人和女人视作异邦人？]

那是我第一次身在海外的经历，在最初的震惊之后我学会了享用这个机会，在身处牙买加的 18 个月中到处居留和游历。我在那里还真做了点田野工作，这说的是，在离开之前我与其他一些人到了柯克皮特国（Cockpit country），那是马鲁恩人（逃跑出来的奴隶的后裔，他们建立了一个自治的半独立的共和国）的居住地。我们笨拙地闯进了那里，被马鲁恩人以礼貌的方式抓起来审讯。我对这件事记忆犹新。审讯是在一个被煤油灯照亮的大谷仓旁进行的，向我们提出的问
92 题是，按照 1730 年左右的协定，英国军人进入一个马鲁恩人的国家是否恰当。跟我们一起的还有一个牙买加的小伙子，他牵着一头驴帮我们拉行李。他半夜里被别人带出去，砍掉了手腕，用来施行伏都教的某种巫术。

要说我在那个阶段对这一切都发生了兴趣，并不是实情。那是一次激动人心的经历，但就我的内心来说，这对我后来在人类学方面的兴趣连最轻微的影响都没有。这就是麻烦之所在：人们的生活（至少是我自己的生活）比之本来应该的样子要凌乱不堪得多！

[吸引了你的是哪种人类学？在你的脚注中，马林诺夫斯基、伊文斯-普里查德、列维-斯特劳斯和格尔茨都被援引过，尽管他们的思想风格各不相同。你是如何在他们之间作出选择，或者，你是否认为选择并非必须？]

我猜，你是在问，我究竟是怎么样才能够相信所有这些连他们彼此之间都互不相信的人的。在阅读人类学时，我从来没有想要寻找一个体系，或者解开所有神话的钥匙，或者能够打开所有门户的法宝。我真正寻求的全部东西就是能够以其不同方式激发历史想象力的东西，所有这些作者都激发了我的历史想象力。这个回答也许有些轻描淡写，但实情就是我最终并没有某种仔细构筑和精心论证过的思想立

场。我是随风飘转的人，往往相信我读的最后一本书！

告诉你一件也许还有点意思的事情，当我将发表在《过去与现在》上面的那篇关于历史学与人类学的文章寄给伊文斯-普里查德（我跟他还算认识）的时候，他回了一封冷嘲热讽的信，大概是这么说的："非常感谢。你读过的人类学家可比我多多了。恐怕我觉得其中的大部分人华而不实，胡言乱语，不堪卒读。"大致说来，我也发现后来的人类学让人不大好接近，我也赞成他的看法，觉得传统的英国社会人类学的清晰流畅比之后来的故弄玄虚要更加可取。

我还得说明，我的大部分人类学著作是在20世纪60年代早期读的，也就是说，我并没有读过列维-斯特劳斯这些人。那个时候书架上的书和文章是在20世纪50年代或者40年代写的。因此其中的大部分主要是功能主义（或者，有时被称作结构-功能型的）的英国社会人类学。因此到我阅读这些东西的时候，那个学科的研究者们正在谈论列维-斯特劳斯，那在我是稍后一些的事情。我真觉得对于那种结构主义的人类学的基本假设颇为同情，然而却觉得要将它与历史写作联系起来更加困难。毫无疑问，这是《宗教与巫术的衰落》的缺陷。我本该在那个方向上多下些功夫的。

[你在20世纪70年代早期被说成是某种新史学的最主要的倡导者，早在1966年就撰写了一份宣言，力倡要向史学家们"更加系统地灌输各门社会科学"。你是否依旧是这样的倡导者呢？]

《工具与工作》（"The Tools and the Job"）是一篇理所当然地惹了很多非议的文章。倘若你去看看了不起的中世纪专家麦克法兰（K. B. McFarlane）给他的学生们写的一册很有意思的信函，你就会看到，他在临死前的最后一封信中，对我在《泰晤士报文学副刊》上的文字大加指责。问题出在它（我的文章）写得傲气十足，我想，那是初生牛犊的傲气。我在那篇文章里说，历史学在20世纪完全走入了歧途，这就在以一种未经论证的方式表示，所有那些“传统历史学家”所做出来的杰出的研究全然是浪费时间，那当然并非实情。

坦白地说，在我得到《泰晤士报文学副刊》编辑的邀请之前，我并没有对那个话题有过深思熟虑。他们问我：“你能够写一篇关于历史学与社会科学的文章吗？”他们正在做一个系列的关于“史学新路径”的专题副刊，我也不知道是谁建议他们向我发出邀请的。我猜巴勒克拉夫（Geoffrey Barraclough）是一位，而霍布斯鲍姆和芬利（Moses Finley）也与此事有关。不管怎么说，我对这个话题有热情，写出来的文章很有些挑战性。我只是坐在那儿写，仿佛我的笔脱离了我的控制一样。

那篇文章的某些方面比之其他方面更能代表我的立场。那正是人们正在短暂地对计量史学和经济计量史学入迷的时候，仿佛那一下就能够解决所有的问题一样。我对此满心向往，尽管我自己从没有做过这样的实际研究，因为在我看来那种类型的历史学以反事实的推论为依据，它似乎能够解决和量化诸如这样的问题：如果没有铁路，世界会有什么不同？其实，大多数历史研究都是反事实的，也即，它们关注的是考察某事造成了多大的差异。而计量史学似乎突然成了给这些问题提供答案的途径。然而，它终究不是。因此，那方面的热情不过是过眼烟云。另一方面，我在那篇文章中提出，有许多门科学是我们可以系统地学习的。如果说今天我不再认为事情像我那时所想的那样科学的话，我依然相信，历史学家要尽可能广泛地阅读，因为历史学终究乃是历史学家所赋予它的那些东西；倘若历史学家的假设、他或她用于参照的文化范畴等等过于狭隘的话，其结果也只能是狭隘的。

94 [诺伯特·埃利亚斯对你关于历史的思考有多重要？]

我认识诺伯特·埃利亚斯，并且甚至当他的巨著在 1978 年首次以英文出版时，我还写过一篇评论。你知道，他的《文明的进程》是 1939 年以德文出版的，在好几十年里几乎湮没无闻（他对翻译异常挑剔，好几种拟议的译本都未能付诸实行）。我被他对举止风俗的研究所深深吸引，然而他全套的理论要解释的是禁忌程度的日益提升，那在我看来过于具有进化论的色彩，并不合情理。我在普林斯顿碰到过他，甚至还一起吃过午饭。他是个让人开心、引人瞩目的人。他那时年岁已高，却发表了一场让人印象深刻的演讲，对我而言，他的研究主题很有意思，他的研究路数则不然。从某种意义上说，埃利亚斯乃是弗洛伊德和韦伯的结合，即便他有自己的思想。

[人人都在谈论你对人类学的兴趣，然而对于你的著作中反复提到心理学和心理学家，尤其是社会心理学家和发展心理学家，却很少有人论及。你认为撰写心理史学是可能的吗?]

过去我有些沉浸于此种研究路数，对霍尔派克（C. R. Hallpike）——一位也许没有得到应有承认的人类学家——的著作尤为感兴趣。在他的《原始思维的基础》（*Foundations of Primitive Thought*）中——此书力图以发展心理学的方法来研究更为简单的社会，有一些非常滑稽的段落出自俄国发展心理学家鲁里亚（Alexander Luria），说的是农民如何无法掌握三段论的概念。鲁里亚（毫无疑问，他比霍尔派克更加重要）在中亚乌兹别克人的文盲农民中做过试验，并记录了如下的对话。提问者说：“德国没有骆驼；柏林城在德国；柏林有骆驼吗?”农民回答说：“我不知道。我没到过德国。”他们又试了一遍，提问者重复道：“德国没有骆驼；柏林城在德国；柏林有骆驼吗?”农民回答说：“有，也许那儿有骆驼。”再试了一次后，农民说：“因为那是个大城市，也许那儿有骆驼，因为大城市里应该有骆驼。”提问者论证说：“可我说的是德国没有骆驼，而这个城市就在德国。”不管怎么说，这种对答一再重复下去，因为农民们无法掌握三段论的观念。或者，这至少是鲁里亚想要证明的。

人们可以看到这种心理学研究的感染力。倘若一个人将过去视作一个陌生的国度，那里的人有不同于我们的推理方式和信仰，那么显
95 而易见，心理学研究就是有价值的。然而在我看来，那最终行不通。我多少有些困惑不解，鲁里亚如何得以进行那样的对话，但是在我看来，或许最好是假定人们的认知结构（至少在我们所关注的历史时期内）与我们的相似而非不同。当然，对于那些面对神明裁判这类制度和对于奇迹的信仰的历史学家而言，这的确会有点问题。人们如何来研究这些东西呢？一个办法是说，人们是在以不同的方式进行推论，因为他们处在心理发展的不同阶段。然而这完全没有说服力。

[你在其中成长的英国经验主义传统对你的思想发展有什么影响？在这一传统与你对于理论的兴趣之间是不是存在某种张力？]

我觉得，尽管我写过反对英国经验主义方法的东西，但归根到底我更是它的产物。但这完全取决于你所说的经验主义传统意味着什么。我当然不同意杰弗里·埃尔顿，他说没有必要去发现问题。你只需要走进故纸堆中，在那儿等着，就会有所见。我不是那种意义上的经验主义者。我的确认为，走入故纸堆会给你提出新的问题，然而你确实必须问点儿什么；否则的话，你注意到的是哪一点呢？对我来说，所有的知识进展，靠的都是阐明假说并对它们进行验证，而不是仅仅收集事实，然后期待着什么东西会从中跳将出来。另一方面，在阐明了某些问题之后，我会期待着通过取得中规中矩的证据而获致进步，而不是乞灵于某种理论。所以，在某种意义上，尽管在理论取向与经验主义方法之间存在着紧张关系，我可以说我的研究方法和论证

模式大概是相当稳健的。研究主题可能非常不一样，然而论证的模式与 20 世纪上半叶“黑暗中的一代”的历史学家们所采用的并没有太大的不同。

英国文化中的确有某种因素，使得我们很难像比如说法国人那样采取更加理论化的研究路数。这可以从勒华拉杜里的《蒙塔尤》的两家英国出版商的反应中看出来。我是为剑桥大学出版社和企鹅出版社读的这本书的法文校样，它们在考虑译本的问题，两家都不愿意出。对每一家我都告诉它们，我觉得这本书有意思极了，真是一本机智而杰出的著作，它们的回答却是：“好的，但它讲的不就是 14 世纪早期的一个村庄吗？”那时，这本书还没有在法国出版，但一经出版，人们就知道，弗朗索瓦·密特朗第一天就在看这本书，它成了全世界的畅销书！用不着说，企鹅出版社后来为了买它花了大价钱！

顺便说一下，《蒙塔尤》在经验层面上当然有若干缺点——一些 96
中世纪专家指出了勒华拉杜里在使用证据时不够严谨的地方，然而它体现了一种激动人心的撰写历史的方法。它使用为着某一目的而编辑起来的档案，为的是说明别的事情；它努力重建了一个社群的物质世界和精神世界，而人们本以为那是已经永远消失无踪了的。我认为那确实是一部精彩之极的著作，而且即便勒华拉杜里动作太快、不够严谨，他对于历史学家应该做的事情的设想，正是我本人所乐于赞同的。

[你是否在一定程度上赞同约翰·埃利奥特对微观史研究的关切——他以夸张的方式说道：“当马丁·盖尔和马丁·路德一样有名或者前者还更有名时，一定是出了什么问题。”]

我也会这么说的！我当然不会为此忧心忡忡，但我略微觉得微观史走得远了点儿。卡洛·金兹堡的《奶酪与蛆虫》和勒华拉杜里的

《蒙塔尤》都很精彩，然而，在我看来非常重要的微观史著作也就到它们为止。也许我忘了某些很好的微观史著作，并且，只要微观史研究不排斥别的一切东西，从事这方面的研究并没有错。与你可能以为的相反，我完全赞同历史研究中的多元论，支持人们去做不同的事情。微观史作为一种时尚，在我眼里并没有多大的吸引力。首先，要将微观史做好，你还真得有点儿天分才行。那不是可以机械地完成的那种事情。表面看起来容易，实则不然。这种研究有很好的主题，但是在大多数情形下都缺乏必需的史料。我读了若干次佩皮斯（Samuel Pepys）的日记，觉得一部关于佩皮斯的微观史可以阐明17世纪若干更加宽泛的问题。然而，我在这条线索上看到了一些极其乏味的研究，每一种都不具备那份天分，并不是所有的主题和所有的人对那种历史来说都会同样有意思！

[在你发表于《过去与现在》上的论文《历史学与人类学》中，你为社会文化史的研究提出了若干新颖而有趣的课题，如梦的历史、对待痛苦的态度的历史、饮酒习惯的历史等等。有了这些各色各样的课题，你为什么选择要花费如此巨大的努力、用这么多年的研究来写作一部关于巫术衰亡的大书？]

我想，那是因为从那时起不同的历史学家们对我所提出的大部分课题进行了研究。要说到我的《宗教与巫术的衰落》——与你所认为
97 的相反，那本书没花那么长的时间，因为我大概就写了一年，那完全是出于偶然。我与约翰·库珀（John Cooper）一起教共和国时期和护国时期的专题课程，我们都很认真，当然也在温和地竞争。那就意味着我们俩每个星期都要非常努力地从事一个专题。我的一个专题是平均派，我去博德莱安图书馆，想看看是否能找到点与他们相关的手稿，我看到阿什莫尔（Elias Ashmole）手稿中提到了理查德·奥弗顿

（Richard Overton）的一张便条。奥弗顿是平均派中最理性的一位，写了一部名为《人类道德》（*Man's Morality*）的书，并且一般而言被认为是预见了现代的世俗主义。这份手稿看来是写给占星家威廉·利里（William Lilly）的文书中的一小片，大概说的是："以你的占星学知识，你能告诉我是否应该继续做一个平均派？"这片纸夹在利里记录他与他的主顾之间的咨询事宜的记录薄里面。

起初，我没太在意这东西，然而随即就认识到，自阿什莫尔17世纪将其收集起来后就没人光顾过这些记录簿，也许它们就是窥测17世纪人们的恐惧、焦虑和希望的最绝妙的史料，因为利里的生意做得很大，一年里大概要见2000人！正是在研究占星术的过程中，我看到在顾客咨询占星家的问题中，有一个问题是问他们是否被施了巫术。那时，通过研读英国社会人类学，尤其是伊文斯-普里查德，我明白巫术是人类学研究中的一个大问题。那就是我接下来研究巫术的原因，我一直将其视为更加巨大图景中的一部分。

[这本书经常被认为是一部关于巫术，或者是巫师审判的衰落的著作。此种对于"托马斯的主旨"的看法是否公允呢？]

我由对于巫术的探讨进而或多或少地论及所有东西。我有讨论预言、仙子等等的章节。我甚至还写了关于非理性迷狂的一章，后来没有收入此书。因此，这本书并不主要就是关于巫术的，尽管这是人们在无休无止地讨论的那个部分——在我看来，这部分比之其余部分既不更好也不更糟。在一定程度上，《宗教与巫术的衰落》这本书乃是它的书名的牺牲品。取书名让我为难极了，直到书写好了，我还没有想出书名来。后来突然想到了这一个。也许这个书名包含了书中完全没有涉及的某个论题。然而，不管怎么说，此书的一个弱点，也是一个长项，就是你总可以在其中找到某些东西来支持几乎任何立场。

98 1700年左右的确还有相当多的巫术存在着。我所说的一切其实是，法律立场发生了急剧的转变，大多数社会精英和知识精英——乡绅和上层教士——的态度也发生了变化。然而，我也说过在较低的社会层级上事情大为不同。

[你是怎么来撰写人类与自然关系的呢？那是对于当前人们对环境问题的关注所做出的反应吗？]

根本不是这样，就像是《宗教与巫术的衰落》并不意味着我就对神秘学感兴趣一样！我对神秘学并没有最起码的兴趣，而且多少总是力图以一种非常正常并且有些乏味的方式来保持理性。事实上，我在趣味上一点也不阴森怪异，在我写作《人与自然世界》时也并没有感觉自己有什么特别的绿党的味道！尽管我对环境问题有些敏感，但这方面的神经也并不比别人更发达。此事的起因是我被要求主讲屈维廉讲座（此书就是由此产生的），在为这个系列讲座准备主题时，我在我的笔记索引里头发现，装得最厚的一个信封是“动物”。

我想，现在的问题就是我为什么有这么一个信封是关于这个专题的。大概是因为我所做的笔记涉及几乎所有东西。你听说过查尔斯·阿曼爵士（Sir Charles Oman）对阿克顿勋爵在他什罗普郡乡下的房子里进行研究的精彩描述吗？为了撰写他关于自由的巨著，阿克顿所做的笔记囊括了几乎一切事物，包括人类学识的虚荣心。这个如饥似渴的阅读者从没有完成他关于自由，或者其实是关于别的任何东西的巨著！

我跟他很不一样，但我的雄心是想做关于现代早期英国的包罗万象的民族志研究。因此我对方方面面的东西都感兴趣，包括政治。我必定是绕不过动物的。事情就是这样。我想，那本书并不是来自于我当时有意识的关注，尽管最讽刺不过的是，它似乎成了对那些关注的最贴切的反映。然而，我完全没有自觉，并非有意为之。我没有想过20世纪80年代会是什么样的风尚！我真的没有。我只是在想，我究竟该讲些什么！

[你关于人与自然世界关系的著作被批评并非比较性的，并且因而是给人类中心论的学术传统——那种传统是主张西方独特性的——添砖加瓦。你会怎样回应这种批评意见呢？]

人们所做的一切、包括人类学家的研究确实都是人类中心论的。然而，这又有什么超乎寻常的呢？你在从事一项雄心勃勃的课题，然后被人指责没有进行足够的比较！如果我写的是一部关于1832年改 99
革法案的书，不会有人说这样的话："你没有考虑到巴西人，这让我感到吃惊……"这真是件不讨好的事儿。你所从事的课题越是雄心勃勃，人们就越发指望你具有广阔的视野。我的回答是，我并没有考虑过要让这本书的范围涵盖整个世界；此书的内容并没有打算是比较性的。我更加关切的是确定英国或者勿宁说是英格兰的大致情状，而不是别的东西。既然如此，《人与自然世界》就并非完全没有英国之外的、欧洲的或者超出欧洲之外的参照系。

我同样认为比较研究很有意思，但它有赖于你的目标是什么。如果你要弄清楚某个时期或地方独具特色的东西，那么，显然就需要通过明白的或者隐含的比较来达成此点。问题在于，即便还没有进行比较，想要确定在某些特定情境下事态是什么样的，就已经是一桩辛苦而又艰巨的工作了。因为，倘若我们要做比较的话，是要以什么东西来与什么东西进行比较呢？并没有多少关于所有其他国家的《人与自然世界》来供你参考，看看英国可以如何与之比较！你得自己来做这项工作。

[对你的著作所提出的批评意见对你的思想发展而言有多大的重要性？]

我想，由于我总是一直不断地在转换我的研究课题，我并没有真正能够汲取并足够公平地对待这些批评。然而，倘若我要将《宗教与巫术的衰落》重写为篇幅巨大的第二版，我会吸收很多批评意见的。乔纳森·巴里（Jonathan Barry）在收入他《巫术与现代早期的欧洲》（*Witchcraft and Early Modern Europe*）一书——此书被当作对我那本书问世 20 周年的一份纪念——的文章中，有许许多多值得谈及的批评意见。尽管我必须坦白地说，整体而论，我不认为后来对该课题的研究在多大程度上验证了或者驳倒了我。但是，有一点倒是真的，那就是《宗教与巫术的衰落》是它那个时代的产物。它反映了当时人们所能接受的应时的假设，而这些假设已经有了变化。我可以说，如果完全重来，我不会以同样的方式来写这本书。而且，尤其是我所使用的名词术语将会大为不同。我或许会更加系统地注意到当时人所使用的范畴，那与后来的人们给这些活动所贴上的标签正好相反。我说这一点的时候，想到的并不是巫术，因为事实上，“巫术”是当时的一个名词，是在 16 世纪的辩论中使用得非常宽泛的一个词。因而，这中间并没有什么错置时代的问题——人们非常清楚他们所谈论的是什么。

100 至于《人与自然世界》，现在我就不会这么给它命名了。我并没有将“人”（Man）当作一个有着性别意味的概念，然而，它已经变得让人们所不能接受了，政治上不正确，就像“黑鬼”（Negro）变得不能接受一样。但我可以说，我不再是一个功能主义者，而我在 60 年代认为自己是的。仅仅是最近这 15 年的生活，就改变了我的观点！我对文化史更有兴趣，而我那时候是意识不到这个概念存在的。我对于心态假设比之对于物质环境更加有兴趣，至少比在过去更有兴趣。我只不过是刚好发现这非常有意思，并不见得就一定觉得它更加重要。我并不认为整个世界乃是建构，并没有什么实在可言。我压根儿就不是后现代主义者！

[你往往在使用档案材料的同时也使用文学材料。它们能够提供什么档案所无法提供的东西呢？]

这听起来更像是一个学位考试的问题！这么说吧，它们涵盖了更加宽泛的经验范围，而且显然提出了非常严肃的有关解释的种种问题——但也并不比传统档案所提出来的问题更加严肃。我的意思是，一出戏剧或者一首诗属于某种文学体裁，从属于某种惯例，并且受到某些模式的影响，因此你必须小心对待你所援引的东西。但是，倘若真是这么回事的话，对于在公共档案馆中所看到的任何东西你也必须等量齐观。那里的档案也需要加以解释和谨慎小心的处理。那么，文学材料告诉了我们什么呢？它们关切的是人类的情感、价值观和感受，而这些东西往往对于显现出它们的人生非常重要。

[你在 1988 年时提出，事实与虚构之间的分野乃是风行的约定俗成的东西，针对当时的强大潮流，你倡导在历史与文学之间进行调和。你是否觉得在最近十年中这已经走得太远了？]

是的，我觉得走得太远了。我相信在事实与虚构之间存在着分别，而这无疑让我显得有些过时了。我们在 7 月 28 号的这个星期四坐在这儿，这对我而言是真实不妄的，并非虚构。因此，我当然认为将各种文体混淆毫无益处。说到新历史主义，我在一定程度上欢迎它，然而它们的历史、它们历史性的方面在我看来并不严谨。

我觉得，海登·怀特、拉卡普拉（Dominick LaCapara）和其他人的大部分论著终归有些令人失望，因为他们并没有触及我们所真正阅读的那一类历史学家。我想说的是，我并不想要有人告诉我，比如说
101 米什莱所运用的是哪种特定的比喻，因为米什莱并没有在我这里派上用场。可是，如果他们真的研究最近几期《过去与现在》并且就其中的比喻有所讨论，那我会觉得更有启发性。这些作者的情形有点让我想起那些讨论历史的分析哲学家们。他们所讨论的东西总是与历史学家实际所做的事情相去甚远。

[你曾经断言说，“即便是最谨小慎微的历史学家也是在忙着制造神话，无论他是否意识到这一点”。有没有什么办法可以培养我们不要去操纵“我们的谱系学来迎合新的社会需求”（用你自己的话来说）呢？]

神话制造有很多不同的程度，然而最为有效的是非常精巧的、在我看来难以驱逐的一种。很显然，当人们开始找寻现代女性主义或者女同性恋关系（lesbianism）或者别的无论什么主义的谱系的时候，他们就是在以某种非常鲁莽的方式进行建构，与都铎王族声称自己乃是布鲁图斯和特洛伊人的后裔并没有多大的不同。还有一件事，就是教学大纲或者课程安排总是要不断修订来确定新的谱系，以便（比如说）它们能够赶得上将最晚近的移民群体包括进去，诸如此类，不一而足。但是，在我看来更为精巧、更有意思也更难消除（其实在某种程度上不可能消除的）的神话制造，是在我们关于过去人类活动所写作的全部句子中都会出现的那种。它们不可避免地包含了对于人类如何行事的隐含不宣的假设，往往涉及人们应该如何行事，什么是合理的以及什么是不合理的，什么是难以理喻的以及什么是可以理喻的，而这些假设总是被无论什么样的当时的常识所不断地强化。换句话说，在你写作历史或者小说时，你只能运用大量的有关人类行为、人

类价值观、因果关联、优先性等等的工作假设，而这些东西是你没有功夫去讨论的；而且很可能甚至你自己都不曾意识到这些东西。

因而，我所说的根本性的神话制造是某个时代的套话进入文学和历史文字之中的方式。这就是无论什么时候，只要我们翻开一部写于1840年或1740年的历史书时，它都会让我们为之一震的原因。而我们在20世纪90年代写的东西也会以同样的方式进入人们的眼帘，我们对他们而言将是一个陌生的国度。

[你如何看待新工党的新不列颠的理想？它是否比之撒切尔夫人之回到维多利亚时代的价值更少神话性质？]

新工党令我大失所望，而最令我失望的方面，是它以最恶劣不过
的方式在文化领域中代表了民主的胜利，也就是说，那恰好是托克维 102
尔和密尔认为有可能发生的最糟糕不过的图景。举个例子，国家通讯社的一张照片中，首相和财政大臣脱掉夹克，手里端着啤酒，在看电视播放的足球比赛。我相信，拍完这张照片后，他们马上就回去忙他们的事情了。在人们看来他们正应该以那种形象出现这件事，让我非常沮丧。碰巧我从来都没对足球有过兴趣，对与足球联系在一起的大多数东西（比如沙文主义和暴力）非常反感。然而，这只是事情的一个方面。

就我所见，新工党并没有涉足任何科学、学术、思想、文学或艺术活动之中，然而，它却涉足了大众文化、国际体育和低档媒体的领域。我的观点当然是很老派的，然而我一直认为，社会主义的使命是要提升人民。可是，在我看来，目前维多利亚式的改善的观念已经被全然抛弃，并非为了追求快乐，而是为了某种低级的享乐主义。简而

言之，那是针戏而非诗歌。*

让我多了一分失望的是，人们期待着从前的情形发生巨变。撒切尔时代让人不满的事情之一当然就是对于思想、学术毫无兴趣，这与法国形成了强烈的对比，那里的公众断断续续地对思想、学术活动有更多的认可。人们希望随着政府的改变，情况会有所不同。这段时期我花了很多时间从事公共事务，而我注意到不列颠图书馆正以最惊人的速度迅速衰颓。新的不列颠图书馆在进书和收藏方面都有大幅度的削减，以至于到了这样一个地步，要正儿八经地考虑是否放弃收藏英国以外的书籍。他们几乎没有引入任何新的丛书、新的杂志，而世界上的出版物正在高速增长。不列颠图书馆有其传统，它是世界上最伟大的图书馆之一；而它现在正处于按照美国标准大约只能排在世界第20位的危险之中，遑论别的东西！

拒绝继承过去的遗产，这是最让我震惊的事情；而且在我看来这在政治上也是一个巨大的错误。英国在国际上也许不是非常重要，然而，由于各种历史原因，她有能力保存许许多多过去的物质的和文字的遗产，这几乎是她独一无二的幸运。看到这一切遭到漠视，让我非常恼火。这实际上与这个时期领头的政治家的个人兴趣或缺乏兴趣有密切的关联。比如说，谈到布莱尔，有人告诉我，在参观不列颠图书馆时，他看上去像是从来没有步入过任何一个图书馆一样。这当然不
103 是真的，因为毕竟我在圣约翰学院做导师时他正在那儿，尽管我那时并不知道他。这怎么说呢，新不列颠似乎忽视了在我看来旧不列颠某些最优秀的方面。这一切让我觉得非常可怕。

---

* 针戏（pushpin）是旧时英国儿童的一种游戏。功利主义思想家边沁主张，追求快乐和避免痛苦乃是支配人类行为的基本法则，他的一句名言即说，只要都能带来同等的快乐，针戏与诗歌的价值并无分别。卡莱尔曾讥之为“猪的哲学”。——译者注

[你有什么别的未来的研究计划吗？你是否考虑过要转换领域？]

我宁愿不去谈论出版方面的雄心。我有很多尚未完成的研究计划，我在最近几年的生活令我没有时间停下来考虑它们，看一下要将哪些继续进行下去。但是，等再过两年退休以后，我就完全自由了。我此时此刻主要考虑的是，决定这其中有哪些适合作为福特讲座的六讲。

至于研究时期方面可能的变化，我的确好几次考虑过是否应该做的就是早期现代。我在这个问题上确实再三犹疑。不是太长时间之前，我跟一位研究这一时期的美国历史学家交谈，他说他不再就这一时期进行写作了，因为没有新东西可说。我想说的是，就这一时期而论，史料的数量是有限的，很难发现什么惊人的东西，而 18、19 和 20 世纪的东西则异常丰富。你可以去任何一个地方，做出重大的成就。早期现代却在几十年里吸引了英国的精英人才，还有美国和欧洲的才智之士。看看年鉴学派，他们集中在现代早期的才智真是令人难以置信。

我们今天又是什么样呢？我觉得，涉及这一时期的大多数论文和杂志毫无生气，那些并非第二代，也不是第三代，大概是第四代的人们试图在第三代的论著里面找出些错误，炮制一些新的细节，或者装作提出了什么看似新鲜的玩意儿。50 年前可不是这样。这就是历史学研究职业化的问题所在。这个领域人满为患，而且也过度专业化。通常的情形是，历史学家找到某些新东西，围绕着这些东西来提出论证，而那就成其为他们的领域和地盘。我相信，如果从头开始，我是不会再做早期现代的了！

[1988 年你被女王封爵。这个头衔对你而言意味着什么呢？]

我是由于对历史学的贡献而得到封爵的荣誉的，对此颇感荣耀，因为我知道这类东西来自于由学者而非政治家们组成的委员会。我并不反感荣誉，尽管如果它们是出自人民的名义而非像从前一样的话，我会更加高兴，因为我不大喜欢头衔（当然有时候它就落到了我们碰到的人中最糟糕的那位头上）。然而，既然是贵族头衔，我觉得历史
104 学家与政治家和商人一样得到它们，这是件好事。我以为，学术职业可以从这类公众的认可中受益，即便得到了这些头衔的并不见得就是那份职业中最恰当的那些人。

[在你感兴趣的领域的著作中，你最愿意自己能写出来的是哪些？]

让我想想。我不想像杰弗里·埃尔顿一样，那时《泰晤士报文学副刊》有一个系列，让人提出在他们看来被过高估计了和被过低估计了的著作，埃尔顿说，他很轻易就能想起三部被过高估计了的书，但却想不出有哪本书是被过低估计了的！我确实推崇很多书。我希望能够写出（当然是在写作它们的那个年代而不是现在）马克·布洛赫的《封建社会》；或者，换种方式，托尼的《宗教与资本主义的兴起》。我也很崇敬汤普森的《英国工人阶级的形成》，尽管我觉得它过于松散、冗长。还可以提到劳伦斯·斯通的《贵族的危机》，因为他是一位精彩迭出的作者。靠现在更近点的话，奥兰多·菲吉斯（Orlando Figes）关于俄国革命的著作《人民的悲剧》（*The People's Tragedy*）也非常优秀。罗伯特·巴特利特（Robert Bartlett）关于12世纪英国的新作也一样。然而，倘若我将年代上溯的话，我会提到布克哈特和赫伊津加的巨著。

牛津，1998 年 7 月

论著选目

"The Double Standard", *Journal of the History of Ideas,* 20 (1959), pp. 195-215.

"History and Anthropology", *Past and Present,* 24 (1963), pp. 3-24.

Religion and the Decline of Magic: Studies in Popular Beliefs in Sixteenth- and Seventeenth-Century England (London, Weidenfeld and Nicolson, 1971); translated into Dutch, Italian, Japanese, Portuguese.

Rule and Misrule in the Schools of Early Modern England(Stenton Lecture, University of Reading, 1976).

"The Place of Laughter in Tudor and Stuart England", *Times Literary Supplement,* 21 January 1977, pp. 77-81.

Man and the Natural World: Changing Attitudes in England, 1500-1800 (London, Allen Lane, 1983); translated into French, Dutch, Japanese, Portuguese, Swedish.

"Ways of Doing Cultural History", in Rik Sanders et al. (eds), *De Verleidung van de Overloed. Reflecties oop de Eigenheid van de Cultuurgeschiedenis* (Amsterdam, Rodopi, 1991), pp. 65-81.

"Cleanliness and Godliness in Early Modern England", in Anthony Fletcher and Pter Roberts (eds), *Religion, Culture and Society in Early Modern Britain: Essays in Honour of Patrick Collinson* (Cambridge, Cambridge University Press, 1994), pp. 56-83.

"English Prostestantism and Classical Art", in Lucy Gent (ed.), *Albion's Classicism: The Visual Arts in Britain, 1550-1660,* Studies in British Art, 2 (New Haven and London, Yale University Press, 1995), pp. 221-238.

“Health and Morality in Early Modern England”, in Allan M. Brandt and Paul Rozin (eds), *Morality and Health* (London, Routledge, 1997), pp. 15-34.

ed., *The Oxford Book of Work* (Oxford, Oxford University Press, 1999).

丹尼尔·罗什

丹尼尔·罗什(1935 年生人)是声名显赫的法兰西学院的教授,当 106
今最负盛名的法国历史学家之一。罗什是研究 18 世纪的专家,属于年鉴群体的第三代,按照埃曼纽埃尔·勒华拉杜里的说法,这代人将他们的兴趣“由地下室转向了阁楼”,或者换种说法,是从经济史——那在马克思看来是历史的“基础”——转向了文化史或上层建筑。丹尼尔·罗什曾经师从马克思主义史学家埃内斯特·拉布鲁斯(Ernest Labrusse),后者最以其对于法国革命的经济起源的开创性研究而知名。罗什选择以一个文化史方面的课题——法国各地方科学院在启蒙运动话语的传播和生产中所扮演的角色——来作他的国家博士论文,从而与他的导师拉开了距离。这项篇幅庞大的研究于 1973 年通过审查,1978 年以两卷本的形式出版(其中一卷全是注释和参考文献)。罗什在其中巧妙而有效地运用了量化方法。在说明这一时期学术兴趣和趋向的变动时,他写就了一部文化的社会史,而不是将其简化成为经济的和社会的力量或趋势的表现。

从那时起,他的研究主要在三个方面进行:书籍和阅读的历史、城市史以及物质文化史。他说,这三个主题加起来,就构成“对文化进行社会解读的更加开阔的方式”。他在关于大众文化的研究《巴黎人民》(*Le Peuple de Paris*, 1981；英译本 *The People of Paris* 于 1987 年出版)中提出要“重新解读巴黎民众行为举止的历史”，此书在若干方面都让人侧目。比如说，正如他对于 18 世纪普通巴黎人的食品、衣着、房屋和家具的考察所表明的，物质文化得到郑重其事的研究。罗什主
107 要是在上千份财产清单中找到这一物质文化的证据的，他的结论建立在对部分是由他的学生收集到的大量档案数据的量化分析的基础之上，这些学生在他大多数研究中起了重要作用。在将他的数据与 18 世纪改革家和观察家眼中人民的形象进行比较后，罗什就可以提出对于低等阶级的看法，他们比之人们通常所想象的远为复杂而更加具有活力。与此类似，罗什考察了人们与他们的财产之间不断演化的关系，并留心到巴黎人中间贫与富的同时增长，他由此提出，革命既非如米什莱[1]所说的那样是悲惨的孩子，也不像饶勒斯[2]所说的那样是繁荣的孩子。罗什提出的是一种结合了这两者的解释，他认为，人民所面临的日益严重的困难与生活中新的需求、新的价值观和新的雄心的出现密不可分。

在财产清单所提到的物品中还有书籍，这表明巴黎工匠中的识字率相对而言是比较高的。《巴黎人民》就像罗杰·夏蒂埃（Roger Chartier，罗什从前的学生）的研究一样，对阅读史以及心态史做出了重大贡献，有时候罗什照着马克·布洛赫的样子将后者称之为“情感与思想的模式”（*façons de sentir et de penser*）。他对于书籍社会学的方法论问题和对于印刷品的量化历史所提供的可能性的兴趣，使得他

---

〔1〕 米什莱（Jules Michelet，1798—1874），法国历史学家，著有《法国史》(1835—1867)。

〔2〕 饶勒斯（Jean Jaurès，1859—1914），法国社会主义政治家。

与马丁（H. -J. Martin）和夏蒂埃合作编写了《法国出版史》（*Histoire de l'édition française,* 1984），在其中他指导了有关“书籍的胜利”的一卷，并在审查制度、书籍检查与狄德罗和达朗贝尔伟大的《百科全书》等方面提供了开创性的论文。

在研究巴黎的大众文化时，丹尼尔·罗什有了在他看来是自己最为重要的发现：雅克-路易·梅内特拉（Jacques-Louis Ménétra）的自传，此人是生活于旧制度和大革命时期的一个巴黎的玻璃匠。罗什1982年将这部书出版，并附上了一篇关于传主及其周遭环境的解释性论文，有了这一桩发现，罗什就能够在他对于当时大众文化的量化分析之外，增添了一个内在的视角，表明一个具体的工匠是如何经历他的工作、闲暇以及法国大革命的，因为梅内特拉作为民兵（无套裤汉）参加了这场革命。梅内特拉之于丹尼尔·罗什，有如弗留利的磨坊主梅诺基奥之于卡洛·金兹堡。这两位历史学家都发现了使得他们能够以非凡手笔来重建大众阶层个人生活的档案材料，并通过这些个人的经历描绘出旧制度时期大众文化的广阔画卷。

罗什最引人注目的著作或许是《服装的文化》（*The Culture of* 108
Clothing, 1989），这是一部关于18世纪法国服装和时尚的历史，这部著作是他新近出版的另一项杰出的研究的前奏，它有一个意味深长的书名——《日常物品的历史》（*A History of Everyday Things,* 1997）。服装文化的研究计划是由《巴黎人民》引出来的，因为它的部分基础就是为了那本书而研究过的财产清单，然而，它也探讨了在法国时尚变得国际驰名的那个时代里，上等阶级的男男女女们的服饰。使得这部著作尤其具有原创性的，首先是罗什以服装作为依据，来探讨穿着这些服装的人们的态度和价值观。于是，一部乍看似乎只是关注外在表象的历史，最后成为探索更深层次的思想和情感结构的手段。

就像梅内特拉一样，或许可以将丹尼尔·罗什说成是一位匠人大师，他以杰出的技巧实践了马克·布洛赫所说的“历史学家的技艺（*le métier d'historien*）”，并且管理着一个“工作坊”，他的学生在里面就像是学徒，做出了清晰可见的贡献。谦逊、明晰和节制都可以列入罗什的心智所具有的美好品格中。对于从马克思到鲍德里亚的社会理论家和文化理论家的思想，他总是敞开心胸，然而，他在将理论结合到彻头彻尾的经验研究中的时候非常谨慎，就像他将对于“高雅”文化的兴趣与对于大众文化的兴趣，将量化的证据与文学材料（从时尚杂志到自传）中的证据结合起来时一样。

丹尼尔·罗什在巴黎乌尔姆大街著名的巴黎高师接待了我们，他有好几年是那儿的现代史研究所的所长。我们的会面正好是在顶层——“阁楼”——进行的，远处巴黎市中心的美丽景色尽收眼底。他很松弛和随意，语速缓慢，谈话深思熟虑，对我们所提问题的回答直截了当、清晰明快，充满了他惯常所有的那种机智。

玛丽亚·露西娅·帕拉蕾丝-伯克 ［你是怎么成为一个历史学家的？］

丹尼尔·罗什

我怎么成为历史学家的？我还真不知道，因为我连自己是否算是一个历史学家都不知道。我想，我首先和主要地是一名教师……我觉得，我的经历与法国很多历史学家并没有多大的不同。这么说吧，我的道路是非常传统的：我战后在巴黎上中学；1954年进了索邦；参加了巴黎高师的入学考试（在那里从1956年念到1960年）；然后做了中学教师。那个时候上大学你得选择一个专业，我选了历史和地理。传统上这两个专业是合在一起来学的，然后同时取得历史学和地理学

的学位。我同时学习这两个学科这件事情非常重要，要知道，那个时
候所使用的历史著作乃是具有浓厚法国传统的区域史的研究成果，区 109
域史研究与比如地理共同体、制图学和对地域空间的发现之间的关联
具有高度的重要性。

[你的专业选择与你的家庭背景有什么关系吗？]

我不知道这对学术而言有多大的意义，我来自中产阶级家庭。我的父亲参加过第一次世界大战，他起初是个军官，而后从事行政工作；也就是说他所从事的行当与学术无关。与别人不同，我并不是出身于一个受过大学教育的家庭、一个学术世家或者类似的家庭。因此，与我的家庭和兄弟姐妹比起来，我所走的道路完全是另类的。我就是那个老得向每个人解释一个历史学家或一个教授在干些什么的人。然而尽管我的家庭并不是学术性的，却受到过良好的教育。家里到处是书——我们阅读量很大，不过就我记忆所及，并没有历史书。因此，我得说，我对于历史的特殊兴趣是在中学老师的影响下被激发出来的。我尤其记得他们中的两三位很精通他们的专业，并且开过关于旧制度的精彩课程，比如法国革命的起源、殖民征服和美洲战争。与革命前时期和革命时期相关的主题，传统上在公立中学的教育中处于重要地位。比起对某些特定著作的阅读来说，我对历史的兴趣很大程度上要归功于这些教师。

我本可以选择继续在中学里做历史老师，那在 60 年代还是一个很有意思而又受人尊重的选择，与今天的粗暴相反，那时的学生要安静很多，人数也更少。想要成为一个历史学家而不仅是中学历史老师的念头又得归之于我所碰上的老师；只不过这一次是我在巴黎大学和高等师范学院碰上的讲师。

[你是在那儿见到拉布鲁斯和布罗代尔的吗？他们是你的主要导师吗？]

在他们之前，还有另外两个人，皮埃尔·古贝尔（Pierre Goubert）和雅克·勒高夫（Jacques Le Goff），他们对我而言非常重要。当时他们还非常年轻，当然还没有他们现在所享有的声誉，然而，已经可以看到他们多么具有创新性。勒高夫还没有进入高等研究院，还是里尔大学的助理讲师。他们那时常常来高师开课；他们是我们今天通常所说的年鉴学派（*École des Annales*）的代表人物，但那时还没有这样的称呼。实际上，年鉴学派并不是什么真实存在的东西，而是20世纪80年代虚构出来的。围绕着那份杂志确实有一场运动，但那不是一个学派，我说的是，人们并没有想要确定非常明确的目标；相
110 反，它非常开放，尤其是对各种社会科学非常开放。而此种开放与当时正在索邦进行的历史研究的特征大相径庭，索邦有像皮埃尔·雷诺万（Pierre Renouvin）这样的大师，代表了博学多识和实证主义的传统。我还记得选了令我觉得索然寡味甚至恼火不已的课程——比如罗兰·穆尼埃耶（Roland Mousnier）的课。我说索然寡味和让人恼火，是因为尽管他们博学多识，却具有意识形态方面的挑衅性，似乎是在说，“我不是马克思主义者，因此我要证明的是相反的命题”。尽管我从未服膺于某种像是辩证唯物主义那样彻头彻尾的科学的意识形态（与许多和我同龄或比我稍年长一些的同行如弗朗索瓦·傅勒［FranÇois Furet］和埃马纽埃尔·勒华拉杜里不同），这些讲师的态度还是让我恼火。我想，我之所以避开了辩证唯物主义，一定程度上是因为我是在天主教背景下长大的，而那种背景也是我想要躲开的，在我看来，皈依马克思主义就像是离开一个教派后又加入了另一个！

我与拉布鲁斯的接触开始于1958年，那时我得为如今所说的硕

士学位、那时称作“高等教育证书”的论文确定所要研究的时期、领域和问题。是古贝尔对我说，我应该跟拉布鲁斯做研究。那个时候，拉布鲁斯正在从事有关西方资产阶级的一项大型研究，他有个想法是让年轻学生努力追索皮埃尔·古贝尔所说的“蛰伏的档案”中的原始材料。他的主要抱负是为像1789年、1848年的革命现象和1871年的巴黎公社这样的大动荡寻找经济和社会方面的解释。于是他建议我应该在傅勒更加直接的指导下在巴黎公证书档案中展开研究，傅勒教我研读了托克维尔和马克思。在此之前没有人叫我阅读他们！我与拉布鲁斯本人的接触不多，很少看到他。那是一个与今天非常不同的世界，如今，学生会毫不迟疑地在午夜给我打电话，讨论他们的硬盘或者电脑鼠标出的问题。

说到布罗代尔，我很晚才见到他。他生活在另一个世界，距离我常去的高师和索邦很远。他属于高等研究实践学院的第六部，那里要到20世纪70年代才变成社会科学高等研究院。当时，那还是一个很小的机构，举行一些研讨会，像是拉布鲁斯和布罗代尔本人所主持的那些，但我从来没有参加过。我主要是因为阅读《地中海》的第一版才发现布罗代尔的，后来又看到他在《年鉴》杂志上的论文——那是 111
些非常重要的论文，因为它们流传极广。我是在很久以后，在20世纪60年代后期或70年代早期才见到他本人的。因此，他对我的影响纯粹是间接的和思想方面的，而非言传身教的。我相信我可以说，倘若他没有写过他所写的那些东西，我就不会做出我所做的东西来。

[作为一个巴黎人和1968年5月一系列著名事件的观察者和参与者，你可以说说它们对你的影响吗？回过头去看，那些事件有多重要？你会说它们影响了你的历史观尤其是你对法国革命史的观点吗？]

我得说，我完全是突然被它们席卷进去的。我那时已经是高师的讲师了，而且除了少数好战者、托洛茨基主义者和其他第三世界的行动主义者之外，学生们远不像我们许多讲师那样对政治这么投入。比如说，就我而论，我属于所谓的 SNES（全国高等教育联盟），因此我参加了它们的游行示威，并提出了别人所提出的要求，而没有认识到我们的呐喊会有什么长时段的后果。联盟接管索邦后要求我照看它，我在这时候也扮演了一个更加特殊的角色；我掌管着这个机构的运转，并负责维护建筑物。因此在 1968 年的 5 月和 6 月，我是负责占领索邦的联盟的主要成员！那可真不是件让人高兴的事情，只给我留下了不大愉快的回忆，因为我很快就开始被人们称作“索邦的贝利亚”。那基本上是上夜班，因为白天的时候占领所采取的形式是大讨论和人人瞩目的示威游行；而到了晚上就有暴力性的示威游行，我得阻止它们变得更加乖张，既是为了那些人，也是为了大楼、设施、图书馆等等。你可以想象，要保护索邦可不是件容易的事情……这使得我进入了荣誉军团！

如果你想要了解我对于那些事件的意义的看法，我想说的是，我对 1968 年 5 月的态度不同于那些只是靠着高谈阔论就度过那段时期的人们。我还记得米歇尔·德·塞都（Michel de Certeau）说过，“我们撑起了地面”。我自己从来没有撑起过地面，但我确实努力劝阻人们在索邦的地下室吸毒，防范女学生被侵犯，等等。因此，我对这些事件的看法比较低沉阴郁，比起乌托邦来，它们的好处在于更加接近于事物的实际情形，而且尤其是可以看到当人们过分郑重其事地把自己当成政治领袖或者别的类似角色时，他们会有些什么样的变化。我从
112 来没有受到过投身任何政治运动的诱惑，因此对我而言，那是一场有趣的历史经验，可以看到那样的一个事件如何利用人们并帮着改造他们，而且并非一定是往好的方向改造。

可以说，我的历史观本身并没有留下那一经历的深刻印迹。它切实起到的作用是教会我使许多东西保持均衡协调，比如说法国大革命中的那些重大事件。当你有两个月无法睡觉，就像公安委员会那样，你就会心烦意乱……这些事件也表明，法国的大学体制尤其是其中的历史学科要发生改变是多么的困难。我们起初对大学将要变得更加民主化深信不疑，然而事情只是稍有变动，并没有出现真正的变革。许多虚幻不实的变化，实际上只是妨碍法国的大学体制直接面对主要问题之所在，那也就是全部社会——无论右派还是左派——都希望建设真正民主化的大学。我们曾经相信它在1968年诞生了，然而，旧的体制还在那儿，与建筑物和各项设施一样，几乎没有受到触动。1998年时这些事件30周年的纪念仪式似乎证实了这一点，因为大学生们很少有参加纪念活动的。

[你属于需要撰写一篇篇幅庞大的国家博士论文的那代人。是什么使得你选择18世纪法国各地的科学院作为博士论文的主题呢？你是否想接受丹尼尔·莫内（Daniel Mornet）在讨论法国革命的思想根源时所提出的挑战？]

我想，那是偶然性和智力碰撞并结合的结果。我觉得，要发现还有东西留下来可做，这几乎永远是出自偶然。具体说到一个人进行选择时的偶然因素，我还在夏龙-苏-马恩中学教书时，拉布鲁斯对我说：“罗什，专题著作的时代已经过去了，……无论如何，别去研究乡村！”他的意思是，直到那时为止的大论文都是有关区域研究的，而这是不能无限制地重复下去的。而且从很实际的眼光来看，要在城市发现史料比之在乡村容易得多。我听从了他的建议，然而我没有发现一个可以进行研究的课题。不久之后当我在大学谋到职位时，我得写作我的国家博士论文了。起初我打算写18和19世纪的西西里贵族，因为我的妻子将《豹》[*] 译成了法文，让我有了通过研究西西里来了解其根源的念头。我需要得到基金资助到意大利进行这项研究，可我没有做成这件事。我记得去见鲁杰罗·罗曼诺（Ruggiero Roma-
113 no）——在拉丁美洲研究方面很重要的一个意大利人，又是帮助布罗代尔了解意大利情况的得力助手，跟他谈起我的研究计划。他热情地接待了我，听我讲了一通，最后我问他："我怎样才能去西西里呢?"这显然是希望知道如何才能够得到一笔经费或者经济资助。他对此的回答是："坐飞机!"

我就是在那时候决定转到介于旧制度史和大革命史之间的一个研究领域的。我想研究旧制度时期和大革命时期王室贵族的社会和政治角色，追溯几个贵族家族从路易十四的宫廷到被迫流亡的经历。我在尚蒂伊档案馆和不列颠图书馆开始这项研究，然而研究的问题却无边无际——与之相关的档案汗牛充栋。尚蒂伊的档案馆一天只开放 4 个小时，而且并不是一周内的每天都开。我记得去见马塞尔·赖恩哈德（Marcel Reinhard）——一位法国革命史专家，拉布鲁斯给我提到过他，请求他支持我向 CNRS（国家科学研究协会）提出的申请，那可以让我有三年或者四年的时间来完成这项研究。然而他回答说这不可能：对于这项工作来说我过于年轻，无论如何我绝不应该忘记这一准则——"不要让研究者来适合于研究，而要让研究适合于研究者"。我依然认为，这是人们应该一直铭记在心的一条规则。我正是由此而改变了研究课题，我教中学时在夏龙-苏-马恩的科学院发现了一些材料，而我又认识到，用地方档案来展开研究相当容易。傅勒鼓励我继

---

* 《豹》（*The Leopard*）是意大利电影大师鲁奇诺·维斯康蒂（Luchino Visconti）导演的历史影片，影片以 1860 年意大利的西西里岛为背景，反映出面对新时代的到来，原有权贵和贵族身处翻天覆地的社会变革当中，并因此而没落的命运。——译者注

续沿着这条道路前行，他肯定了我的猜测——思想的交流往返是一个很好的课题，那一领域还有很多东西可做。于是，我最终是由阿方斯·迪普龙（Alphonse Dupront）指导，他在与学生的关系中从来没有什么要求。我想，14 年里我大概见过他三次，这让他的指导很令人愉快！他只是问："你在做研究吗?"我就会说："是的，我正在有所进展。"实情的确如此，我周游全国，研究了法国 90 个省的科学院。

[你写作一部知识分子史的论文的目标是什么？你会不会说，这样的名词纯属时代错位，在德雷福斯时代之前不可能写一部知识分子史?]

我同意说这个名词并不具有它在 1900 年之后所具有的左翼政治介入的涵义，但我相信，我的论文可说是启蒙运动传播的社会学的一部分。它不仅是一部启蒙运动知识分子的历史，而且还试图理解是什
么东西局限了那些伟大思想的传播，就像我的前辈们曾经研究过的那 114
样，其中既有保罗·哈泽德（Paul Hazard）那种路数的从哲学史或观念史的角度进行的研究，也有像丹尼尔·莫内那样从法国革命的思想起源的角度展开的研究。

[将你论文中的研究方法视作皮埃尔·肖努（Pierre Chaunu）所谓的"第三层次的系列史"，或者换个说法，是将计量史学运用于上层建筑和文化，这样似乎恰当呢?]

我想要做的，恰恰是要将人文学科与社会学相结合，其前提假设是统计模型可以进行转换。我相信，统计学的研究只对那些只想在其中寻找障碍的人才构成障碍。在我看来，令人遗憾的是，我们不知道如何进行更多的统计工作，或者说我们无法将统计学运用于一切问题之上。此类研究正应该从这个角度来加以看待，而拉布鲁斯深为神往的也是此种可能性。我每次见到他，他都会问我："你最终是否能向

我们表明是资产阶级制造了启蒙运动？”可不幸的是我每次见到他时都得说，“并不是资产阶级制造了启蒙运动，当然也不是资产阶级享受了它的成果”。这样一个结果远非无关紧要，因为，我认为它改变了我们观察启蒙运动的方式。从我们现在对各地方科学院所了解的情况来看，我们不能够再说，启蒙运动是由伏尔泰、孟德斯鸠或卢梭这样一些鼎鼎大名的人物在巴黎进行的。启蒙运动是更加广阔而又更加复杂的一桩事情，需要我们探索它与社会其他部分最为复杂的关系以及它的价值。因此，可以说，我的论文介于两种模式之间：一方面是基于社会阶级的纯粹的马克思主义解释模式，另一方面则是纯粹观念论的模式，将观念视为自身就在运作，它们彼此之间只有内在的关联。

[在研究精英文化之后，你以《巴黎人民》而转向研究大众文化。是什么让你改变了方向？你是在跟随城市史和大众文化史的史学新潮流吗？]

这就得说到 1980 年了，我那时当了大学讲师，工作条件发生了实实在在的变化。我每周要教 6 个小时的课，还要加上全国科学研究协会和高等研究院的事情，因为我想与那里的研究进展保持接触，这就要求我尽可能少地参加各种研讨会。于是，就有许许多多的准备工作要做，还得让学生做事。而一个当下面临的策略问题是，如何在一个吸纳的学生大都是左派的大学（巴黎第七大学）——这归因于这所大学的起源——里吸引学生。那里也有诸如勒华拉杜里、丹尼斯·里
115 歇（Denis Richet）、米歇尔·佩罗（Michelle Perrot）、让·谢诃诺（Jean Chesneaus）和其他几位比我更远离左派的人。为了吸引这些只相信要在当时当地发动一场革命的学生群体，我想到，我应该让他们领会人民、大众文化、工人阶级以及类似东西的观念。这意味着我在

一定程度上回到了拉布鲁斯式的社会史和巴黎史，因为我的想法是让他们在巴黎的档案馆中进行研究。主要的目标是要把握这个并非由经济资本的所有权或者文化资本的所有权整合起来的世界。我们想要了解，法国最大城市的人口中这么庞大的一部分是否在某种程度上受益于 18 世纪的经济变革，或者是否变得更加贫困，成了这些经济变革的牺牲品。因此，我们系统地利用公证文书，试图通过各种各样的消费（物质方面的和思想方面的都包含在其中）来把握这一前所未有的处境。这当中并不涉及受到严格限制的对大众文化的定义，即那种以社会性范畴做出的先验界定，而是有一个非常开放的定义，为我所命名的借用（appropriation）留下了余地。顺便说一句，我想，我是第一批谈论借用的人之一。

至于城市史，那是取得了最多进展而又有了足够反思的领域之一，尤其是自让-克劳德·佩罗（Jean-Claude Perrot）和马塞尔·龙卡约罗（Marcel Roncayolo）的研究以来，我与他们都保持着密切的联系。实际上，自从我在 20 世纪 70 年代晚期被选任索邦的皮埃尔·古贝尔教席以来，我就一直与佩罗一起工作。我们一起开研讨课有 25 年之久，我也不知道自己是否教给了他许多东西，而我肯定通过我们之间的讨论从他那里学到了很多。在人文科学之家（Maison des Sciences de l'Homme）还有一个我至今仍保持着联系的城市史小组，虽然如今我更像是一个先辈。

[夏蒂埃批评大众文化史以及它将重点放在运用和实践而非文本和其他东西之上，你对此有何看法？]

你也许不清楚，夏蒂埃是我在高师时的学生，并且直到 20 世纪 80 年代早期还在跟我一起工作。他跟我一起以里昂科学院为题做他的文科学士论文，他正是由此而开始研究书籍史的。在大众文化这个问题上，他攻击的是罗伯特·芒德鲁（Robert Mandrou）在其对蓝色丛书*的研究中提出的概念，芒德鲁在非常简略的分析之后就抽绎出来了一个极端狭隘的大众文化的定义。夏蒂埃提出的挑战来自于这样一个问题：是否可以只在那些表象而非全部实践的基础上就得出这样一
116 个精确的定义？和这场辩论相关的是，用心的读者会注意到，《巴黎人民》中的巴黎人提供了许多相关的论点。

［你的研究主题的改变似乎伴随着方法上的变化，团队工作对你的研究变得非常重要。你可以详细地谈一下这一点吗？］

在20世纪60—80年代的历史研究中，设想团队工作的方式不止一种。一是在高等研究院或者全国科学研究协会这样的机构中——我有时是作为其中一员，有时是作为顾问而厕身其中——占主导地位的方式，在那些地方教师们和研究者们在相关课题上一起合作；这在有的时候能产生重要的出版物，如傅勒指导下的《书籍与社会》。就是这部著作最终开启了书籍史，并导向了阅读史、识字史等等的新取向。另一种团队工作——而且我认为自己是这方面的开拓者——是教师推动学生参与共同的课题，并安排与他们一起造访档案馆，明确文献分析的规程，决定他们去做些什么，并且最后将全部东西归总。这种情形下的教师就像是一个建筑师、组织者，或者你乐意的话，也可以说像一个进行组织工作并将成果出版出来的遗址管理人。就我所见，在这样的工作中每个人都有收获，学生和教师都从这种接触中获益良多。在我出版的大部分书中，都有长长的学生名单，表明没有他们的协助，我是无法写成比如说《巴黎人民》或者《服装的文化》

---

* 蓝色丛书（Bibliothèque Bleue）系18世纪法国对古典文化和骑士故事改编而成的一套丛书。——译者注

的。如果没有大约10个学生的协助的话，写作《巴黎人民》大概得花掉我15年的光阴。

[在《服装的文化》中你表明，研究服饰绝非浅薄无聊之事。这本书代表你研究中的一个新方向，还是延续了你对物质文化的研究?]

这本书与《巴黎人民》中的先期成果有直接关联，因为在对大众消费的分析中可以看到，在18世纪变化最大的一个现象就是服装的消费。你去瞧瞧这种消费的结果（因为档案材料中显示的并非消费行为本身），就会看到这是变化最为剧烈的一个方面，位居人们财产清单的首位。我在这里应该提及，我们所研究的档案材料所提示给我的这个问题，也受到了研究英国消费的学者们如普拉姆（Jack Plumb）、麦肯德里克（Neil McKendrick）和布鲁尔（John Brewer）的启发。因此，正是英国消费主义与法国文献的相遇，让我有了重构一种全球性 117
现象——用马塞尔·莫斯的说法，是“一桩全球性的社会事实”，并推演出它所可能具有的全部蕴涵的想法。所以，这是一部关于物质文化的著作，然而却不是某种可以只从对于物品的描述方面来读解的物质文化。要将它置于一个更加广阔的语境之中，并且尤其是联系到当时的人们对于消费（尤其是服装的消费）、奢侈或时尚现象的看法。因而这是一部同时具有思想方面雄心的物质文化史；实际上它企图不将这两个领域割裂开来。对我而言这是必须要做到的。我相信，在服饰背后可以看到心态结构，但它们并不是社会结构的直接产物。我希望人们将我这部著作理解为试图去把握人们对于服饰、外表的不同态度，而不是试图证明大众阶层消费的法式长袍比大衣更多，就像是一位没有理解我所说的任何东西的美国历史学家所认为的那样。在她看来，我所发现的不过就是语义上的变化，因为大衣和长袍实际上并无二致！

[在同一部著作中，你提出了一个大胆的想法，将“自由、平等和浅薄无聊（*liberté, égalité and frivolité*）”并列在一起。你能否简洁地谈一下，18 世纪的时尚尤其是妇女们的时尚如何产生了某种让人们实现自由和平等的效果？]

在研究外表文化时，我试图还原服装的历史，并将它与社会和文化变迁联系起来，我实际上想要做的，就是去了解总体而言的社会消费而非单单妇女的消费是如何进行的。倘若我想在美国取得成功的话，我就会将自己与性别史、妇女史明确联系起来，但我并没有那样做。我采取的是一种共和主义—普世主义的完全法国式的做法，就让人们批评我政治上不正确好了。然而，我很乐于承认，妇女在 18 世纪早期的这类消费上遥遥领先，并且直到这个世纪的末年依然处在前列，并通过养成新的习惯而推进了一整个经济运动和全部的变革——这场变革为新型的自由做好了铺垫。在导向法国革命的 30 年中，都有女性主义者和女性主义的报刊在推动新的需求，鼓动妇女们阅读并加入有文化教养的阶层。它们在给妇女们展示新的时尚和新的物品的同时，也让她们接触到了新鲜的文字和众多的新观念。于是，就有了我在平等、博爱和浅薄无聊之间看到的关联。

118 [考虑到你所谓的“服装的革命”是一场在妇女报刊支持下的，尤其是由妇女发动的革命，那么，你是否认为，对妇女在启蒙运动和法国大革命中所扮演的角色需要重新加以思考？]

这没有疑问，因为这会是验证这一假设——物质性的东西与思想性的东西不可分割，必须在互动中对它们加以考察——的一个办法。这还会是理解甚至更加古老的组织的一个办法。人们无法想象，法国革命中的妇女来自乌有之乡，或者说她们的崛起完全是各种事件的结果。毫无疑问，那是这一系列物质文化的变化和家庭内部物质关系缓慢变革的结果，正如比如阿莱特·法尔热（Arlette Farge）所表明的。研究妇女在启蒙运动中所扮演的角色，比之研究妇女在著名沙龙中的角色（那是非常有限的），所涉及的范围要广阔得多。而且即便是对这个小圈子中妇女的研究，也只将焦点放在怀有某些思想抱负的那些沙龙动物（salonnières）的身上，而将她们中的大多数，那些在沙龙中唯一的意愿就是穿梭于茶点和巧克力之间的妇女弃之一旁。

[你与罗伯特·达恩顿一道编了一本名为《印刷中的革命》（*Revolution in Print*）[1] 的书，你在那里面指出，没有出版物，革命者们可以攻占巴士底狱，却无法推翻旧制度。在打击旧制度方面谁更为重要，“印刷的革命”还是“服装的革命”?]

就某些方面来说，当然是出版物，然而服装消费方面的变革也在其他方面有深远的影响。我深信不疑的是，一旦我们将这个变化纳入考虑，我们的视野就会极大地得到扩展。我与鲍勃·达恩顿*所做的研究旨在思考，在法国社会中是什么东西使得人们有可能有更多的机会接触到印刷品。鲍勃对此有一个很精道的理论：他认为，某种特定类型的文学——他称之为政治色情——乃是使得王权形象丧失神圣性的根源。在他看来，这种文学是导致社会与权威尤其是与神圣的王权之间的关系发生变化的主因。我认为，就像所有这类理论一样，这种理论当中也有真理的成分，然而在我看来，问题在于要了解这种事的发生何以可能，这些文字是如何深入人心并改变了人们的感受、心灵

〔1〕 R. Darnton and D. Roche (eds), *Revolution in Print: The Press in France, 1775-1800,* Berkeley and Los Angeles, University of California Press, 1989.

* 鲍勃为昵称。——译者注

和思想的。换言之，我眼中的主要问题在于了解，这种文学能够产生
119 效用，是否因为它碰到的是一块已经准备好了要发生变革的土地。达恩顿的论题仍然有其价值，然而要放在更加广阔的讨论框架之中，看看是什么东西使得新观念能够被各种各样的社会范畴所借用。这就是物质文化方面的变化（包括“服装的革命”）之所以重要的缘故。我认为那与我所说的“狄德罗的晨袍（*robe de chambre*）的事实”以同样方式起着作用。你可能还记得，狄德罗换了件晨袍以后，身边的一切就都不相匹配了。结果，他只得换了他的家具、书籍、图章等等，因为这些东西再也不能给他带来任何快乐，因为它们处于不和谐之中。于是，为了他的晨袍，所有东西都得换掉。在我看来，历史学家的任务，就是试图去理解突如其来的变化或者变化的可能性是如何出现的，也即一整套体制是如何一点一点地发生变化的。

[在你对于一般而论的出版物以及尤其是报章杂志的考察中，你试图表明，出版物不光记录事件，还可以制造事件，也就是说，它可以成为它所报道的事件中的一个要素。你可以谈谈将媒体作为史料来运用时所遇到的困难吗？]

其实，老实说，我更多地是一个研究书籍史和书籍传播史的史学家，而较少地是一个研究报章杂志本身的史学家。然而，我有像卡罗琳·兰波（Caroline Rimbaud）这样的学生在研究女性主义的出版物，正好与我本人对时尚、服装和物质消费现象的兴趣相融合。还有吉勒·菲耶尔（Gilles Feyel），他分析了早期现代报章杂志的全套体制。然而，总体而言，出版物之所以让我关注，是因为我将其视为变革的手段之一和对变革的一种激励。可是，将出版物作为史料来运用只是在表面上看起来简单的事情。你得提防陷阱，而且，要想了解当局、编者和公众如何不断地调整他们彼此相关的立场，那可是件复杂的事

情。就18世纪法国出版物的情形——与英国的不同——而论，审查制度的存在使得问题更加复杂。

[1997年，你出版了一部日常物品的历史，你在那里面提出了这样的观点，即18世纪出现了一场消费革命。是什么促使你去写这么一本书？]

一定程度上，我想要将自己与那种时髦趋势区分开来，那种基本上以一种叙事性的而非分析性的方式对于日常生活的关注，就像是取了“日常生活”（*Vie Quotidienne*）这样一个吸引人的书名的一本历史 120
研究合集所代表的那样。我认为，我必须重新激活费尔南德·布罗代尔的研究精神以及吕西安·费弗尔和罗伯特·芒德鲁（尤其是在他的《现代法国导论》中）的启迪，以理解消费领域与消费者之间的互动关系，并且撰写一部消费史，以更加有效地把握在布罗代尔看来存在于长时段和短时段的现象和事件之间的暂时重叠。换言之，我想要与自卢梭和马克思以来从异化角度考察社会与物品的关系的传统决裂，来分析物品在西方文明中的地位。日常物品的历史作为物质文化的一部分，必须考虑到人类学家的研究以及他们对于传统社会借用物品的分析。与此同时，消费过程的认知方面也不应该被忽视。供应与需求就包括了信息提供、做出选择、进行抵制等等的过程。简而言之，日常物品的历史乃是对抗冲突的历史，能够说明很多问题，因为在18世纪物品的繁多使得所有事情、整个社会、整个文化都成为问题。

最终，经由消费的历史，我还有了更多的一个理论关注：试图理解在物质领域内是什么使变革成为可能。布鲁尔、普拉姆和麦肯德里克研究英国消费的著作给了我很多启发，它们表明，英国人更早开始消费，因为他们的殖民贸易要比法国热火朝天得多。在法国这儿，我们的发展过程更加内向，更加复杂。在英国，有重农主义的读者，却没有重农主义的理论家。

[那么，你是否同意19世纪早期首次被提出的观点——要想了解启蒙运动时期的法国，首要是要研究英国的思想和文化？再把问题扩大，在你看来，不与别的国家进行比较，有可能理解法国或者任何其他国家吗？]

我完全同意，要想理解法国和英国发生的事情而不考察它们身边发生的事情，是不可能的。困难之处在于，由于我们所受教育的方式，还由于在自己国家的档案馆中进行研究要更加容易，我们所拥有的是民族主义的历史。这就是比较史学开始于思想史领域的缘故。对文本进行比较要容易多了，不用离开你待的地方跑来跑去；比如说，你可以就在这里，在巴黎找到苏格兰经济学家们的全部论著，用不着
121 在国外花上很多时间。就法国而言，有一种比较史学的传统，给法国的亲英风气赋予重要地位，将其视作变革的因素之一，然而，我认为，事情比那种解释所表明的更远为复杂。在我看来，我们必须研究在社会关系领域内出现的实实在在的交流，而不光是思想领域内的交流。我们依旧需要大量了解社会交往，了解比如说英国观光者在来到法国时所碰到的人们。这个方面还有很多事情可做。

[你对于像马克·布洛赫那样跨距离的比较又是如何看的呢？比如说，可以将法国与日本进行比较，就像将法国与英国或德国进行比较那样吗？]

这有点让我害怕。我不是说与中国或者日本进行比较就没有启发性或者没意思，但这样做有失之肤浅的危险。这里的问题在于：我们可以将一切东西与一切别的东西进行比较吗？就马克·布洛赫提出要进行比较研究的贵族史而论，可以说，存在一个单一的模式可以既适

用于日本贵族，又适用于 13 和 14 世纪的封建德国贵族。但我得坦诚地说，对于其他许多东西，恐怕很容易陷于表皮浮浅的比较。我想要说的是，尽管我认为比较史学必不可少，但它在程序上却面临在我看来难以得到明智的解决的诸多困难。

[但是，我们记得杰克·古迪在其著作《东方在西方》中的论点，人们在不考察欧洲之外的情况下如何能够理解欧洲的特殊性呢？]

这就要靠我们认定我们并非具有唯一合理的文明模式。古迪主要是一位人类学家，并且因此他考察的是长时段的行为模式，而专长于某一时期的历史学家却无法做同样的事情。在欧洲进行比较研究极其重要，然而看到欧洲科学基金会（European Science Foundation）组织其项目的方式——资助会议和出版而不是研究，我就意识到我们并没有在这个方面取得多大的进展。照我的理解，花很多钱让人们开会讨论他们已经做出来的研究，不是一个好办法，也没有多大效用。更好的办法是，花更少的钱，但让研究小组在两三个可资比较的地方进行同样的研究。否则我们就只能进行这些永远是表皮浮浅的比较。我们可能对于 1750 年哥廷根的读者和同一年份法国的读者有所了解，然而，我们却不会以同样的方式进行研究。

[你提到了各种各样的理论家，像弗洛伊德、埃利亚斯、巴特等等， 122
你是如何选择并将他们结合起来的？]

我不是弗洛伊德主义者，尽管我知道，不读点儿精神分析是无法研究服装的，那可不是件容易的事。看到人们在这方面做出的荒唐事，说什么“服装的拜物教”或者类似的东西，让我想要哭出来。真正的问题在于弗洛伊德的基本概念，比如“无意识”“情结”和“神经官能症”在历史学上的效用。埃利亚斯在我看来非常关键，而且自

1974年以来（那时他关于文明进程的著作译成了法文）我就一直推荐我的学生读他，尽管必须很清楚地意识到他反思的语境。比如说，他在对宫廷社会的研究中对经济学几乎不置一辞。这不是就此对他进行批评，而是要明白他力图以制造等级制的政治需要来解释一切，而无视政治和经济上的蕴涵。说到运用理论，我不像有的人那样，总是在说诸如“我在埃利亚斯那儿找到了方法论”或者“我要用品第（distinction）的概念来解释在马赖区制鞋业是如何运作的”之类的话。我觉得这种玩意儿讨厌极了。并不是援引布尔迪厄、德·塞都或者利科就能够解决一切历史问题。而且，为什么恰好援用的是这些人而非别的人，比如说和韦伯一样重要的齐美尔[1]呢？这仅仅是因为尽管他非常重要，但在他的作品被很晚而又很不完备地译为法文之前，人们对他一无所知。

只要我们不执着于一个单一的模式，并且对解释性假说进行验证，将它们与文献、现实、读解等等进行对照，我们就会被划成理论上的折中派。就我所见，历史学家应该成为折中派，那比像通常所见的那样继续说些经济决定一切之类的东西要好得多。如果你没有提出某种全球通行的解释，那并不是件值得遗憾的事情。

[你如何看福柯对历史学家的影响？他与你的研究有什么特别的相关性吗？]

我确实与福柯在阿瑟那档案馆一块儿工作过几个星期，那时我在为傅勒对与审查制度相关的一切进行研究。而福柯也在进行查找关于作者的一切东西的同样的研究计划，我不知道他还在做别的什么东

---

〔1〕 格奥尔格·齐美尔（Georg Simmel, 1858—1918），与马克斯·韦伯同辈的德国社会学家，著有《货币哲学》等。

西。我记得，我们常常在休息时一块儿出去吸烟，他会给我谈起他的 123
母亲和父亲，有一天他就突然消失了。我再也没有见过他。在1960年的那个时候，他还不是大人物福柯，写作了《词与物》（*Les Mots et les Choses,* 1966）的理论家、哲学家，那本书后来才出版，就像他更具有史学色彩的著作《规训与惩罚》（*Surveiller et Punir,* 1975）一样。在法国史学家中，总是对变身为史学家的哲学家有某种不信任感，这当然是件糟糕的事情。参与福柯的工作并与他对话，而不是仅仅说他没有研究过档案，会好得多。一些史学家，像是米歇尔·佩罗和阿莱特·法尔热，就的确参与进他的研究并与他有密切联系。我没有这样做，我也不大清楚是为什么。也许是因为我的日常生活、平常的事情……而且成为明星是有不少事的，一定程度上要靠媒体的拔擢，这就意味着不是事先与他相熟的人就很难见到他。法国的体制让人恼火的一桩事情，就是我们的明星要被出口到美国。美国电影明星来到法国，而我们的思想明星则去了将他们当作偶像的美国！这是一个值得研究的现象：为什么像巴特、福柯、米歇尔·塞尔和勒内·吉拉尔[1]在美国变成了某种精神领袖。还有更具体的问题需要思考，比如："描述实践"（*une pratique descriptive*）的意思是什么？我读了好几遍《词与物》，却一直对这究竟是什么意思疑惑不解。当类似的说法译成英文或者葡萄牙文时又会是什么情形？这种思想上的偶像崇拜，或许可以从人们要与在公共场合清晰可见的强势人物保持认同的需要中得到解释。

---

〔1〕 米歇尔·塞雷（Michel Serres，1930年生人），法国科学哲学家，著有《西北通道》（*The North-West Passage,* Paris, Gallimard, 1980）；勒内·吉拉尔（René Girard，1923年生人），法国思想家，以其著作《暴力与神圣》（*Violence and the Sacred,* Baltimore, John Hopkins University Press, 1974）而知名。

[我们谈谈你从地下室到阁楼，也就是从社会史到文化史的转移。你的导师拉布鲁斯对此会怎么说呢？]

我想，尽管我写了文化史，但我依然是一个社会史家。我对夏蒂埃说，我做的是社会-文化史，而他告诉我他做的是文化-社会史。其实，关键在于我们都放弃了从另外一个层面来解释某个层面的做法。我觉得，历史学家可以这样彼此区分开来：一方面，有人更注重研究表象（representations）及其他们是如何从文本以及文本赖以传播的实践中建构而来的；另一方面，有人研究各个群体是如何发展出某些类
124 型的实践、习俗、阅读、衣着习惯等等。这两种情况所依循的程序和路线显然并不一样，然而在方法上依然有许多可以相提并论之处，因为二者都是在实践与表象之间的对话。

[在今天的法国，历史研究的地位如何？你是否认为心态史依旧保持着很强的态势？]

首先，谁在做心态史？我只知道有两个人确实说过他们在做心态史：菲利浦·阿利埃斯和米歇尔·伏维尔（Michel Vovelle）。他们提出了一套关于此种历史的旗帜鲜明的理论。例如，倘若你读一下乔治·杜比在《普莱亚德百科全书》（*Pléiade encyclopaedia*）中写的有关词条，就会看到杜比是一位研究意象，更具体而言是政治意象的史学家而非心态史学家，他写了一部中世纪集体表象的历史。才智超群的阿利埃斯研究了长时段（非常长的时段）的心态史，比如死亡的历史等等。而米歇尔·伏维尔以非凡的想象力做了较短时段的心态史研究——那的确非常重要，然而在有关社会如何运作方面留下了很多有待回答的问题。这就是我宁愿说自己做的是文化的社会史的缘故。说到这里，我觉得，带有法国制造标记的这些类别的历史正在遭受严重

的打击，因为法国生产史学的条件正在发生剧烈的改变。不仅国家博士论文被废止了，而且在图书馆进行的研究也面临越来越大的困难。只要看看新的国家图书馆就行了——那可真是国家的灾难。我们所看到的正在发生的一切实在可悲，让人忧虑！更让人担心的是运行的成本：图书馆运行所需要的预算是一个天文数字。这样的疯狂要耽搁我们 60 年以上。要让一切回复到比较正常的状态，需要很长的时间和大量的金钱。也许，到 2050 年左右，一切都能变好！

[是否到了一种新的政治史出现的时候了，或者，你是否认为那种类型的历史并不必要？]

我觉得，在法国，当人们对历史学进行分析时，总是有一些演戏的成分，比如说，照他们的说法，年鉴“学派”不做政治史。然而，实际上，在早期的年鉴群体中布罗代尔所关注的问题之一就是让人做政治史。马克·布洛赫不仅写了政治史，而且也开了政治史方面的课程。就眼下而论，无论是在高等研究院还是大学里面，都有人按照通
过仪式或节庆的历史来研究制度的美国模式，撰写另外的政治史。尽 125
管我本人从未写过政治史，但我也指导过这方面很好的论著。因此，我有把握说，政治史从未在法国消失过。其中的大部分确实是按照传统的标准，研究制度、观念和政治人物的历史。还有就是，我也可以说，传统意义上的政治史从未在法国的课程表上消失过，那在我看来还是必不可少的。比如，你不从法国君主制、英国议会君主制、帝国等等开始，如何能够训练研究 18 世纪欧洲史的学生？尽管，我也认为在这个领域只出现了少数有价值的贡献，这其中包括克里斯蒂安·茹奥（Christian Jouhaud）和罗伯特·德西蒙（Robert Descimon）研究早期现代的著作，以及比尔斯坦（H. Burstin）研究大革命的著作。很要紧的是再做出些东西来。我相信那终究是会出现的，只是我不会是

写出这些东西的那个人。这么说吧，我已经时日无多……再有，无论如何，我们所接受的训练并非无所不能！

［你如何比较你与罗杰·夏蒂埃和罗伯特·达恩顿——他们是研究与你相似课题的文化史家——的论著？］

我们有许多共同的问题：印刷品、公共场所、文人群体的历史等等。然而，我们的区别在于我们处理这些问题的方式。我们并不总是做出同样的选择，而且我们的专长也有所不同。比如，我的《启蒙运动时期的法国》一书——它在法国是失败的，却在美国颇受好评，要不是我的脑袋这么僵硬顽固，那真会让我换副脑筋的！——就可说是一种不同的尝试，一种世界眼光的尝试，来回答共同的问题。夏蒂埃越来越转向文本。比如，眼下他就在研究莎士比亚，所做的工作令人崇敬。他选择了不埋首于档案之中，而是从人们使用书籍和读物的方式出发从事表象史的研究。在这项研究中，他是我们先前所说的折中派，因为他并没有一位导师或一套理论来指引自己。当然，随着他的研究的进展，有些理论家对于他的解释系统而言越来越重要。例如这一阵子，他就在运用福柯来理解从 18 世纪到现在知识分子形象的演变。

至于鲍勃（达恩顿），我不知道他眼下在做什么，然而他对社会科学尤其是人类学有着非常浓厚的兴趣；实际上，他乃是历史学与人类学，尤其是克利福德·格尔茨的人类学的某种关联的产物。我个人对此种关联的重要性深信不疑，然而我不大清楚如何将其运用于历史
126 学家的实践之中。我们无法就像格尔茨作为一位人类学家那样来研究历史，因为他可以实际进入现场来看各种事物是如何组织起来的。我知道格尔茨激励了许多微观史家，在鲍勃的研究中也能够看到这条线索。

[在你看来，历史学中最有创见的著作是研究者预先带着具有想象力的问题深入档案的结果呢，还是档案向人们揭示出问题?]

首先，我想说，我不觉得必须将研究档案的人与研究别种文献的人区分开来。这是个趣味的问题：有人喜欢，有人不喜欢。有些人简直就是过敏，忍不住就要讥笑讽刺。来自巴黎的一份18世纪议会文件档案上的灰尘让人难以置信！居然会有200多年没被人碰过的东西！然而，不要忘记，比如书籍或者绘画也是另一种形式的档案。而且像纪念物、建筑物、景观或者别的任何东西实际上都可以是蕴含着意义的史料。但你提的问题是：究竟是历史学家所研究的领域呈现出问题，并且它自身在毋须其他助力的情况下就会澄清这些问题，还是相反的情形，本质上由史学家提出假设，向史料提出问题，并且解决这些问题。我是这样来看这个问题的：从事档案研究时，想象力非常重要，因为在面对档案时鼻子必须要灵敏。就像烹饪学一样，历史学也是一个需要直觉的领域。因而，问题就在于如何培育这种直觉。唯一的方法是使用档案！问题多少就像金兹堡在他讨论线索的精彩论文中所描述的那样。就像在拼字游戏或者某种考验人们的耐心的游戏中那样，要将一些线索与别的线索拼合起来，直觉、灵敏的嗅觉和线索本身都是要派上用场的。

[对刚刚开始走上职业生涯的年轻史学家们，你有什么忠告吗?]

多读，我的意思是要博览群书。文学、哲学，如果可能的话还有科学文献，总之，你能够想到的所有东西。注意当今社会中所发生的一切，这样你就可以融会贯通地来评判研究过去社会的重要性。最后，要谦虚！

[历史学家在当今世界能够做出什么样的贡献?]

我不认为我们有多少教训可以教给别人，而且我也不相信这是历史学家所应扮演的角色。历史学家要在社会的政治和宗教组织中发挥作用，那可不是件寻常事。我们所起的作用——无论我们所做的是何
127 种历史——只是为批判性的反思提供例证。我的意思是，在我看来，历史学家的任务是要表明，事情总是比人们所认为的要复杂得多。比如说，民族主义无疑是现存的最令人厌恶的东西之一。对于想阅读这方面东西的人来说，自 1871 年以来关于此种现象已经有了大量很好的材料。

[你刚被选入具有崇高声誉的法兰西学院。你能够谈一下这个机构一般而言对于法国文化，以及具体而言对于法国知识分子所具有的重要性吗？]

关于法兰西学院有某种神话，因为那儿确实有很少人能够比肩的著名人物。我前一段在德国时，有人对我说："你是米什莱的传人！"这话让我脸红。法兰西学院的确吸纳了 19 和 20 世纪的一些大知识分子，如米什莱、雷南和许多大科学家。当它两年前选入了一名赢得了诺贝尔奖的核物理学家时，显然大大吸引了公众的目光。然而，它的成员中也有很多不那么有名，如今提起他们的话，没人会记得。因此，它是一个相当复杂的机构，它巨大的好处在于给了入选的院士足够的自由和良好的工作条件，并且维系和发展某些在大学中没有得到很多支持的学科。比如，古文书学、亚述学、美索不达米亚考古学等等，就是这样的情形。

至于入选程序，在各门科学中标准非常清楚和准确，他们会选择国际科学界公认为权威的人物。然而在人文学科的领域内，情况更加复杂，因为，首先，什么是历史学中的发现？人文学科领域内与发现相当的东西是什么？毫无疑问，有些灵感焕发的人物对哲学思想做出

了重大贡献，比如福柯，或者，如杜比和勒华拉杜里，在思想舞台上扮演了重要角色。然而并非所有入选者都具有同样的高度。至少我本人就没有与这些鼎鼎大名的人物相提并论的雄心！我将入选法兰西学院视作对于我数年来与我在大学里的学生们合作进行团队工作时所发挥的作用的认可。

[你能稍稍谈一下你的下一部著作吗？]

这部著作又是一项团队工作……书名是《希望之城》（*La Ville*
promise）（2000 年出版），是以各个参数来研究巴黎生活的吸引力这 128
一现象：它是如何运转的、警方如何管制它、人口情况等等。在这本书中，我基本上采纳的是弗利西蒂・希尔（Felicity Heal）的视角，她是一位英国史学家，写了一本关于招待宾客的很精彩的书，讨论英国背景下的这个主题。我正是从她离开的地方开始捡起这个问题来的，这涉及可说是迎客的经济、旅店经济的出现，这在巴黎是从 17 世纪开始的。我还在写另一本讨论现代骑术文化的书。我觉得，随着日渐衰老，我越来越孤立了，因为这本书比之别的书团队工作的成分更少。

巴黎，1999 年 5 月

论著选目

Le Siècle des lumières en province: Académies et académiciens provinciaux, 1689-1789（Paris and The Hague: Mouton, 1978）.

The People of Paris: An Essay in Popular Culture in the Eighteenth Century（1981; English translation, Leamington Spa, Berg, 1987）.

My Life by Jacques-Louis Ménétra; with an introduction and commentary by Daniel Roche (1982; English translation, New York, Columbia University Press, 1986); also translated into Italian.

"A chacun sa Révolution, Réflexions à propos du bicentenaire de la Révolution FranÇaise", *Études*, 369, 3 (1988), pp. 197-210.

Les Républicains de lettres:Gens de culture et lumières au 18e siècle (Paris, Fayard, 1988).

The Culture of Clothing:Dress and Fashion in the' Ancien Régime' (1989; English translation, Cambridge, Cambridge University Press, 1994);also translated into Italian.

France in the Enlightenment (1993; English translation, Cambridge, Mass. and London, Harvard University Press, 1998); also translated into Italian.

"Le Pré cepteur dans la noblesse franÇaise, instituteur privilégié ou deomestique?", in R. Gruenter and B. Wolff Metternich, eds, *Studien zum achtzehnten Jahrhundert* (Hamburg, Felix Meiner Verlag, 1995), pp. 225-244.

A History of Everyday Things: The Birth of Consumption in France, 1600-1800 (1997; English translation, Cambridge, Cambridge University Press, 2000).

(with E. Ferrone) *Le Monde des Lumières* (Paris, Fayard, 1999)

ed., *La Ville promise* (Paris, Fayard, 2000).

彼得·伯克

彼得·伯克以其作为一位兴趣广泛的史学家而为人所知，他运用 129
了多种研究方法对各色各样的主题进行写作：意大利文艺复兴，早期现代欧洲的大众文化，威尼斯和阿姆斯特丹的城市精英，路易十四形象的制造，语言、梦和狂欢节的社会史，历史编纂学问题，历史学与社会理论之间的关系，等等。尽管他撰写了各种各样的历史，却更喜欢将自己称作是文化史家。他说，文化史家不同于专门家，要致力于“在特定文化的不同领域中创造关联，将政治与艺术、科学、大众文化等等联系起来”。按照《今日史学》（*History Today*）2000 年刊载的一篇文章中的说法，这恰恰就是理解彼得·伯克的研究所必需的“线索”：“他坚持不懈地从找寻联系中得到欢愉……他充满热情地在各种语言、各个文化、各个时期、各个地方、各种方法论和各种学科之间搭建桥梁，尔后跨过桥梁，放开心胸去观察那外面的东西。”

彼得·伯克 1937 年生于伦敦，在很早时候就体验到了文化的多样性。他父亲是爱尔兰的天主教徒，母亲是波兰和立陶宛后裔的犹太人，他的家中汇集了相去甚远的各种文化传统。他整个童年和青年时代都住在他外祖父、外祖母房子的一楼，他还记得，他每一次造访他们的房间时，都像是在跨过一条文化的边界。他上了伦敦北部耶稣会的学校——那所学校因为阿尔弗雷德·希区柯克曾是那里的学生而颇为自豪，17 岁时他离开那里进了牛津大学，赢得了进入圣约翰学院的
130 一份竞争激烈的奖学金。但是，在继续学业之前，他得服上两年的义务兵役，那恰好正是英国废除义务兵役制的前夕。他回忆说，当他得知自己没有能够如愿申请上俄语课程或者驻扎在德国（在那儿学习德语的机会很有诱惑力）的时候，他大失所望，他去了世界的另一头——新加坡，摇摇欲坠的大英帝国最后的堡垒之一。他很快就发现，对于他很快就要在牛津修习的学业来说，这是个无与伦比的经历。

在完成他的本科课程之后（其间，年轻的凯斯·托马斯是他的导师），彼得开始在刚被任命为牛津钦定史学教授的休·特雷弗-罗珀（Hugh Trevor-Roper）的“极为松散”的指导下做博士论文。起初，他野心勃勃的选题是 200 年时段（1500—1700）里的欧洲史学趋向，如他所说：“只有特雷弗-罗珀才会让我做这样的题目！”然而，在他完成这篇庞大而又（像他后来所意识到的那样）“大概没法做”的论文之前，从苏塞克斯大学——那是在 20 世纪 60 年代的进步潮流中刚刚创办起来的学校——来的一份他无法拒绝的邀请，让他放弃了正式的研究，而跻身为没有取得过博士学位的为数不多的英国史学家之一，其他的还有昆廷·斯金纳、凯斯·托马斯、克里斯托弗·希尔、埃里克·霍布斯鲍姆等几个人。

在苏塞克斯这所在创建时就有“重绘学术版图”的明确目标的大学中，彼得·伯克找到了他所需要的在教学和研究方面开辟新天地的环境。他很快就开始多产了，他的头两本书研究的是意大利文艺复兴，这是他起初最神往的一段历史时期。尽管最初这些著作的主题是

一般所认为的精英文化，他很快就在《欧洲近代早期的大众文化》（*Popular Culture in Early Modern Europe*, 1978）中转移了重点。正是这部著作确立了彼得·伯克的国际声誉，并被克里斯托弗·希尔称为“将我们从传统的国家的或西欧的短视中解放出来”的必读书。他近来将文艺复兴“去中心化”并从中心和边缘两个视角来对其进行研究的努力——就像他在《欧洲文艺复兴：中心与边缘》（*The European Renaissance: Centres and Peripheries*）中所提出的——表明希尔的评价对于他的其他著作仍然适用。

几年前，在刊发于《卫报》上的对《制造路易十四》（*The Fabrication of Louis XIV*）的一篇评论中，凯斯·托马斯以他所特有的机智谈到了20世纪50年代后期他在牛津做彼得·伯克导师的那段时光。他刚一开始自己的学术生涯，就被这个给他制造了如何利用指导时间这个大难题的青年学生“吓了一跳”。通常这段时间总是过得平平稳稳，先是读一下学生就此前指定的话题所写作的文章，然后是导师就此提出批评和讨论。托马斯回忆说，在彼得这儿，“文章写得清晰通畅，又有塔西佗似的简洁明快。关于主题所要说的一切都被讲到了， 131
却难得花上几分钟的时间。导师的难题是如何打发掉剩下的时间”。

在某些方面，人们对年长以后的彼得·伯克的写作风格的评判，依然会重复托马斯对这位青年学生所作的描述。无论人们对其著作的看法是优雅、简洁而精当（在他的崇拜者看来），还是（对他的批评者而言）觉得它们紧凑而又冰冷，它们还是吸引了范围广泛的读者的注意和兴趣，这有他的著作被翻译成的语种的惊人数量（至今为止共28种）为证——从塞尔维亚-克罗地亚语、白俄罗斯语到中文、韩语、阿尔巴尼亚语和哈萨克语。彼得·伯克与社会学家安东尼·吉登斯一道被公认为当今著作被翻译得最多的英国知识分子。

我以和对别人类似的方式对彼得进行了访谈——确定了日期和时间并进行现场录音，以尽可能最大限度地减少我们那种天然的亲近感的影响。另一方面，我也利用我们关系更为亲密的优势（这使得我可以更少“要求”准确的答案），让我们的对话触及其他的某些受访者的观点，使得彼得在某种程度上成了个评论人，这个角色或许别人会觉得很尴尬的。因而，除了谈论他的思想轨迹、他的兴趣、他的著作、他的研究计划和他的历史观之外，彼得还讨论了凯斯·托马斯对历史和神话的反思、金兹堡对于福柯相当消极的看法等等。

玛丽亚·露西娅·帕拉蕾丝-伯克 [汤因比在谈到自己写作自传的理由时，说的是这样一个事实，“经常，在阅读像修昔底德这样的历史学家时，我会为有关他们的生平和教养没有留下任何记录而遗憾万分。要有这样的记录的话，当然会让他们的著作更加向我彰显出意义来”。你是否赞同他的看法，如果是的话，你自己的生平和教养中有哪些方面可以帮助人们领会你的著作呢？]

彼得·伯克

非常赞同。卡尔（E. H. Carr）的《历史是什么》（*What is History?* 1961）中，曾经有一句鲜活明快的话在我初登讲坛时影响了我：“研究历史之前，先要研究历史学家。”如果你对他们写作的目的和他们看待过去的观点一无所知，就很容易误解比如说修昔底德或者兰克的著作，既看不到他们的长处，也看不到他们的弱点。

或许我可以先说说没在我身上发生过的事情。我生平没有经历过诸如战争或革命这样的重大危机（第二次世界大战时我还是个小孩子，无法理解当时的事态）。我几乎一生都在教育机构中度过（1941—1955 年和 1957 年至今）。我对政治并不淡漠——大概自 18 岁起我就有点左派倾向，但我从来没有太深地卷入政治。我参加投票，但从来没有认真思考过要加入某个政党。我觉得自己极其幸运，躲过了那么多人在我的有生之年所经历过的冲突和苦难，但这种幸运对一个历史学家而言也许也是一种局限。如果我是生在（比如说）波兰而非英国，我猜想，也许我的政治嗅觉会更加灵敏。如果我幸存下来了，那就的确是这么回事。 132

从积极方面来说，自 18 岁以来我就有许多机会离开这个岛国，观察和加入到别种文化的生活中去，这或许让我的心态变得不那么具有“孤岛心态”和狭隘，不然的话情况或许会很不一样。我上学时，大概在 10 岁或 11 岁，就已经想要做一名历史学家，然而我也写诗、画画（主要是静物）和作素描（主要是建筑物）。不过，我批判性的能力比之创造性的能力发展得更好，因此我就停下来了。写作文化史在某种意义上乃是对于没有成为艺术家或诗人的一种补偿。

[你是否认为，你对于文化碰撞——或者未能交汇的文化——的兴趣很大程度上是由于你来自一个移民家庭，并且在新加坡的马来人穆斯林中生活了 18 个月这一事实呢？]

我觉得，这个问题对我来说并不合适。一个人的生活中或许有某些方面在局外人看来是更加显而易见的。然而，回首往事，我相信你所提到的这两种经历对我而言非常关键。先说说我的家庭。我不过是第二代英国人。我父亲尽管生在英国，却总是谈论“那些英国人”，仿佛他并不属于这个群体。我过去和现在都不觉得自己是地道的爱尔兰人，因为我在爱尔兰没待过几天。我不觉得自己是犹太人，因为我是被当作天主教徒而抚养长大的。最终，我多少有些英国人的感觉，但更觉得自己是个欧洲人。

说到我在离开学校之后参了军（那时在英国是两年的义务兵役

制），是部队以各种各样的方式教育了我。最初是在英国有三个月的“基础训练”——行军、射击、学习如何当文书。但真正的教育是碰到了一群和我同龄的出身工人阶级的男孩（我上的那所中学的学生主要来自中产阶级）。然后我就被派到了新加坡。在那之前我只在英国之外（爱尔兰、比利时和法国）待过几个星期，而且一直有父母的陪伴，18 岁的时候突然就被送到了地球的另外一头，在那儿待了一年半。这也是一段教育了我的经历。我作为带薪文书被送去的那个军团，按现在的说法可是“跨文化的”。士兵中的大多数是马来人，也有一些华人、印度人和少量英国人。因此有四个厨房来准备不同种类的伙食：我被马来食物所吸引，而且在理论上我是可以转到马来餐厅
133 去的，但那就意味着我得用双手来吃饭（更准确地说是要用右手，因为左手被认为是不洁的），对我来说，要学会那个技能可不是件容易的事！还有另外的事。我是个天真无邪的学童，突然发现自己置身于这样一种环境，在那儿，人们都觉得，英国士兵就是要去中国妓院的（我没去，但那是因为缺少勇气，并非出于道德上的顾忌），而且尤其是印度人和中国人都在干各种欺诈行骗的勾当，倒卖设备等等。军官们不知道这回事，我看得清清楚楚，但却守口如瓶。当我大概在 1962 年（已经是大约五年以后）开始看人类学方面的书时，意识到我在自己不知道的情况下就已经在做田野工作了。我是个旁观者，并且记了一份日志（现在保存在帝国战争博物馆中，作为一名“国民军人”经历大英帝国的末日和马来“紧急事态”的记录）。要做一个旁观者很容易，不仅是因为有那么多陌生的景象（比如说人们洗衣服时在石头上敲打湿衣衫），还因为我并不是十分能够融入某一个群体。我并没有选择要去新加坡，我是个普通士兵，但是个白人，而且相对而言受过很好的教育，因此，我看自己和别人看我，都是处在主流群体的

边缘。

我只是到了近来才开始想到，我是在很久以前就开始了这种旁观者和业余人类学家的生涯的。从 1940 年到 1955 年（与我母亲一起，从 1945 年起我父亲也一起）住在我外祖父、外祖母的房子里面。底层被一分为二，成了两个单元。大厅的一边，我的外祖父、外祖母吃犹太饭，说混杂着意地绪语的英语。在另一边，我们吃英国饭，说地道英语。我造访我的外祖父、外祖母时（大多是周末和节日的早晨），穿过大厅就像是穿过一条文化边界线。我那时当然没这么想，但确实很早已经对于文化差异有所意识。

[谈到边界线，你在牛津的导师凯斯·托马斯是跨越历史学与人类学之间边界线的先驱者之一。他的教导对你发展起自己在人类学方面的兴趣是否具有决定性意义?]

你知道，凯斯是一个小心谨慎甚至有些守口如瓶的人（可以说，像一个典型的威尔士人）。直到我 1961 年做研究生时，才知道他对人类学的兴趣。我进圣约翰学院时，他是一名非常年轻的导师，很热忱，不大有现在让他非常有名的那种反讽的迹象。我还记得，他在让我们撰写政治史方面的文章——照大纲的要求，经常得做这样的事情——时，期望我们从社会视角来考察政治。他事先不是这样说的，但从他事后的评论中可以清楚地看到这一点。回头看过去，我的印象是，他是在重申其导师克里斯托弗·希尔的论点。我希望，在我开始 134
教书时也做同样的事情。口口相传的传统在大学里依然十分重要！

[你能说明一下人类学研究是如何对你有所助益的吗？你是否认为，如果不研究这门学问，就做不了一名优秀的历史学家?]

从 20 世纪 60 年代早期以来，我阅读了大量的人类学著作，包括许多在世界不同地方进行的田野工作的报告，像非洲、印度和地中海地区等等。我爱读这些叙述，部分是因为它们自身，读起来就像是旅游书籍一样；部分是因为它们清楚地表明了人类生活方式、习俗、态度或心理的多样性。我也对人类学家所使用的概念和他们所检验的理论感兴趣，比如说当我开始阅读时，在英国和美国依然十分盛行的结构—功能的分析方法，或者相对而言还很新颖的克洛德·列维-斯特劳斯的结构主义。

当然，有些书比之别的书会更有启发性。如凯斯·托马斯一样，我过去是，现在依然是伊文斯-普里查德的真心崇拜者，尤其是他对努尔人时空观的描写和对于阿赞德人信仰体系的陈述（他的陈述有意无意地模仿了马克·布洛赫讨论国王神迹巨著的模式，尤其就其核心观念——信仰体系是任何矛盾都无法加以损害的——而言更是如此）。我跟纳塔莉·戴维斯一样，受到玛丽·道格拉斯，尤其是她的著作《纯洁与危险》（*Purity and Danger*）的影响。在 1997—1998 年的学年中，我组织了关于纯洁的历史的一系列研讨会，我在其中所关注的是语言中的纯洁观念。自 20 世纪 60 年代以来，我也受到杰克·古迪的著作的启发，比如说他关于口头语言文化中的“结构性遗忘症”（换言之，就是过去被以某种适应于现在需要的方式而被人们记住）的论点。

就像鲍勃·达恩顿——以及其他许多历史学家——一样，克利福德·格尔茨（尤其是他那篇关于巴厘岛斗鸡的名文）给我留下了深刻的印象。这里确实有一个关于接受的很有意思的问题。格尔茨的解释人类学比之无论是结构主义还是结构-功能主义都更加接近于通常的历史学，因而人们在转向他时多少有点像循环旅行。这份名单很容易加长。比如，马林诺夫斯基，尤其是其经济人类学，他关于某些形式的贸易之所以发生更多地是出于社会的而非经济的缘由、是为了加强社会关系的观点。还有马歇尔·萨林斯（Marshall Sahlins），尤其是他对于时间、社会变革以及他所谓的文化秩序之间关系的反思。还有皮埃尔·布尔迪厄，不管人们是把他称作人类学家还是社会学家——他对于他自己那个社会的相对疏离的分析，或许是他在论及法国之前先在阿尔及利亚进行了田野工作的结果。

于是，回到你后面的问题上来，我在跟自己的学生谈话时，不是 135
一开始就提具体的名字。我想要说的是这样一种人类学研究，它关系到的主题接近于历史性研究的主题，可以进行比较和对照。无论如何，尽管我对伊文斯-普里查德等人非常崇敬，但我认为对历史学家而言最有用的，是人类学中或许可称为“日常人类学”的那种———其中当然包括了各种争议，因为在人类学家的群落中并不比他们所研究的特定文化中有更多的共识。

[你的导师凯斯·托马斯坦言，他之所以选择在牛津读历史，是因为一位老师的建议，而他之所以成为一位研究早期现代的史学家，是因为他的导师克里斯托弗·希尔就是如此。在你看来，是什么使得你转向文艺复兴史呢？]

还记得是个学童时，我就试着绘画，并且爱看国立画馆和伦敦其他展馆展出的绘画，（像昆廷·斯金纳一样）喜欢造访乡下的房子。我觉得，绘画比之政治而言，是一种研究起来更有意思的活动。因此我曾在短期内考虑当一名艺术史家，然而我相信（不知道是对还是错），艺术史家只关心技巧、画法等等，那在我看来虽然很有意思，面却太窄了些。于是，我要找一个在历史课程内部来研究艺术的机会。而我在牛津做学生时（那时就像1900年、也像今天一样，这所大学是个相当保守的地方），有一个名为“意大利文艺复兴”的“特殊课题”，它的“指定书目”中既有瓦萨里的《艺术家传记》（*Vasari's Lives of the Artists*），也有马基雅维里的《君主论》。我决定选择它作为自己的课题。因此，我开始学习意大利语（更准确地说是自学，我买了两本《君主论》，一种语言一本，每次阅读文本中的句子时，先看英语的，再看意大利语的）。1958 年我第一次去意大利（学院为我支付了费用），一下就爱上了这个国家，那里的人们、广场、街道和咖啡馆。或许我早就为这样的体验做好了准备，因为我 7 岁时，我父亲待在意大利的战时情报部，我的床边有一幅意大利地图，这样我就知道他是在什么地方（巴里、卡赛塔、卡利亚里等等）。我在 7 岁时第一次见到的外国人，是我父亲带回英国来审问的一名意大利上校。我还记得在公共汽车上我坐在他身边，给他看我的图画书，觉得他很 simpatico［和蔼可亲］。想一想我父亲在 1945 年之后就没再去过意大利，而从 1958 年起我几乎每年都要去那里，真有些不可思议。不管怎么说，对我来说，文艺复兴和我本人对意大利的发现密不可分。一小口斯特雷嘉（我那时喜爱的一种饮料，但现在对我来
136 说太甜了点儿）就会勾起我所有的回忆，就像普鲁斯特的玛德琳蛋糕一样！对我开始文化史研究来说，意大利可真不是个坏地方。

［在你最近关于文艺复兴的书中，你谈到文艺复兴的“去中心化”，它确切的涵义是什么？］

传统上将文艺复兴视作西方文明从古希腊和罗马，历经基督教、文艺复兴、宗教改革、科学革命、启蒙运动等等发展历程（换句话说，就是现代性的兴起）的宏大叙事的一部分。讲述这个故事的方式，就假定了西方对于世界上其他地方所具有的优越性。像其他一些历史学家一样，我想将这个关于一场文化运动、一场复兴古典艺术和学术的运动的故事，从现代性和西方的优越性这双重假设中解放

出来。

我并没有假定文艺复兴的艺术相对于中世纪艺术具有优越性：它们只不过是彼此不同罢了。我不认为将文艺复兴的文化视作“现代的”有什么意义，如果我们说“现代”的意思是指与我们相似的话。如果你乐意的话，可以说它是“后中世纪的”，这是由与“中世纪”相对照而界定的，后者是文艺复兴时期的学者们发明的一个概念，如此他们就可以将自己与它对立起来。

至于西方，西欧对古典古代的复兴并非在真空中发生。它有赖于其他的在拜占庭和伊斯兰世界中出现的古典复兴。而古典复兴又属于在世界其他地方（比如中国）发生的更大规模的各种文化的复兴。在我自己对文艺复兴的叙述中，也让妇女和普通人有了一席之地。这并非为了政治正确，而是因为曾经被长期忽视或者很少得到强调的这些群体对于运动的参与，已经被近来的研究所证实。妇女和普通人参与到文艺复兴之中，更多地是作为消费者而非生产者——然而，在对于创造性接受的兴趣兴起之前，生产与消费之间的分野当然并没有那么鲜明。

无论如何，在我看来，历史学家根本而言是个转译者，试图让一个时代为另一个时代所理解。在这本书中，我试图让 21 世纪初期世界上各个地方的读者都能理解文艺复兴。我在写作时努力在心中想着这些潜在的读者。

［你的《欧洲近代早期的大众文化》一书涵盖了跨越三个世纪的巨大地理空间。是什么让你来做这么一桩雄心勃勃的事情呢？］

我起初的想法是要写点更加限定范围的东西。我写过一本关于文艺复兴时期意大利精英文化的书，在写那本书的过程中，我一直在问自己，其他人的文化、大多数人的文化是什么样的呢？我一开始研究 137

就意识到，“意大利”并非恰当的研究单位。它要么是太宽了，要么是太窄了。人们感觉到属于某个区域文化如托斯卡纳或伦巴第，更甚于从属意大利。另一方面，倘若人们去考察实践和价值以及体现了那些价值的英雄人物，就会发现在整个欧洲都能看到这些东西——当然也多少有些因地而异。因而需要选择的是做一个区域性的研究，还是做一个涉及整个欧洲的研究。还记得我想象中的一个提问者是布罗代尔吧。想到他，我就选择要做“全球性”的研究。1977 年，我刚做完，就碰到了布罗代尔，我心里想着并且告诉他，我写了从谷登堡到法国大革命的欧洲，而他似乎很喜欢这种想法。

[所谓的“新史学”引以为自身使命而要去抵制的一种拜物教就是“对事实的拜物教”。你是否认为，这场战斗已经赢得了胜利，而“对解释的拜物教”又成了历史学在当前需要加以抵制的东西?]

在我看来，在历史学中正如同在历史中一样，我们会看到有时可以称为“非同代人的同代性”（contemporaneity of the non-contemporary）的东西。18 岁的年轻人进入剑桥学历史，他们中有些人说的话听起来就像杰弗里·埃尔顿，“只要给我们事实”，而其他一些人听起来就很有后现代的气息。其间的差异或许取决于他们上学时候的教师的年纪。毕竟，如果教师的教书生涯已经有 40 年以上，无论他们如何想要以各种恰当的方式不让自己落伍，大概也不会对关于“事实”和“理论”的基本预设进行反省。因此你所说的那场战斗并没有完全获胜。尤其是在英国。美洲人（北美和南美都一样）似乎更加乐于接受变化，更加乐于追随最晚近的思想时尚。而英国人对变化要抵触得多。我记得与卡洛·金兹堡就新史学进行对话，他说他需要对新史学提出反对意见，因为他在加州的学生们未加批判就将其全盘照收，而我说，我得支持它，因为我的学生还没有郑重其事地来看待这个运动呢！

然而，已经有足够的事情表明——就像是思想冲突常常出现的情形——矫枉往往会过正，换言之，一个方面的缺陷往往被相反方向的缺陷所取代。钟摆起初摆向这边，然后又摆向那边。起初，人们声称，写作历史不过就是发现事实，而后则是相反的主张，认为写作历史不过就是进行建构。

[你是否认为，后现代主义（至少就其最极端的形式而论）在很大程
度上要对那种怀疑获取真相的可能性的怀疑主义负责？你能就你所认 138
为的后现代主义的积极方面和消极方面谈一谈吗？]

这可真不是件容易的事！我得先将后现代主义与后现代性进行区分。我所谓的“后现代主义”指的是一场相当自觉的运动或者一组运动，其领头人是建筑师、作家，当然还有福柯或者德里达这样的哲学家，在这两个人这里，你所提到的怀疑主义都是以某种尼采式的（或者是新尼采式的，或者是后尼采式的）形式出现的。我所谓的“后现代性”指的是某种更加难以界定的东西，它处于预设或“心态”的层面而非得以充分阐述的思想层面。这些预设或许直接或间接地受到哲学家们的影响，哲学家们也许也对这些预设进行了反思或（在更好的情形下）作出了阐述，或者是既进行了反思又作出了阐述。

要更具体地讨论后现代的心态的话，我会将它描述为对于观点的多样性和要确定现在与过去所发生的事情之困难的感受。它也是对于柔软、流变和各种结构（社会阶级、民族等等）的脆弱感受，取代了大约一代人之前那种正好相反的假设——他们将这些结构视作社会的基石。换句话说，后现代性乃是不仅对于客观性或者客观性的神话，而且也对于社会决定论的一种反动。这种反动无论是马克思主义的还是别的什么样的，都在 1968 年现了身（对于那个著名的年头，我在

想到巴黎的同时也想着布拉格）。于是就有了今天的“发明”“想象”等等语言，以及诸如《想象的共同体》（*Imagined Communities*）和《发明阿根廷》（*The Invention of Argentina*）这样的书名。

还记得弗兰克·安克斯密特（Frank Ankersmit）将卡洛·金兹堡和纳塔莉·戴维斯说成是后现代主义者，而他们二位都激烈地否认这一点。可是，他们的著作可以是“后现代的”。作者应该知道他们自己是不是后现代主义者，而局外人却可以说《奶酪与蛆虫》和《马丁·盖尔归来》是不是后现代的。就其对于寻常人的行动自由的强调而言，这些著作确实属于20世纪70和80年代，它们都是某个潮流的一部分。

你问我的是其积极方面和消极方面。就后现代性而论，我认为，对于决定论和客观性神话的反动都是必要而有价值的。看看历史写作的情况。历史学家，无论是马克思主义的、布罗代尔式的，还是计量史学的信徒（我们通常所说的计量史学家），都太漠视事件和普通人的行动，太相信他们从高处就能将一切都看得清清楚楚。现在，这种信心已然消失。历史学家们更加谦卑，这是件好事；他们更少还原论的色彩，这也是件好事。然而，有人走到了相反的极端，从对事实的信念走到了彻底的怀疑论，从决定论走到了我们可以塑造自己命运的浪漫主义信仰。

我从来不是一个地道的马克思主义者，我不喜欢加入任何党派，然而我依旧敬仰马克思，并且认为这位老人有现在被人们遗忘了的洞
139 见，仿佛柏林墙的坍塌就会令他的思想无关紧要。马克思对于人类行动所受到的局限有犀利的感受。他或许有些过甚其辞，然而眼下的人们是在另一个方向上言过其辞。有关历史知识的可靠性，情形也大致相似。一代人过于轻易地接受了这种可靠性，下一代人又过于轻易地

将其抛弃。在我看来，要紧的事情，是要进行区分，将相对可靠的陈述与相对不那么可靠的陈述区别开来。这是洛克和其他一些人在17世纪晚期上一次历史知识面临危机时提出来的解决之道，当时的怀疑论者们已经断言，过去是无从认识的。我确实正在写一篇对17世纪90年代和20世纪90年代的两次“历史意识的危机”进行比较和对照的论文——我认为，在这件事情上和在别的事情上一样，历史学家可以从研究他们自己学科的过去之中学到一些东西。

[文化相对主义的观点在包括历史学在内的许多领域受到激烈的攻击，也得到热忱的辩护。你是相对主义者吗?]

我确信，有必要区分不同性质的相对主义，比如说强的和弱的，也许还有文化相对主义和个人主义的相对主义。按我的界定，强的相对主义者认为所有文化都是平等的，每一种文化都与其他文化一样好。我的立场更具怀疑论色彩。我是一个弱的文化相对主义者。我不认为我们能够知道各种文化是否平等，因此聪明的办法或许是照此行事：认为每一种文化都可以给别的每一种文化某些教益！也就是说，我是试图从这样一个事实引申出结论来的，那就是：倘若我们想要对各种文化进行比较和对照，除了置身于自身的文化之内，我们无处立足。由这种立场出发，在我眼中，某些文化长于某些方面，别的文化则长于别的方面。但我并不想过于认真地来看待这些表象。关键在于，尽管我们试图做奥林匹斯山上的神，或者从普遍人道的角度来观察这个世界，我们也应该认识到，这种姿态乃是佯装出来的，或者往最好处说也不过是一种抱负。

[考虑到档案研究作为有理有据的历史解释所必不可少的前提条件的重要性，你是否认为“对事实的崇拜”在某种程度上取代了“对档案

的崇拜”?]

我认为，这两种形式的崇拜自从18世纪早期兰克的时代以来（如果不是在此之前的话），就已经共存了很长时间。比如说，有种看法就认为，在图书馆而不是档案馆中工作的历史学家不是“真正的”历史学家。就像人类学中的田野工作一样，在档案馆中耗上一段时期
140 成了进入这个行当的入门仪式。然而，档案的相关度取决于你研究的是什么。对某些历史问题——比如说“希特勒的战争目标是什么?”——的回答，其证据要到档案馆里去找寻，而回答别种问题——比如说，“马基雅维里撰写《君主论》的意图是什么?”——的证据，则可以在图书馆里找到。在档案馆进行研究是一种让人兴奋不已的经历，多少有别于其他性质的研究。比之在图书馆进行研究通常所可能的情况来说，它令我们与过去有更加亲近的关系，或者至少是感觉到与过去有更加亲近的关系——比如，阅读那些不是写给我们看的信件，用来吸干墨水的沙子400年之后依然保存在信封里。然而，档案并非万应灵丹。写作历史靠的是证据，但证据可以是多种形式的。

[凯斯·托马斯告诫我们，即便是最小心谨慎的历史学家也总是在建构神话，无论他们是否想这么做。你是否认为客观性不过是空中楼阁，而期望做到公正不倚的最为巨大的努力也注定了只能取得极其有限的效果?]

我不大确定我们所讨论的问题真的可以用“客观性”来表述。这个问题之所以往往以这种方式提出，是因为在1900年前后，历史学家们喜欢将自己比作科学家。从我本人来讲，我更愿意讨论“公正”或“不偏不倚”，因为这些语词描述的是人对于人的反应。一些史学

家比另外一些更加公正，他们致力于理解每一个人，而不是将世人划分为英雄与恶棍。

这就说到了“神话”——一个难以界定的词。我所谓的“神话”指的是一个带有说教意味的故事，一个依循着陈套情节的故事（就像是海登·怀特所举的历史被“情节化”为悲剧或者喜剧的例子），一个有着英雄和恶棍的故事，或者是一个常常旨在将当前的某些体制合法化的关于过去的故事。一些历史学家制造这种神话，另一些则揭露说，更早的故事不过是神话，他们在此意义上是在消解有关过去的神话（“demythologize” the past）。仅仅将历史与神话之间截然二分，未免过于简单化，说我写的是历史而别的历史学家写的是神话，也未免过于轻易。我要说的是，历史与神话之间的界线难以确定，其间的分野也只是相对而言。没有人能够完全避开神话（我们全都自觉不自觉地需要英雄和恶棍，以及善战胜恶的故事）。然而，某些历史比之别的更少神话的成分。

[可是，凯斯·托马斯想说的是，我们无法使自己摆脱最为精致的神话，无法摆脱我们文化语言的设定——那是我们作为历史学家所写作
的一切背后所隐藏着的东西。在他看来，“这就是无论什么时候，只 141
要我们翻开一部写于1840年或1740年的历史书时，它都会让我们为之一震的原因”。]

某一代人所创造的产品，无论是一份历史文本还是一篇小说、一幅绘画、一栋房子，都会散发出那代人的精神特质，凯斯·托马斯在这点上无疑是非常正确的。想要回避这种特质是不可能的，而且或许我们都不会想着要这样去尝试。毕竟，历史学家是干什么的？在我看来，他们的存在就是为了向现在解释过去。正如我先前所说的，他们是某种意义上的解释者——这是从他们从事转译的意义上来说的。如

同别的转译者一样，他们也面临着在忠实于文本（也即过去）和让当前的读者能够理解这两者之间的困境。可以称为对于过去的“自由的转译”的，就近似于凯斯所说的“神话”。既然现在总是变动不居的，那么写出来的历史就像译作一样，多少会作废和过时。然而只在一定程度上才是如此。我们依然可以在其 16 世纪的英文译本中领略蒙田的随笔。我们依然可以从伟大的历史学家那里学习，比如说，从布克哈特对文艺复兴的研究中学习，尽管他的著作散发着 19 世纪 60 年代的气息。或者就像凯斯自己在他的访谈中所提到的，向弗思（Charles Firth）关于英国内战的研究学习！

[这关系到不同文化相遇时所出现的困难。比如，翁贝托·艾柯（Umberto Eco）就谈到，“背景书的力量”（the power of background books）影响了每一个人（包括莱布尼茨和基尔谢[1]这样的伟人），并让我们透过已知之物来看未知之物。在你看来，有没有一条道路在面对这个问题时能够取得一定程度的成功？]

正是如此，我们依然还在谈论我所谓的“文化距离”，无论它是否与空间或时间上的偏远相重合。我觉得，核心的问题在于，如果没有一个多少有些融贯的概念体系，我们就既不能理解我们自己的文化，也不能理解别的文化。我在将历史学家称为转译者的时候，我将他或她看作在经由现在的概念来描述过去（包括过去的概念）。就像其他形式的翻译一样，这桩事业并不容易，它需要高超的技能。“假朋友”是有的，那是些引人入胜却让人误入歧途的类比。比如说，在莱布尼茨和基尔谢的时代，有人将中国的阴阳概念与 17 世纪时西方还非常熟悉的亚里士多德的概念——质料和形式——相提并论。然

〔1〕 基尔谢（Athanasius Kircher, 1601—1680），德国耶稣会士，学者。——译者注

而，这些概念根本就无法等量齐观。

你问我有没有解决办法。我不知道高超的技能是否可以传授。然而人们至少应该尽量意识到这个问题的存在。我们可以不去假定，表面上的类比就真的是精确的等同，比如说，凯斯·托马斯著作中的关键英文词“巫术”，在 17 世纪有与今天完全一样的意义、用法和联想。

[作为所谓的“新文化史”的一个代表人物，你认为“新史学家们” 142
就一定是最优秀的吗?]

当然不是。要做一个优秀的史学家，首先最为必不可少的，就是想象力、洞察力以及提出恰当问题而又知道到哪儿去寻找答案的天赋。一个历史学家完全可能具有所有这些特质，而依旧宁愿在传统的领域内——像是狭义上的政治史——以传统的方式进行研究，写作事件的叙事史。我不是音乐家，我要举的这个例子在音乐上也未必恰当，但我相信，巴赫比之他的同代人泰勒曼来说是一个要传统得多的作曲家，而这并没有妨碍他要优秀、伟大得多。你也许有些疑惑不解，为什么我没有谈到原创性。要做一个优秀的历史学家，当然一定得有原创性，然而我们可以说，此种原创性可以是“局部的”，比如说，对格拉斯通的外交政策提出新的问题，或者给旧问题提出新答案。

我这样说，并不意味着我不珍惜那些丰富了历史写作的新方法。我们都从布罗代尔、布洛赫、布克哈特、兰克（他在他那时代也是一位伟大的革新者）、吉本、圭齐阿迪尼和其他为他们的后继者开启了更为广阔的选择范围的史学家那里深受裨益。最晚近的一代人处在一个新方法层出不穷，从事历史研究的实践既引人入胜又让人扰攘不安的时期。我很高兴在这段时期进行我的工作，并且能够参与到试验与革新的一场集体运动之中。我相信，新的方法必不可少，而且在某种意义上，它们回应了我们这个时代的需要，我也同样相信，从长远来看，它们将会丰富历史学的实践，正如吉本或者兰克的革新曾经所做的那样。然而，完全有可能在对新史学充满热情的同时又做一个遵循中庸之道的历史学家，就像是历史行当中的巴赫，将传统的方法和路数运用得精彩绝伦。

[伯特兰·罗素曾经说过："牛津和剑桥是中世纪最后的孤岛——它们对于第一流的人物倒很相宜。然而，它们的安详平静对于第二流的人物却是有害的——那令他们有一种褊狭的孤岛心态，疯疯癫癫。这就是英国的学术生活让有些人充满创造力，而令很多人一事无成的原因。"你大部分的学术生涯都是在这两所大学里度过的，并且亲眼看到那么多同事在这些人才荟萃的中心度过他们全部的成年生活，你能评论一下罗素的看法吗？]

我不大确信罗素那种中世纪幸存物的说法是对的，然而那并非问题的关键所在。在我看来，问题在于学术才智高度集中在两个小城，
143 带来了相应的感受——我记得从在牛津做学生时候起，我就觉得自己生活在思想世界的中心。然而，相信自己生活在世界的中心，确实是心态褊狭（或者用罗素的话来说，孤岛心态）的一个准确无误的标记。尤有甚者，它甚至也影响了某些第一流的人物。这不是英国所特有的病症，法国人也深受其苦。然而，将巴黎视为中心，没有将牛津或者剑桥视为中心那么糟糕，因为巴黎毕竟是一个大城市，能够提供索邦大学和法兰西学院之外的许许多多的东西！

在别的方面，剑桥的环境的确好极了。我尤其指的是进行思想创造的物质条件，还有碰到来自各个学院不同学科的人并交流思想的机会。然而，心态褊狭的危险依旧非常严重。唯一的救治之道就是走出

去，不管是永久的还是暂时的。我在新创办的苏塞克斯大学（1962—1978年）教了16年书，并且自那时起，就经常访问其他国家，这使得我不至于有严重的孤岛心态——你是否觉得这只是我的幻觉？

[你被人们看作一位以平易近人的方式写作的作者，而你的著作被译为多种语言这一事实也表明，你的研究引发了“边缘”世界很多地方的兴趣。考虑到借用的多重可能性，遥远地方的读者对你的著作的接受是否让你困惑和不安？换言之，比如说，中国人阅读你关于路易十四形象的建构的著作的方式，是否让你担忧？]

作为一个研究文化接受的历史学家，对我的著作的接受——或者说是复数的、各种各样的接受——让我既兴奋又不安。我不知道，我关于路易十四形象的那本书的中国读者是否会总想着毛泽东。或许这部书的翻译*被视为有助于沿着“非斯大林化”的路线进行的“非毛化”的进程，要用我在书中的说法，就是“非路易化”。这种对我的书的创造性运用一点也不让我担心。

让我不安的是在书评中读到对我的书的解释，将我并没有的观点归之于我。如果这在我自己的文化内部、在英国都可以轻易发生的话，在别的地方又会怎么样呢？

[尽管你是在英国经验主义传统中成长起来的，你许多的英国同行（虽然你的法国同行并不如此）却将你视为一个有着鲜明的理论关注的历史学家。你如何解释这种关注？在你经验性的和理论性的兴趣之间是否存在某种张力？]

---

* 彼得・伯克：《制造路易十四》，郝名玮译，北京，商务印书馆，2015。——译者注

法国人有句话说得好，“on est toujours le néapolitain de quelqu’un［我们总是某种人中的那不勒斯人］”。在这种意义上，一切都是相对
144 的。既是英国人，又是历史学家，等于服了双份的经验主义的药剂——地方性的和职业性的！我比之许多同行少了些经验主义色彩，因此他们认为我没有脚踏实地。也许这是由阅读哲学开始的——我那所天主教学校鼓励我们读托马斯·阿奎纳，而当时许多学校根本不鼓励读哲学。我是在申请牛津奖学金的考试中发现了阿尔弗雷德·艾耶尔和吉尔伯特·赖尔的语言哲学的，而维特根斯坦则是在念本科时碰到的。随后我注意上了社会学和人类学。

我不觉得理论取向和经验取向之间有什么原则冲突。马克斯·韦伯就是一个例子。他在比较史学方面有广泛的阅读，并以此为基础建立起他的理论。一切理论都得是关于某个东西的理论，因此材料对其而言性命攸关。反过来，就像卡尔·波普尔和其他一些人所表明的，与极端经验主义者的看法正好相反，科学家如果没有至少一个需要进行检验的临时性的理论（或者是假说或模型）的话，想要进行系统化的观察，即便不是不可能，也将非常困难。（我不用“假说”和“模型”这样的词，因为我并不满意在事实与理论之间的二分法，各种各样的细节都需要考虑到。）

与此相似，一个人如果不是要寻找某种东西的话，他是不可能在档案馆中进行有效的工作的。倘若威尼斯的国立档案馆中有 100 公里长的资料的话，你为什么阅读其中一些文献而不是别的呢？因此，“事实”和“理论”是相互依存的。即便那些自认为纯粹的经验主义者的历史学家们也要在他们的日常工作中提出问题和研究问题。我们需要将事实和理论结合成为一种鸡尾酒。还有问题存在着，比如，我们应该基于何种理由选择何种理论？鸡尾酒中理论的剂量应该有多

大？这中间存在足够的张力。

[你是说历史学家在某个时刻必须选择某种特定的理论吗？他是否可以在将理论与事实结合时，也将各种理论结合为一杯鸡尾酒呢？]

我很赞同你的看法，而且我觉得，这样的理论鸡尾酒恰恰是我在学术生涯中的很长时间都在做的事情，因为我从来就不是马克思主义者、韦伯主义者、涂尔干主义者或者结构主义者。当然，你不能随便将任何东西结合在一起。有些观念与其他观念就是无法融贯。然而，在我看来，那就是对于建构一个要在某个特定历史处境中来检验的模型或理论的唯一限制。比方说，纯洁派、教条主义的马克思主义者将鸡尾酒的调制者（卡洛·金兹堡、凯斯·托马斯、纳塔莉·戴维斯和我）贬斥为“折中主义者”。这也太有讽刺意味了，不是吗？因为马克思本人恰恰就是这种意义上的折中主义者。他以来自黑格尔、亚当·斯密等等的要素来建构他的理论，就如同诺伯特·埃利亚斯从弗洛伊德和韦伯的成分中建构出他自己的文明进程的理论一样。然而马 145
克思不管怎么说在大多数时候是很留意保持融贯性和一致性的。

[像 E. P. 汤普森这样一位杰出的历史学家，曾经将米歇尔·福柯说成是江湖骗子。在你看来，福柯那里是否有对于历史学家而言有价值的东西？]

照我看，福柯对于历史学家所具有的价值——撇开他作为哲学家所可能取得的成就来说——主要是消极方面的。也就是说，他强有力地批判了传统的看法，比如那样一种观点：疯人院和新型监狱的兴起乃是人道主义意义上的进步结果。就积极性的方面而论，他将有关权力与知识的争论重新概念化了，而这也是很重要的。可是，他对于疯人院、监狱、工厂、新型学校等等的兴起所做的解释，是要取代传统的观点的，然而它们本身也有待批判。他的论证因为他并没有准备好去做严肃的历史研究这一事实而受到损害（更不用说他那种在法国经验的基础上对欧洲进行总结的倾向，这种情形当然并不只限于福柯）。更准确地说，他研究社会实践的那些著作，尤其是《疯癫与文明》和《规训与惩罚》受到了这种限制，而《词与物》则没有。其他一些人从他那时开始就一直在做这方面的研究，而他们常常需要修正福柯本来的结论。这个例子就证明了我们前面讨论时所谈到的一点，即档案对于写作历史所具有的重要性。

[你是否也认为福柯被高估了，而他如同金兹堡所说的那样，在很大程度上乃是“尼采的一个注脚”?]

我相信，福柯在某些方面被评价过高，在某些地方存在对其思想的崇拜，尽管比之在世界上其他地方，英国的情形似乎没有那么严重。而福柯的很多东西显然要归于尼采，包括在他的历史著作中如此引人瞩目的“谱系学”的概念。在未来的哲学史中，他很可能会被放在尼采的追随者的一章中。尽管如此，我认为他不只是尼采的一个注脚，正如我认为（与怀特海相反）西方哲学不只是柏拉图的一系列注脚一样。在他关于临床医学、疯人院、监狱和其他机构的著作中，福柯采取了可以称为尼采式的研究路数，然而他不仅只是一个信徒。他对于疯人院等等的传统历史提出了自己准确而又具体的批评。福柯在其最后岁月所写的一系列有关性的历史的著作——那在我看来是其最为丰饶而又最具启发性的著作——是他最为积极和最具原创性的成就。

146 [法国汉学家葛兰言（Marcel Granet）曾经说过，“la méthode, c’est la route après qu’on parcourue”（方法乃是一个人达到目的之后的取径）。

这一断言似乎至少引起了人们对于 a prior（先天的）处方的疑虑，并且指向人们经常听到的那种徒劳无益的告诫：要带着相关的问题来接触档案。你能对此做些评论吗？]

我不相信存在一种所有情形下都要依循的一套程序这种意义上的史学方法。我会在很多情形下赞同葛兰言的看法。然而我也相信存在着某些方法——复数的方法——是人们想要撰写某些类型的历史时值得去依循的。比如说，我在两本前后相继的书中研究精英的历史时，选择了采取好几百人的“传记合集”或“集体传记”的方法，古罗马有些史学家运用过这种方法，在英国，刘易斯·纳米尔和劳伦斯·斯通在研究英国统治阶级时也运用了这种方法。传记合集有其危险之处，而对于这些危险之处的讨论构成了有关方法的论战的一部分。不做传记合集的危险还要来得更大，因为那意味着在没有研究所有的个体成员的情况下，就要对一个群体做出概括。

再者，我认为昆廷·斯金纳就处理思想史的某些问题提出了一种很好的方法。那是一种方法而非唯一的方法，因为按照 histoire des mentalités［心态史］或赖恩哈特·柯塞勒克（Reinhart Koselleck）及其弟子所实践的 Begriffsgeschichte［概念史］的路数来处理同样的素材，也有巨大的价值。

[你非常乐观地提到了在通向布罗代尔所倡导的 histoire totale（总体史）的道路上“前进的若干步”。对于那些抱怨历史学日益碎片化以及史学方法与兴趣的拓宽并没有带来对于过去的更为深刻和宽阔的理解的人们，你会说些什么？你是否同样认为，碎片化不是件好事，而历史学家中的跨学科研究和对话更多的是一种理想而非现实？]

绝对如此。在力图将特定的问题、群体、地方或时期视作某个更加巨大的整体的一个部分这个意义上，我确实相信布罗代尔“总体史”的理想。尽管如此，我很遗憾地意识到了历史研究之日益碎片化，就像人类知识总体的碎片化一样。从集体来看，人们知道得越来越多。从个别来看，要看到一个人自己的“领地”（这是一个描述知识产权的饶有意味的隐喻）与其他领域的关联变得越来越困难。朝着这个方向发展的趋势并不是件新鲜事。

我还得很遗憾地承认，所谓“新史学”的兴起——我本人从 20
147 世纪 60 年代起就热情参与到了这场运动之中——使得这方面的情况变得更加糟糕。将史学的领地扩展到囊括每个人以及所有种类的人类活动，这诚然是极大地丰富了历史学，但其代价就是这种碎片化。欧洲人对于世界其他地方的历史日益增长的兴趣——这是我所乐于见到的——使得通行的历史的种类大大增加，并且因而就鼓励了更进一步的碎片化。

我一直在实践一种跨学科的研究方法（专注于历史研究与社会学、文学和人类学之间的关联），这是自我 1962 年去到当时还是“新的”苏塞克斯大学开始的。各个学科的结合是对碎片化的补救，看到学生比较他们年长的人在思想上更加灵活，很快就学会实践这种研究方法，总是让人兴奋不已。

然而，这种补救之道不过是片面的。我们今天比之 30 年前更加清楚地看到，与特定的其他学科相联系的不同的历史学家群体的崛起——在思想史家那里是哲学，在社会史家那里是社会学，在某些文化史家那里是人类学。每一个群体都比之从前更多地向其他学科的人说话。麻烦在于他们比从前更少地向其他种类的历史学家说话！

然而我依然还是很乐观。揭示地域、社会群体与各个学科之间的关联，是与碎片化进行战斗的一种方式。专业化的辩护士们贬低全球性的研究，认为其肤浅不堪，并且号称要有深度地来研究历史。然而，将广度与深度结合起来——比如通过表明地方性的东西与全球性的东西之间的关联——确实是可能做到的。

[要与历史学家讨论比较研究，似乎是一个棘手的问题，这是因为尽管自布洛赫（或者还要更早）以来就一直在提倡，但并没有多少人真正在从事它。如今几乎没有历史学家会否认，这种研究方法有益于对过去的研究；然而，在被问及他们的工作时，他们似乎对于其中所牵涉的巨大困难感到不安。很少有学者能够像杰克·古迪一样真正地运用这种方法，并将其当作制约人类中心论和对于“他者”的歪曲看法的手段来加以维护。你对此有何看法？]

片刻之前，我还在谈论将一个人自己的研究或专业放在一个更大的整体中来定位的问题。比较就是做这件事的系统性尝试。它是针对专门家的褊狭心态和杰克·古迪所正确地批评的人类中心论的救治之道。史学家们爱说他们关心的是特殊之物，而将总结概括留给社会学家、经济学家和其他人去干。他们中的许多人似乎并没有意识到，人们无法分辨什么东西确实是某个地方、时期或社会群体所特有的，如
果不将它与别的东西进行比较和对照的话！然而，这么做就意味着要 148
越出自己的“领域”来进行研读，而有些人或者是因为胆怯，或者是因为懒惰，没有这样做。

我长期以来就热衷于比较史学。我曾经编辑过一套比较史学的系列丛书——我自己写了其中一本，《威尼斯与阿姆斯特丹》，然而，这套书到 20 世纪 70 年代就停下来了，因为不容易找到作者。《威尼斯与阿姆斯特丹》是马克·布洛赫称为“近邻比较”的那种研究。更大的挑战乃是杰克·古迪所专心从事的那种跨距离的比较。风险和回报都来得更大。风险更大，是因为即便开始理解另一个文化，也要花费

大量的时间，而失之于肤浅的风险也很大（尽管人们总是可以在自己的著作出版之前让专家看一下——在向中国和日本史学家咨询时我学到了很多东西）。回报更大，是因为比较乃是逼近“总体史”目标的途径。

在大约是上一代人当中，好几位学者进行了大范围的比较史学的研究。我想到的是，比如，巴林顿·摩尔的《民主与专制》，还有佩里·安德森在比较框架内撰写的两卷本的欧洲史，以及他的兄弟本尼迪克特·安德森关于民族主义的比较研究《想象的共同体》。[1] 我自己的抱负要有限得多。我倾向于将焦点放在某个特定的时空，同时又力图将核心问题置于一个更加广阔的框架之中。比如说，我对于文艺复兴时期意大利的文化和社会的研究是以两项比较告终的，一项是与尼德兰的近邻比较，一项是与日本的远距离比较。《制造路易十四》与其他各个时期统治者形象的打造（从奥古斯都到墨索里尼和玛格丽特·撒切尔）进行了比较和对照。

[在被问及对于年轻史学家的忠告时，卡洛·金兹堡建议他们阅读小说，以激活他们的“道德想象力”；罗伯特·达恩顿建议他们像报道谋杀案和抢劫案的记者那样工作，以便学会尊重事实，以抵消那种将一切都视为话语的想法；昆廷·斯金纳建议阅读那些优秀的“自己行当的哲学家”，如吉尔兹和福柯，从后者那里可以学会向档案提出重

---

〔1〕 Barrington Moore, *Democracy and Dictatorship,* Cambridge, Mass., Harvard University Press（原注如此，疑有误，似应为 Barrington Moore, *Social Origins of Dictatorship and Democracy, Lord and Peasant in the Making of Modern World,* Boston, Beacon Press, 1966。此书有华夏出版社 1987 年中译本《民主与专制的社会起源》。——译者注）; P. Anderson, *Passages from Antiquity to Feudalism and Lineages of the Absolutist State,* both London, New Left Books, 1974; B. Anderson, *Imagined Communities,* London, Verso, 1983.

要而富有想象力的问题；凯斯·托马斯建议他们研究广泛的主题和学科，“因为历史学终究乃是历史学家所赋予它的那些东西”。你经常读小说，是否觉得金兹堡的建议最有效呢？]

我对这四条忠告都很赞成，而且力图照着其中三条去做（我从来 149
没有做过记者），然而，我想要先补充一点别的东西。在我看来，对于过去的研究不能与其物质文化分割开来。还是个孩子的时候，我对于中世纪史的兴趣主要是缘于看到了这个时期流传下来的诸多物品，如哥特式教堂、带插图的手稿、维多利亚和阿尔伯特博物馆展览的家具、伦敦塔和别的地方所陈列的盔甲和武器等等。看到这些物品，极大地激发了我的历史想象力。

回到你关于小说的那个问题。我主要是为了看小说而看小说的，但我在读小说时依然是一个历史学家，就像在旅行或者做别的事情时一样，因此我会在扉页上涂抹上几句话，有时是关于叙事的艺术，有时是关于写作这部小说的那个时期的文化。我在阅读历史小说时，涂抹得最多，至少这些历史小说不只是外国背景下的古装剧，而且是涉及历史过程的故事：《战争与和平》《威弗利》《约婚夫妇》等等。[*] 还有一些电影与历史相关，而不只是以过去为背景，就像黑泽明的好几部讲述在枪支引入日本后武士衰落的电影。

[你是否认为对你的著作提出批评的人是你主要的提问者？他们在你观点的发展中是否起到了特殊的作用？]

我确实未曾像比如英国历史学家的领军人物（希尔、汤普森、斯通等等）那样很深地卷入史学争论之中。有人对我关于意大利史的观

---

* 《威弗利》（*Waverley*）由苏格兰作家瓦尔特·司各特所作，《约婚夫妇》（*I promessi sposi*）是意大利作家曼佐尼（Alessandro Manzoni，1785—1830）的名作。——译者注

点提出反对意见的时候——那是常事，那些反对意见在我看来往往是出于误解，反对的是我并没有说过的东西。

我不是说自己一贯正确！相对于走极端的解释而言，我宁愿采取中庸的立场。我本可以提出更加极端的主张，从而引发争论并让人们更加关注我的书，然而，这样的做法对我而言并非顺其自然。我觉得，这种做法其实在理智上是不诚实的。

更经常出现的情形，也更让人恼火的，是看到有的人将我的研究方法（如比较史学或者大众文化史）一笔勾销，他们声称看不到它意义何在，或者满足于给它贴上个“时髦”的标签，然后就什么都不说了。我欢迎对于不同方法的优缺点进行严肃的探讨，然而，有人在不做论证的情况下就排斥我的著作，令我非常气愤。

我从某些对我的书的评论中学到了很多东西，那经常但并非总是
150 涉及细节问题。从那些通过手稿阅读我的研究的人们，还有那些当我在研讨班里陈述我的论文时提出了探索性问题（有时我会在几个星期后才力图做出回应）的人们那里，我学到的东西还要更多。让我学到最多东西的，还是历史学家们和其他在某些方面的工作至少是我的样板的人们。这里面，有布罗代尔，尤其是因为其总体史的理想；有马克斯·韦伯，因为他世界范围的比较研究；有雅各布·布克哈特和约翰·赫伊津加，因为他们表明了可以如何写作文化史。还有在这本书里面出现的大部分人，因为他们与我保持了长达数十年的对话（有的还在继续，有的已经停止）。

[这些人全都是你的导师或你眼中的英雄——在你想象中与你一起讨论你的著作的人吗？]

是的！凯斯·托马斯是我原原本本意义上的导师，因为他仍然在给我写参考意见，而且要想动摇师生关系是非常困难的，即便已经过

了40年！克里斯托弗・希尔、劳伦斯・斯通和埃里克・霍布斯鲍姆也是我的导师，尤其是20世纪60年代我还是学生或者年轻教师的时候。我还必须提到历史工作坊（History Workshop）的创建者拉斐尔・塞缪尔（Raphel Samuel），他对我来说就像兄长一样。我与他们所有人都实实在在地或者在想象中讨论过我的研究。

布罗代尔和韦伯、布克哈特和赫伊津加当然在我心目中的英雄之列，还有蒙田、契诃夫等人（我很向往能以契诃夫的风格来写作历史，但是我不知道怎样才能做到）。然而我想象从我的肩头来读我所写作的东西并提出反对意见的人，大致就是那些真的阅读我的著作并且确实与我讨论的同一批人，不管他们是历史学家，还是来自别的学科，如人类学和文学。

[培根的看法是，有的书需要品尝，有的书需要囫囵吞枣，只有很少一些书需要细细消化。在你看来，哪些书是你要向未来的历史学家推荐为必读书目的呢？]

我不喜欢必读书这样的说法，因为它会妨碍人们的创造力。我有很长时间讨厌查尔斯・狄更斯的小说，因为学校要求我们读他的《荒凉山庄》！不管怎么说，我认为写作历史，包括我自己没有从事过的经济史和政治史，有许多种很好的方式，就此而论，我是一个史学多元论者。

然而，我确实有些东西很想推荐给别人。比方说，布洛赫的《国王神迹》（*Royal Touch*）。布罗代尔的《地中海》，尽管篇幅浩大。还有我已经提到过的布克哈特和赫伊津加，史景迁（Jonathan Spence）的中国研究，纳米尔关于18世纪英国的充满洞见的论文。所有这些东西都需要好好消化，尽管并不一定要当作自己工作的验方（换个比喻来说）。

就我所见，要成为一个历史学家，重要的是要意识到历史写作的多样性，可以依循、拒斥、采纳各种模式，以便选择适合于自己个性
151 以及自己主题的研究取径，而且，如果可能的话，展示自己的主题与别的主题之间的关联，帮助避免我们刚才所谈到的那种碎片化的危险。

[你曾经坦白说，非常钦佩金兹堡写作历史的那样一种热情洋溢的方式。另一方面，评论你的著作的人常常会提到你（文字和情感上的）温和的风格以及你在审视主题时所保持的距离感。你认为你之所以选择了综合和温和，是因为那基本上是英国文化的一种特质，还是由于那事关原则问题，乃是你有意识决定的结果？]

我认为，每个人写作历史的风格可以部分地从他们所来自的文化得到解释。但只是部分地。爱德华·汤普森的写作充满激情，埃里克·霍布斯鲍姆则始终保持着显著的疏离感，他们却来自同一文化，实际上还出自英国马克思主义的同一个亚文化！在这里，个性与文化都有关系，所写作历史的性质也有关。经济分析通常比政治叙事更为冷冰冰，研究欧洲的史学家所感觉到的与他们那个庞大的主题之间的距离，比之研究一个区域或者一个村庄的史学家来说，要遥远得多。就我来说，我想，我的天性让我多少像是个旁观者，就像我刚才谈到新加坡时所提到的那样，而且我也倾向于从不止一个角度来观察各种冲突。我不是说，所有人都应该照我的方式来写作历史，然而我的确认为，你所说的“保持距离的”历史，尤其是试图表明有关过去所可能持有的观点的多样性的历史，具有非常重要的功能。太多的人在没有足够细致地考察可供替代的东西时，就已经采取了他们的政治立场。

[你的著作涉及多种多样的主题，并且运用了不同的研究方法。然而你似乎没有被妇女史或者它更为现代的形式性别史所吸引过。这是为什么呢？]

我在20世纪60年代写作文艺复兴的文化和社会那本书时，就已经对妇女的角色以及她们生活中的种种障碍发生了兴趣，并且力图回答为什么著名的艺术家和作家来自某些而非其他社会群体这一问题。80年代，在研究佛罗伦萨和威尼斯的人口状况时，我注意了在人们的描述中妇女有多少种职业，甚至还包括水手（“海员伊莎贝拉”之类），这使得我在《历史人类学》（*Historical Anthropology*）一书中花了好几页的篇幅来写妇女的工作。在我考察人们对于卡斯蒂廖内（Castiglione）的《廷臣》（*Courtier*）的接受的著作中，我相当重视女性读者。最近，在《欧洲文艺复兴》中，我谈到了作为赞助人的妇女。我确实没有对于妇女史的完整的专门研究。我之所以不大愿意撰 152
写妇女史，或许与这个运动在英国的政治有关。尽管在历史工作坊群体中——我一开始就加入了，自下而上的历史和妇女史有着协作关系，但我有个印象，女人不想让男人来研究女人。

[你曾经承认说，你的每一本新作在一定程度上都是企图弥补前一本书所缺失的东西。你能否谈一下从这个角度来理解的你的知识的社会史的研究计划？]

如我前面所说的，布罗代尔式的总体史的观念一直激励着我，甚至让我有些痴迷。在单个的研究中显然是无法达成这样的理想的。我在不同的情形下力图探索可说是“历史经验的各种变体”。因此，我关于意大利文艺复兴的书是基于印刷品史料的，而为了下一本关于威尼斯和阿姆斯特丹的书，我进的是档案馆。在集中精力于前后相继的两项关于精英的研究之后，我有意识地转向了大众文化史。同样的，在出版了不少相对而言对政治谈得很少的书之后，我关于路易十四的研究项目乃是有关政治与文化之间关系的一项个案研究。我关于知识的社会史的研究计划是在新的方向上迈出一步，然而在某种意义上，它依然重复了我以前许多著作的主题。它像《意大利文艺复兴时期的文化与社会》一样，是一部文化的社会史。它像《大众文化》一样，关注的是复数形式的“知识”以及它们之间的互动。它像《历史学与社会理论》一样，系统地运用了一些理论家的理论，诸如曼海姆关于知识与社会、福柯关于权力与知识，以及新的“知识人类学”，等等。我已经对从 16 世纪到 18 世纪的历史知识进行了大量的个案研究，其中有一项名为“社会史的社会史”。

[罗伯特·达恩顿曾经走进过他所谓的“历史学家的梦境”，那就是 18 世纪瑞士最大的出版商未被人碰过的档案库。类似的事情也在凯斯·托马斯身上发生过，他发现了一位 18 世纪的占星家记录下来的有关其主顾的笔记。这样的事情在你身上发生过吗？]

我最接近于这种经历的一次是 1982 年在罗马。我在国家档案馆中工作，并且开始查看罗马总督法庭审理的案子。我刚对语言的社会史发生了兴趣，而在那个档案馆的目录里大概有上百个与侮辱有关的
153 案子，都发生在 16 世纪晚期或 17 世纪早期。和在意大利许多档案馆一样，罗马的研究者每天的定额是只能看三卷材料。我在午饭时间前能看完的一卷材料中平均只有一桩侮辱案件。我的选择要么是中午休息（有时候我就是这么做的），要么是浏览这卷材料中剩余的部分，其中可能有 20 桩谋杀案、诈骗案等等。审问体制很像宗教法庭审判官的那种，因而让人有在听普通人说话的感觉。很显然，他们中有些人被吓住了——在审讯室里就放着刑具，并且努力揣摩审问人想要从

他们这儿得到的答案是什么，什么样的答案能够让审问者满意，好将他们放回家。其他人，尤其是被告人的邻居，似乎很乐于作证，一开始时先发誓“我清楚我所做的事情”，然后就揭露他们或者通过窗户看来的，或者从墙那边听来的那些人的生活中的隐秘细节。于是，我考虑要将我的研究扩展到城市史。那里有数百卷相关的材料，但我本可以每年在罗马待上一两个月，逐步地研究那些案件，并在街道的层面上绘制出一个大都市的画卷。就某些方面来看，这是一个最引人入胜的研究计划。但从别的角度来说，又有点过于四平八稳了。大家都知道那些材料的存在，尽管学者们往往只研究某一种类型的案子，就像我研究侮辱案一样。好几百个社会史家（包括城市史家）就是以这样的方式来研究审判记录的。就像你已经看到的，我喜欢写作不同种类的历史，而且要采取许多同行所没有的广阔视角。于是我最终离开了罗马。

[关于你既是一位观察者又是一位参与者的年鉴学派，你写过一本书。你能否解释一下，你如何将自己与它拉开距离，又在何种程度上与它站在同一立场上?]

我对年鉴派史学的发现——那是1960年前后，我还是牛津的一名学生——像是受到神启一样。我认同这场运动中的那些英雄以及他们为了反对更为传统的史学的统治地位而进行的斗争，这样一个事实加强了我的这种认同——布洛赫和费弗尔所反抗的那种史学1960年在牛津依然占有主导地位。我模模糊糊地想过要到巴黎去跟布罗代尔一道学习，然而牛津圣安东尼学院研究生所拥有的自由又让我颇为自得，我并没有真的想走。我的理想是要以年鉴学派的方式来写作历史。我在20世纪60年代写作的关于意大利文艺复兴——这个课题没有对年鉴传统内的史学家产生过吸引力——的书中试图做到这一点。

在这本书中，我尝试着将 histoire sérielle［系列史］与布克哈特、瓦尔堡（Aby Warburg）以及帕诺夫斯基（Erwin Panofsky）联系在一起的德国式的研究文化史的方法结合起来。

154 因此，我是年鉴群体的同情者而非其中成员，可以说，我也根本没有想要介入他们的矛盾或者进入他们的赞助体系。我跟这个群体的许多领头人物见过面，我们有着很友好的关系，但并不紧密。我能够感觉到自己被当作局外人。

155 ［心态史作为前几十年里最为成功的革新，近来遭到了攻击，理由是心态的概念对于历史分析而言并非恰当的工具。比如，杰克·古迪就说，这一概念的运用透露出来的是历史学家们的某种“理智上的懒惰”。你对这场争议怎么看？］

在我看来，理智上的懒惰是一种流行病。也就是说，它一直影响着我们，无论我们使用的是何种概念，无论我们什么时候开始把一个给定的概念视作当然，而不是将它放在引号里面来使用并意识到它所具有的局限性。这种情形当然可以发生而且实际发生在了“心态”的情形中。这个概念很容易被固化，说得仿佛心态“实实在在地”存在着，就像是石头、树、人存在着一样。因此，杰克·古迪的抱怨是正当的，就像杰弗里·劳埃德谈到需要“将心态去神秘化”（de-mysitfying mentalities）——这是他一部近著的书名——时是正当的一样。

杰克的抱怨当然还有另外一个背景，那就是西方关于“东方”心态的陈词滥调，它妨碍了人们对于其他文化的理解。我们这就回到了凯斯·托马斯也谈论过的人类差异的问题。我们是否应该将过去视作一个陌生的国度呢？如果是的话，那些异域之人与我们有多大的不同呢？倘若我们假定他们与我们正好相像，我们就在具体而现实的层面上犯下了错误。然而，如果我们假定他们与我们大相径庭，我们也会犯下同样大的错误。如果我的理解正确的话，这就有点像是物理学家关于波和粒子的概念问题。比方说，他们要同时运用两种不能相容的概念来理解光的性质。我们必须将其他文化看作是由其思维方式既同于我们又异于我们的人们构成的。

我们再回头来谈心态。我们在讨论人们所自觉持有的观念的同时，也需要有一些方法来谈论人们的假设、人们在特定时空下视为理所当然的东西。如果我们将某一个词撇开，就需要杜撰另一个词来占据这个概念空间。不会有什么“正确的”词——所有概念都可以被误用。懒惰就藏在我们身上，而不是在概念之中。因此，我认为像“心态”和“思维方式”这样的词还是有用的，就像 17、18 世纪洛克和孟德斯鸠这批人开始使用它们的时候那样。在这样的前提下，就像使用其他概念时的情形一样，我们不要忘记了用引号！

[对于那些在思想世界中处于“边缘”或者“准边缘”的国家而言，似乎中心对在其边界之外所创造出来的东西并没有表现出任何真正的兴趣。比方说，想一想巴西的情形，人们可以举出像弗洛雷斯坦·费尔南德斯[1]和吉尔贝托·弗雷雷等等第一流的知识分子的名字，可是尽管他们有创新性的工作，在思想中心却不为人所知，除了那些研究巴西的学者之外。你是否认为，对于边缘的“他者”的相对淡漠的情况已经妨碍了跨文化的理解？在你看来，可以做些什么事情来对这种状况有所补救？]

---

〔1〕 弗洛雷斯坦·费尔南德斯（Florestan Fernandes，1920—1995），20 世纪巴西最杰出的社会学家之一，著作有《图皮纳波的社会组织》（*A organizaÇło social dos Tupinambб, 2nd edn, 1963*），《社会学解释的经验基础》（*Fundamentos empiricos da explicaÇło sociolбgica, 2nd edn, 1967*）。

很不幸的是，似乎一个人在哪儿讲话与他讲的是什么有着同等的重要性。布罗代尔在一次表达他对波兰历史学家维托德·库拉（Witold Kula）的高度崇敬时，把这个意思说得很好。他说，库拉比他要睿智得多，但是，他——布罗代尔——有一个“法国的扬声器”，使得人们更容易听到他说的话（我不知道他这么说有多真诚）。从个人的层面上来说，可以努力多学几门语言，向外找寻有意思的观念，并且在找到的时候将它们传播开来。我也曾努力让更多的人认识到弗雷雷、库拉、古巴社会学家费尔南多·奥提兹（Fernando Ortiz）等人的重要性。多做些翻译工作会有所帮助。然而，大范围内存在的问题，需要的是大范围内的行动。你也知道，学术“交流”往往意味着来自边缘的年轻人到中心去待上几年，而中心年纪大一些的人到边缘去待上几天。倘若有相当数量的年轻人从法国或者美国到比如说开罗或者利马待上一年，并学习当地的语言，情况就会有所改变。

[“历史学有什么用?”马克·布洛赫写了一整本书，试图回答这个简单的问题——那本是一个小孩子天真无邪地提出来的，因为，如他所说，这涉及“历史学的合法性”的重要问题。你会如何来应对这个问题呢?]

如果你喜欢对于这个巨大的问题的一个简短的答案，我只需说，研究过去的用处就在于它有助于我们在自己所生活的世界中给自己确定方向。答案要更长些的话，就牵涉到区分各种用处（不同的实用程度）和各种过去（不同的遥远程度）。

既然世界变动不居，不将正在发生的事情放在时间向度内更加广阔的趋向中定位，就无法理解这个世界，无论这些趋向是经济的、文化的还是别的什么样的。研究晚近时候的过去，其正当性根本上就源于这一点。然而，晚近的过去仅仅从其自身是无法理解的。我有时候想，

我们应该以回溯的方式来教历史，从当前的事件开始。要理解当前的事 156
件，我们要回到一代人之前，回到20世纪60年代。要理解60年代，我们又得回到另一代人，如此等等。我们什么时候停得下来呢？

历史的另一个用处是告诉人们他们的“根”、他们和他们的家庭所来自的文化。在一个越来越多的人感觉到在越变越快的世界中被“连根拔起”的时代，在一个许多人从肉体上被连根拔起——那有时候是充满暴力的，就像科索沃的阿尔巴尼亚人的情形——的时代，研究过去所具有的这种心理学上的功能有着重要的意义。它可以解释最近几年人们对于地方史日益浓厚的兴趣。

然而，单单研究我们自己的过去是危险的。它鼓励的是褊狭的心态和相对于他人的优越感，就像是巴尔干人的情形。因而，关键是要将对于“我们”的研究与对于他人（无论与我们是否相距遥远）的研究结合起来。我有时候会产生这样的困惑——学校应该给21世纪的世界公民讲授什么样的历史？有很好的理由从世界史的纲要讲起，部分地是作为更加具体的研究的一个框架，部分地是作为理解当今其他文化的一种渠道。比如说，非穆斯林需要对伊斯兰文化有所了解。

[然而，考虑到正在东欧发生的悲惨现实，你是否认为，倘若人们不是了解而是漠视他们的根，和平与安宁的机会还会更大——倘若人们更多地培植起来的不是记忆而是遗忘的话？]

尽管我自己的背景就像其他任何人一样具有浓厚的派别色彩（我父亲的家庭来自高尔威，我的曾祖母为爱尔兰共和军扛过枪），我却对那种看法抱有很多的同情。我曾经被邀请参加北爱尔兰的一个会议。那是1969年，天主教徒和新教徒之间的公开冲突刚刚过去不久。贝尔法斯特大量的政治标语给我留下了深刻的印象，尤其是随处可见的那句话，“记住1690年！”那指的是波伊内战役，威廉三世在那之后确立了对于爱尔兰的控制。我记得自己情不自禁地拿起一段粉笔，在墙上写下“忘掉 1690 年！”

然而，事情没有这么简单。也许你该问问杰克·古迪那个问题的；他是写过“结构性的遗忘症”的。他会说我们的问题在于写作将过去保存下来了吗？可是，情况难道不是这样的吗？——还不会读书的小孩子就已经被他们的父母教导着去憎恨新教徒或者塞尔维亚人，他们被“社会化”到了冲突之中。

那么，我们又能做些什么呢？也许我听起来更像是一个业余的心理分析专家而非历史学家，但是我想要说的是，深层的记忆（包括集
157 体记忆和历史记忆，至少在某些文化中）不会被人遗忘。唯一的指望是让它们变成有意识的并且“对它们单刀直入”，办法是比如在学校里面讨论它们，这样孩子们就有机会来理解另一方的观点，并且因此就离彻底抛弃“对立双方”的观念更近了一步。我这么说也许听起来太过乐观，然而我想到的是例如在 20 世纪 30 年代曾经被内战撕裂开来的西班牙的情形。如今西班牙人似乎已经把这一切抛在了身后。甚至还有可能是对于战争恐怖的记忆，促使政治家们遵守民主制的规则。我们是否可以说不愉快的记忆促成了良好的政治呢？

剑桥，1999 年 5—6 月

论著选目

Culture and Society in Renaissance Italy (London, Batsford, 1972); translated into German, Spanish, French, Dutch, Hungarian, Italian, Japanese, Polish, Czech.

Venice and Amsterdam: A Study of Seventeenth-Century Elites(London, Temple Smith, 1974); translated into Italian, Dutch, French, German, Portuguese, Spanish.

Popular Culture in Early Modern Europe(London, Temple Smith, 1978); translated into Albanian, German, Serbo-Croat, Dutch, Hungarian, Italian, Japanese, Portuguese, Spanish, Swedish, Polish, Estonian, Bulgarian.

Historical Anthropology of Early Modern Italy: Essays on Perception and Communication (Cambridge, Cambridge University Press, 1987); translated into German, Dutch, Italian.

The French Historical Revolution: The Annales School, 1929-1989 (Cambridge, Polity, 1990); translated into Chinese, German, Italian, Japanese, Portuguese, Slovene, Spanish, Swedish.

The Fabrication of Louis XIV(New Haven and London, Yale University Press, 1992); translated into Dutch, German, Italian, Portuguese, French, Spanish, Swedish, Chinese.

History and Social Theory (Cambridge, Polity, 1992); translated into Turkish, Korean, Italian, Serbian.

The Art of Conversation (Cambridge, Polity, 1993); translated into German, Italian, Portuguese, Spanish, Swedish.

Varieties of Cultural History (Cambridge, Polity, 1997); translated into German.

The European Renaissance: Centres and Peripheries (Oxford, Blackwell Publishers, 1998); translated into German, Italian, French, Spanish.

A Social History of Knowledge from Gutenberg to Diderot (Cambridge, Polity, 2000); translated into German, Italian, Spanish, Turkish.

罗伯特·达恩顿

158 美国历史学家罗伯特·达恩顿（1939年生人），普林斯顿大学谢尔比·库罗姆·戴维斯历史讲席教授，是英语世界中最重要的法国专家之一，也是书籍史（或者照他所喜爱的说法，阅读史）方面的领军人物。达恩顿本人极具独创性的写作法国史的方式介于其他当代著名史学家所运用的两种研究路数之间。一边是政治和社会史家，如理查德·科布（Richard Cobb）和他的弟子们，他们对于旧制度时期法国的各种体制和社会阶级比之书籍和观念要更有兴趣。另一边则是所谓的研究欧洲思想的思想史家们，如彼得·盖伊（Peter Gay）、约翰·波考克（John Pocock）和昆廷·斯金纳，他们的根本兴趣在于孟德斯鸠、卢梭和马基雅维里这样的大思想家的著作和思想，而将那个时期“次要的”和更加通俗的著作撇在了一边。

达恩顿与这两个群体都拉开了距离，他提出了他所谓的观念的社会史，从而接近于像他一样研究他们所说的“文化实践”或者“集体心态的历史”的法国史学家丹尼尔·罗什和罗杰·夏蒂埃。他的第一部著作《催眠术与法国启蒙运动的终结》（*Mesmerism and the End of the Enlightenment in France*, 1968），研究了一个自从18世纪末以来就被历史学家们视为不值得历史学去关注的课题，即某些医学观念对于法国人所具有的诱惑力。达恩顿以《启蒙运动的生意》（*The Business of Enlightenment*, 1979）和后来诸如《旧制度时期的地下文学》（*The Literary Underground of the Old Regime*, 1982）和《革命前法国被禁的畅销书》（*The Forbidden Best-Sellers of Pre-Revolutionary France*, 1995）等著作，转向了出版和阅读的历史，通过对审查体制（以及逃避审查者的相反的体制）的考察来研究旧制度，并表明18世纪后半叶法国 159
的色情作品、哲学和政治之间的关联。这些著作中的头一部，是被称为启蒙运动的圣经的狄德罗和达朗贝尔的《百科全书》的出版史，成了18世纪历史这一研究领域的一个转折点。《百科全书》是一部有着颠覆性意图的著作，用狄德罗的话来说，就是要“改变普通人的思维方式”。与其他致力于分析这部名作中的激进观念的学者不同，达恩顿集中考察了《百科全书》在狄德罗之后的生产史，以及它所蕴含的观念通过印数巨大的廉价版本的发行而得以流传的情形。达恩顿像目光犀利的侦探一样，揭示了启蒙运动在法国革命之前的10年里——直到那时之前，它还只能接触到很有限的受众——更加广泛地传播开来的复杂过程。

达恩顿随后关于旧制度时期的畅销书和地下文学的论著，表明他的兴趣超出了启蒙运动的皇皇大著之外，将“较次要的著作”也包括在内，而后者往往被人们错误地认为没有什么意思。照今天的标准来看，它们或许没有多少价值，然而要按当时的标准来看却未必如此，在达恩顿看来，它们或许比名家的杰作更加深远地表达和影响了过去某个时代的心态。事实上，达恩顿撰写18世纪书籍史——从伟大的《百科全书》到当时不计其数的色情书籍——的很多努力，都致力于探讨印刷品在1789年革命中所扮演的角色。

达恩顿是一位兴趣广泛的历史学家，也是一位掌握了艰难的写作艺术的大师，他擅长以清晰流畅、口语化而又生动具体的方式来写作，却又没有付出丧失作品深度的代价。他不仅在书籍史也在文化史的其他领域做出了重大的贡献。《屠猫记：法国文化史钩沉》（*The Great Cat Massacre and Other Episodes in French Cultural, History,* 1984）就是一个极好的例证，显示了他广泛的兴趣和他研究多种多样的主题——革命时期的农民和巴黎工匠、著名的百科全书派、一位巴黎的警察督察或一位蒙波利埃市民等等一些人的心态——时所具有的清晰和机智。在他所有的著作中，这一部也许是最有名也最多争议的，也最清楚地展现了美国人类学家克利福德·吉尔兹对他的研究所产生的巨大影响。《屠猫记》实际上就是达恩顿和吉尔兹多年来一起在普林斯顿所主持的研讨班的最为重要和最具开拓精神的成果之一。从这本书处理各种主题的方法来看，很显然，在达恩顿看来，尽管我们不可能像人类学家那样去采访我们的先辈，然而，倘若我们向现有的史料提出正确的问题，并且持有这样的看法——过去之于我们像是异国他
160 乡，不过就像是爪哇人、巴厘岛人或者摩洛哥人之于我们一样，是可以还原他们的精神世界的很大一部分的。

作为一位写了10来本被翻译成12种以上语言的著作的人，达恩顿对于他在几年之前与普林斯顿（从1968年起他就在那儿教书）达成的协议所造就的令人艳羡的工作条件颇为自得：每一年他在普林斯顿教一个学期的课，其他时间在牛津的全灵学院，他在那儿有一个教职，那原本是专为20世纪最杰出的古代史家之一阿纳尔多·莫米利亚诺（Arnaldo Momigliano）而设立的。达恩顿近年来常常是将第一个学期安排在这个极其优雅并令他摆脱了任何外在约束的环境里，他的妻子苏珊——他在哈佛念本科时的同学——总是陪伴在他的身边，

他们于1963年结婚。达恩顿在他牛津附近风景如画的伊弗里乡村的住所中接待了我，他热情而风趣地谈起了他的观点、研究计划、思想历程、兴趣和家庭等等。

玛丽亚·露西娅·帕拉蕾丝-伯克 [你父亲是一名记者，你本人起初也是一名记者，后来为了去大学教书才没有干下去。然而，从某个角度可以说，你对于报章杂志和人们所谓“次要著作”的兴趣，让你与新闻业仍然有着密切的关联。新闻业以何种方式给你留下了印迹?]

罗伯特·达恩顿

怎么说呢，那当然给我留下了印迹，只不过我很难解释，甚至也不大好理解它影响我的确切方式。也许那在一定程度上是心理上的和情感上的，因为我的父亲是在战时做《纽约时报》的通信记者时被杀害的，我被认为是子承父业，那意味着，人们希望我进入《时报》做个记者。对我来说，做个记者——不是编辑，也不是专栏作家，而是像人们爱说的，做一个正直无欺之人——就是要穿着雨衣、戴着帽子、叼着烟，在街上实实在在地看着事情是如何发生的。这是一幅我生活中所要做的事情的浪漫图景。实际上，我家中的每个人都在这样做：我的父亲、母亲、兄弟和我自己。我母亲在我父亲死后加入了《纽约时报》，她甚至从记者升到了妇女版责编。我在《纽约时报》上发表第一篇“文章”时才四岁。当然，我还写不了字，但有人记下了我的童言稚语，写成了一篇文章。对我来说，我似乎注定了要当个记者。因此离开这家报纸对我来说是一个痛苦的时刻。而且，对我家里人来说，我就成了有损门楣的人，因为我要做脸上无光的事情，要去当大学教授!

那么，为什么我要离开自己似乎注定了要干的这个行当呢?我离开，是因为我崇敬历史。这是项艰苦的工作，写作总是充满痛苦的，然而，这是一个让人获得巨大满足的职业。何况，在我原来从事的新
161 闻业和我写作的历史之间有着很显然的关联。因为我研究的是新闻，是新闻、报纸、记者等等的历史。但次要的原因是，在我为《纽约时报》工作时，甚至在此之前，我在纽瓦克一家廉价的专讲犯罪的报纸《纽瓦克星报》做见习记者时，专事报道犯罪。我在警察局所接受的做记者的训练涉及的是谋杀案和抢劫案。起初是在纽瓦克，那是新泽西一个很粗野的城市，后来是在纽约城的各个地方——曼哈顿、皇后区和布鲁克林。自我进大学以来，我总是在报纸做兼职工作（那是我暑期的工作），写了上百篇犯罪故事。即便是我在哈佛拿到硕士学位，并得到一笔奖学金到牛津读博士的时候，我也是《纽约时报》在牛津的特约记者；而夏天时，我是在伦敦的替补通讯员。由于我在完成博士学业时不想成为一位教授，我回到纽约，马上作为正式记者加盟《时报》；我又再次开始与强奸、谋杀和持械抢劫打起了交道。所以，我花了很多时间来学习写得快、写得清楚，而且，我希望，也学会了尊重读者，不使用术语并且尽力以生动而直接的方式来写作。我依然对此深信不疑。我想，伏尔泰其实也是这么写的，尽管他从来没有为《纽约时报》写作犯罪报道！

这一点很重要。我认为，所有历史学家都应该有一段时间来为报纸报道强奸、谋杀和持械抢劫。目的只有一个，必须把事实搞对。我们可以把事实看得复杂些，但是你必须知道被谋杀者姓名的准确拼法，你必须知道他或者她多大年纪；你无论如何不能弄错。而且你必须弄清楚每桩事情；你得证实你在报纸上写的东西，因为如果你弄错了的话，就可能会被起诉。倘若你信息不全的话，你的责编也会狠狠地责备你一通。因此，踏踏实实的研究和对于准确性的尊重至关重

要，然而，许多研究生却认为历史全然只与话语有关，是对于他者的后现代主义的建构。我不是说这是些愚蠢的看法，但我认为，确实必须得练就历史研究的技艺性的那个方面。那是它全部的基础所在。对我而言，还有对于公众舆论和媒体的关注。因此，我的著作中有很多涉及的不是凤毛麟角的哲学家和各种观念，而是思想交流当中的这一中低层面：观念是如何在社会中发挥作用的，态度和价值观是如何发展起来的。我对于哲学体系从一个哲学家手中传到另一个哲学家那里的方式并没有强烈的兴趣。让我觉得有意思的，是普通人如何看待这个世界并找到某些办法来克服苦难和他们周遭的环境的。对我来说，普通人不是知识分子，但他们当然有其智慧。因此，为什么不做非知识分子的思想史（an intellectual history of non-intellectuals）呢？而此 162
种关切，我想，是因为我做报纸的记者，要采访各种人，讲述各种故事；在讲故事时得问自己：讲故事是怎么回事？因为我相信，你在报纸上看到的是故事，而不是真实发生的事情。我以为，新闻报道的这一叙事性的层面是人们从未恰当研究过的，尽管它事关媒体历史的核心之处。这全都是我想要有所作为的领域。

给报纸工作的经历对我来说很重要的第三个方面与警察有关。我在报道各种犯罪的时候与警察打了那么长时间的交道，发现自己在几乎没有意识到的情况下被警方的档案吸引住了。我有好些年的时间花在有关 18 世纪法国文献的警方档案上，发现了关于卢梭、狄德罗、伏尔泰这样一些人的，以及关于咖啡馆中的闲聊的真实的警方报告。这并不意味着我对在警方档案中读到的一切都深信不疑；但是我也觉得可以利用它们，最大限度地运用它们所提供的信息，来理解书籍、信件和娱乐产业等等领域。

我关于《百科全书》的那本书流露出了我作为一个报道警情的记

者的经历所留下的印迹。在更一般性的对于这部著作在法国生产和传播的叙述的内里，它还是一个潜在的侦探故事。我不能给你说这个侦探故事的种种细节，然而读了这本书的任何人都可以看出来。因此，从所有这些方面，都可以看出我当罪案记者的经历对于我作为一名历史学家所具有的重要意义。

[如你所说，你之所以离开新闻业是因为“崇敬历史”。这种热情是如何发展起来的？见到某个作者或者阅读某一本书是否起了特别重要的作用？]

或许“崇敬”不是描述这一经历的最好的词，但我发现研究过去会有某种东西让我得到深深的满足，而我不大清楚那是什么。我在档案馆中工作时对它的感受最为真切。一个生命的大致趋向从手稿中浮现出来，目睹一个故事从一份文献向另一份文献展开，这个时候我会有触摸到了离我数世纪之遥的另一个世界的某个人所经历的人类处境的感觉。这也许是一种幻觉，我也许弄错了。也许听起来我像是个浪漫派。然而，档案以其全部的具体性，对浪漫的解释提出了校正。它们令历史学家诚实不欺。与文学学者和哲学家不同，我们必须提出证据以支持我们的论证，我们无法将它从头脑中去掉。我们从档案柜中
163 抽取出它来。我当然知道，别的学科也有它们自身的严谨性，而我们也有要让想象力驰骋的时候。我承认，历史写作中有武断的和文学的方面，而我也不认为自己是一个实证主义者。然而，随着年纪渐长，我对于刻意贬低事实的做法越来越不能容忍。我们无法拥有未经中介的关于过去的知识，并不等于说有关过去的任何说法都行得通，或者说没有一种说法比别的更好。我们可以凭想象进入其他生活，在其他世界里漫游，与其他经验领域发生接触，而且是以严谨的精神而非幻象或虚构来做到这一点。我对新闻记者依然充满敬意。他们也必须把

事实搞清，并且将它们在一个有说服力的叙事中联结起来。然而，当我在牛津完成论文回到美国的时候，我失去了曾经让我颇为自得的从找寻“故事”中获得的满足感。我要在警察局待上很长时间。为了打发报道谋杀案和持械抢劫案之间的时间，我阅读了布克哈特的《意大利文艺复兴时期的文化》。我知道我不能在其他记者面前堂而皇之地读这本书，因此我把它藏在《花花公子》里面。我依然认为这是我所读过的最伟大的史学著作。

[你的大部分著作是关于18世纪法国的。这一兴趣是如何发展起来的呢？]

我还真不知道这个问题的答案。一个20世纪后期的美国人对18世纪的法国如此痴迷，的确有点奇怪。可是，18世纪的法国是一个研究一般性问题的神奇领域，即便对于旧制度和法国革命不那么在意的人也会对它感兴趣的。因此，我认为我的兴趣不光在于法国本身，尽管我热爱法国；这种兴趣与我理解诸如观念与革命之间的关联或者媒体运作的方式等问题的愿望是联系在一起的。法国不仅有非常丰富的史学文献——这样你就可以在以前那些了不起的史学家的工作的基础之上展开研究，而且也有汗牛充栋的档案材料，尤其是我说过的警方的档案材料。我们得记住，法国是第一个警察国家。当然，警察一词在18世纪有不同的含义：它意味着类似于理性管治的某种东西。然而，事实是每个地方都有报告公共舆论的警方代理人。我在有关咖啡馆的警方密探的档案中发现，18世纪20年代有大概40个咖啡馆，因此，拜这个试图了解舆情的警察国家所赐，你几乎可以聆听咖啡馆中的对话。我多少有些离开你所提的问题了，但问题在于一旦你步入一个有关18世纪法国的档案馆，你就无法脱身了，因为那实在是有意思。而且是对于我们今天的问题和关切——比如说意识形态与政治运 164

动之间的关联——来说有意思。因此，尽管我把营地扎在 18 世纪，我可以从那儿出发来研究别的地方。我正在写作的书是研究始于 18 世纪法国的审查制度的，然而又从那儿扩展到了将 19 世纪印度和民主德国的审查制度都包括进来。我的想法是，研究一个我原本在考察旧制度下的法国时所碰到的主题，再看看它在一个全然不同的历史背景下是个什么模样。

[你是否觉得，从事你刚才所提到的这种大范围内的比较研究——那是自从马克·布洛赫以来就在弘扬，却很少有人付诸实践的——使得你能够更加清楚地看到比较方法所具有的强项和弱点？]

由于我还没有写完拟议中的有关审查制度的比较历史，我还无法对它进行回顾，并就在时空之间穿梭往来所具有的困难和益处发表言论。但我还是完成了不少研究，并在“大赦国际”出版的一卷书中发表了一份初步的研究成果；因此我要冒险说上几句。首先，我也确信，比较史学是说得多、做得少。一旦你着手来写的时候，就会因为其中所具有的复杂性而畏手畏脚。就我来说，在与某些人类学家为伍这么长时间之后，我得出了这样的看法：各个文化体系都是特殊的。每个文化都有其自身的风貌，以及种种能把人弄糊涂的方言和断层线，这使得很难对那一文化本身作出概括。那么，历史学家又如何能够在从一个文化跨到另一个文化时得出可靠的结论呢？我对这个问题没有什么总的解决办法，然而我发现了在我看来就比较审查制度而言可行的程序。我并不把审查制度看作一个可以经由任何系统来加以追踪的物自体，像是血流中的放射性物质一样。相反，我试图在三个案例中都将文字作品的显著特征作为一个文化系统来加以界定，然后我再来考察国家力图将其纳入控制的具体方式。其结果就不是诸如压制这样的单一主题的各种变奏，而勿宁说是对于审查者们开展他们的工作以及对他们所做事情的理解的不同方式的研究。他们的理解随着情况的变化而有很大的不同。在 18 世纪的法国，他们认为自己是在使用王室的许可大印。在 19 世纪的印度，他们认为自己是在确立帝国主义的一种自由主义的变种。而在 20 世纪的民主德国，他们认为自己是在从事社会工程。当然，他们的证词要依据其他种类的证据来加以衡量。然而要想对此有所理解的话，我觉得关键是要就每一个文字作品体系自身，并从亲身参与者的角度来理解它，而不是以像经济学 165
家所偏好的某种共同的外在标准来对它加以考量。

[研究旧制度的史学家不大会有机会来观察一个旧制度的衰亡，就像你 1989 年在德国所看到的那样。这一经历是否以任何方式影响了你对法国旧制度的看法?]

1989 年目睹德意志民主共和国的崩溃，确实改变了我对于 200 年以前法国旧制度衰亡的看法——这又是比较史学的一个例证。回过头来看，苏联帝国如此摇摇欲坠，我们因为它居然支撑了半个世纪而大为惊诧；而且我也确信，将来的历史学家们在分析它的衰亡时会为多种因素的决定作用找到更进一步的论证。但是，在我漫游于事件的丛林之中时，偶然事变、未曾预料到的后果以及人类举措失当的能耐给我留下了深刻印象。如今，当我就 1789 年进行讲演时，会花更多的时间来表明，各种事件是如何以无从预知的模式联结在一起的，而执掌权柄的人们又是如何因为笨拙和失误而加速了自己的倒台的。1989 年给我留下尤为深刻的印象的另一个因素，就是公共舆论即便在面对现代化武器时所具有的力量。尽管没有参加 10 月 9 号和 11 月 4 号在莱比锡和柏林举行的关键性的游行示威，但我看到了随后的多次游行示威。反对派的所有外在的记号都让我记忆犹新：标语牌、海报、墙上涂抹的字画、口号和谈话。然而，让我感触最深的是空气中弥漫着的那种气氛——所有人都在起而反抗那个体制。个人微不足道。每个人都被融入了与“他们”相对立的“我们”的集体意识之中。我想，法国政府在所谓的1787—1788年的“革命前夕”也是以同样的方式被孤立开来的。当代人对于这些事件的看法也成了这些事件本身的要素，而团结的情感——像是“我们就是这个民族”的“民族”——也至为重要。一旦体制崩溃了，断层线重新裂开，革命的进程就积累了动量。很早以前，我在牛津做的博士论文中就提出了这种论点，以攻击传统的解释将贵族的反叛作为使旧制度加速毁灭的因素。然而，德意志民主共和国崩溃时我在街道层面上的经历，让我更加倾向于强调集体感知和公共舆论的重要性。

[在你的著作中，好几次提到你的好运，你走进了“历史学家的梦境”之中，即一个等待着被人发现的档案宝库。对你来说，那就是瑞士最大的出版公司——纳沙泰尔印刷公司（Société Typographique de Neuchâtel）的档案库中还没有人碰过的材料。你很多次坦诚地说到
166 过，你诸多关于启蒙运动的著作就来自于这个奇妙的宝藏。你有没有设想过，假如你没有找到这个“历史学家的梦境”，事情又会是怎么样的呢？]

怎么说呢，要设想没有发生的事情是很难的，当然，这样说是没错的：我很大一部分学术生命都是对于接触到这一丰富得令人难以置信而又没人看过的档案库的回应：5万份信件和记事簿以及其他材料，保存得完好无损，就等着有人来看。我对于过去的全部感受都受到了全副身心沉浸于这一非同寻常的史料中的影响。倘若没有这件事的话，我不知道我的生活会循着什么样的方向走。以前，我出过一本关于催眠术的书，讨论的是民众的科学。那是我初次尝试做类似于心态史的工作，尽管我从未听说过当时正在巴黎得到发展的这种研究取

向。不管怎么说，既然这本书涉及的是人们如何看待世界的，我就以大众科学中这样一种奇怪的时尚——催眠术——作为某种在革命前的法国确实广泛传播，并带上了某种激进政治色彩的世界观的一个例证。因此，情况也可能是我继续下去，做出更多的心态史的研究。其实，我所写的名为《屠猫记》的那本书也是继续朝着那个方向前进的。那与书籍史和纳沙泰尔的稿本也没有任何关系。所以，我本可以不做一个书籍史专家的；这一点很明确。我总是梦想写一本有关 20 世纪 20 年代和 30 年代纽约新闻记者的世界的书，因此，我也本可能把那件事做了的。或许哪一天我会做的。

[你是如何发现这个神奇的档案库的呢?]

1963 年，我在牛津做博士论文，在一本瑞士书的某一页下方看到一个脚注，提到或许某个叫作雅克·皮埃尔·布里索（Jacques Pierre Brissot）的人的信件原稿还存在着。我对这个人有兴趣，因为他是对美国和美国革命心醉神往的法国人之一。他与其他亲美派一道在巴黎创建了一个名为法美协会（Gallo-American Society）的俱乐部，并在巴黎陪伴在杰斐逊的左右。他后来成了法国革命的领袖之一。可以说，我是在追索布里索的踪迹，而这个注释提到在纳沙泰尔小城可能有他的信件。于是我给那家图书馆写信，问他们：“你们那儿会有雅克·皮埃尔·布里索的什么信件吗?”馆长回答说：“是的，我们有布里索的 119 封信，这是其中一封的照片。”那张照片是布里索刚从巴士底狱释放出来时给他的出版商写的信，在信中他讲了自己的生活经历，以说明为什么他付不起账单。这让我吃了一惊，并决定一有机会 167
就要去纳沙泰尔看看布里索的这些信件。在我回到纽约，加入《纽约时报》时，哈佛大学给了我一个绝好的研究职位：三年任职，除了研究不做别的。于是，我从《时报》辞职，接受了这个职位，并且尽快去了纳沙泰尔，在那里我发现的当然不仅是布里索那 119 封信，还有成百上千我闻所未闻的人们写的大约 5 万封信：这些人都与书有关，是些印刷商、造纸商、走私人、售书商、出版商、做墨水的人、制版的人、银行家、作者，总之，囊括了你所能想象的所有人。这些信件保存得完好无损，并且分类整理得井井有条，一位退休的化学家将自己一生中最后的岁月用来做这件事。再没有比利用这些文献更容易的事情了。我的第一个反应是我必须写一部布里索的传记，我写了。初稿我写了 500 页，但从未出版，现在放在普林斯顿的抽屉里头。我停了下来，因为我觉得，比起写一个人的传记来说更加重要的，是去写一部书的传记。我关于《百科全书》的那本书正是这样。在浏览纳沙泰尔档案的过程中，我碰到了许多表明《百科全书》面世的内情的手稿，我开始追踪这个问题。没有多长时间，它就变成了一个涉及重大诈骗案的引人入胜的侦探故事（可以说，我们又回头去进行罪案报道了）。这个时候，我就停下来对自己说："等一等，这是 18 世纪最重要的书，狄德罗和达朗贝尔的《百科全书》。我宁愿写一本书而不是一个人的传记，只要有可能，我要尽力说明书籍是如何出现、如何生产、如何流传、如何被阅读的。而在叙事的过程中，我想要给人讲一个侦探故事。"

[你和"年鉴学派"有什么关系？你是否认为自己是"新史学"的参与者？]

年鉴学派给新史学一词上了专利，因而他们将自己与新史学等同起来，我很乐意被视作他们旅途上的一个伙伴。我的许多朋友出自年鉴学派，并参与撰写《新史学》（*The New History*）一书。我想，我不是法国人而是美国人，我并不完全认同年鉴学派。我是在牛津上的研究生，我得说自己或许感染上了英国经验主义；我的意思是我受到鼓励去做档案研究，并尊重英国人所说的事实。现在，我知道事实并非真的存在着，它们是被建构出来的，等等。然而，无论如何，关于历史研究的技术性的方面，关于要进档案馆、发现新东西并且力图理解它们，都有许多可说的东西。这在某种意义上不同于年鉴学派，他们是从非常宏大的概念比如 structure［结构］和 conjoncture［局势］ 168
开始的——至少他们以往常常由此出发。眼下人们对于人类学化的历史有更大得多的兴趣，我也是如此。因此，我要说的是，我的确感觉很接近于年鉴学派，或者，如果你乐意的话，也可以称之为新史学。然而，这种接近并不意味着我就牺牲了更具有英美色彩的某种视角。

［影响了你自己的思想史的主要的作者和著作是哪些?］

这很难说。我就像历史学家通常的情形那样有我自己的英雄，如果让我从历史学家当中来选的话，对我来说当然就是布克哈特，还可以算上赫伊津加，他们两人几乎写的是同一主题，都是以可以称之为人类学的方法来写作的，而且他们都深深浸淫于主题之中，那一主题就充塞在他们身体里面，成为他们的一部分。他们结合了博学多识与思想上的机智。但是，对于任何研究法国史的人来说，我们的神当然是马克·布洛赫。这部分是出于政治上的原因，因为他与法西斯主义进行战斗的勇气，但也因为他是一个极其伟大而富于原创性的史学家，在我看来甚至比他的同事吕西安·费弗尔还要伟大。像是《国王神迹》这样的书现在看起来或许比在 10 年前看起来更具有原创性。这些人都是我心目中的英雄。选择这些人并没有什么别出心裁的地方。但是，比如说，我还与克利福德·格尔茨在普林斯顿高等研究院一起密切地合作。你知道，他跟我一起主讲一门关于历史学与人类学的研讨课，大概有二十几年了，是 25 年，我想。在社会科学家当中他的影响是非常大的。在社会学家中，我所熟悉的罗伯特·默顿（Robert Merton）对我来说很重要。我还可以举出其他英雄人物来，但以上这些人是我显而易见的选择。

[你认为自己并非一位寻常的观念史家，而是一位观念的社会史家，这是卡尔·马克思会喜欢的用语。你是否依然认为马克思有某些有价值的东西是历史学家需要汲取的吗？]

有许多个卡尔·马克思，他的论著涉及那么多的领域，如果有人声称自己从他那儿什么也学不到的话，那不过是在装模作样。我得承认，我并不反复阅读他，或者到他的论著中去寻找解开某个具体问题的钥匙。然而，马克思更加政治化和更具辩论性质的论著却依然充满洞见卓识，其中的许多观点让人惊奇，且其蕴含相当多的非马克思主义。眼下让我得益最多的马克思，是写作《法兰西阶级斗争》的那个马克思。

169 [你会如何将你的著作与另一位著名的书籍史专家罗杰·夏蒂埃的著作相比较？]

人们经常问我："你为什么会与罗杰·夏蒂埃发生这样的论战呢？"实际上，我们是很要好的朋友。但我想，在局外人看起来，我们有过连续不断的战斗。我们互相评论对方的著作，而且很乐于见到不同意见；因此实际情形就是，我写了一本书，他对此提出了某些批评；我又在下一本书或下一篇文章中作出回应；他再就此回应，我们就有了持续不断的对话。然而，与我们所具有的共识相比，批评意见来得微不足道。所以，我觉得，我们发展起来了一种健康的合作关系，在这种关系当中我们对于根本问题有一致的见解：我们都想要理解印刷和印刷出来的文字——或者任何文字，包括说出来的和唱出来的，但主要是印刷品中的文字——作为历史中的一种力量所具有的效能。而这就意味着将其置于某种广阔的社会和文化史之中，而不是仅仅将书籍史视作某种展示博学的东西，可以在其中辨识出水印来，并且确定是否某个排字工人真的为莎士比亚的《安东尼与克利奥帕特拉》干过活。这一类琐碎的问题在很长时间里让目录学家们着了迷，然而，罗杰和我感兴趣的是从更加广阔的视野来考察书籍的历史，讨论印刷品是如何进入普通人的日常生活的这一核心问题。既然如此，我们的分歧何在？罗杰确实比我要更加机敏；我的意思是他在每句话里面都放射出机智的光芒，他就像机关枪一样不断喷射出奇妙而又睿智的观点。读他的东西让人很有快感，因为他的著作中有密集的原创性思想，那是你很难在历史学家中找到的。我要迟缓愚钝一些；也就是说，我钻到故纸堆中，双手脏兮兮地来做研究。这与我以下的看法有关：历史学家的工作有一部分是很卑下、低调，而且甚至是工匠式的。罗杰从来不做档案研究，他用不着，因为他有那么多的想法！我觉得他是个随笔作家，为什么不是呢？那是历史学家当中绝好的一种。有的时候，我觉得罗杰拿走我的研究，而后运用他的思想，得出一个非常具有原创性的变体。我想，所有人都会觉得这很好玩。对他、对我以及对读者而言都是如此，因为如果他们有兴趣的话，他们可以追踪这种连续不断的对话。

我自己的风格同他大不一样，因为我想要以更加系统的方式来探索新的材料。这也许是我提到过的英国经验主义的一部分。也许也是一个趣味问题。我喜欢做研究，因为你在打开新的卷宗开始浏览信件、账本或者别的什么东西时，根本不知道自己将会发现什么。即便照我的说法，历史学家的工作听起来好像是在掘出一道壕沟一样，我也觉得它可以让人在思想上焕发生机。它能让人焕发生

170 机的缘故，就是你是带着设想、模型和假说，带着——这么说吧——你认为过去是什么样子的一幅图景来看档案的。尔后，你发现某些奇怪的信件是与那幅画面格格不入的。于是，发生的事情就是这双方之间的对话：一方是你的先入之见和你考察某个领域的一般方式，另一方则是你发掘出来的原材料，而那往往与你的画面并不匹配。于是，画面发生了变化，你要在具体的经验研究和更加普遍的概念化之间来回游走。

[《百科全书》的传播史表明，它曾经是一部危险的禁书，它让狄德罗进了监狱，而拥有它的天主教徒则被威胁开除教籍，在此之后，它却成了一部“合法化了的非法著作”。正如你生动而又雄辩地揭示的，它一度被视作是破坏宗教和削弱国家阴谋的一部分，几年之后却在曾经禁止过它的同一个旧制度的支持下成了畅销书。这是启蒙运动中的一个例外，还是一个充满暧昧和悖论的时代通常具有的特点？]

我当然同意说那是一个充满暧昧和悖论的时代，然而也许你对于所有这些事情的法律层面强调得过头了些。《百科全书》是一部半合法的非法著作，这是个不大好说清楚的概念，因为我们今天觉得事情要么是合法的，要么是非法的。而年鉴学派所倡导的心态史告诉我们，我们的范畴与其他时期所存在的范畴也许并不吻合。在18世纪，尤其是在书籍的领域，合法与非法之间并没有明确的分界线。比如说，有被说成是默许的这么一回事，还有别的被称作是容忍的情形。我可以给你开列一长串单子，来列举那些用来描述介于合法与非法之间的灰色地带的专门术语。这样的情况下，书籍在销售的时候，警方仅仅是把头扭开而已。但是，如果它们冒犯了某个人，尤其是当权者的话，就会被没收。可警方往往会在他们突袭书店之前的几个小时给店主通风报信。也就是说，在旧制度的许多不同的层面上是有共谋的。从 1750 年到 1763 年掌控着图书业的马勒泽布（Malesherbes）的态度中，我们就可以看到一个精彩而又很能说明问题的例子，这个高高在上的人实际上是对出版自由充满信念的，即便他掌管着一套审查制度。他相信，对于问题应该有公开的论辩，因此他暗中保护了《百科全书》，甚至在主教们和国王的委员会查禁这部书时，他还将其第一版的若干副本藏在自己家中。因此马勒泽布的帮助对于这部成为启
蒙运动圣经的大书的出版而言至关重要。在那个时候，这部著作的印 171
数很少，根本到不了法国普通大众的手中。其中的大部分实际上是卖给了法国之外的王公贵族，这些人希望自己的图书馆中能够拥有这部神奇的著作（而我之所以知道这一点，是因为我发现了其他的史料，让我了解了大多数书的去向）。这个故事精彩的部分是后来才出现的，那时候它的开本缩小了（从对开本到四开本再到八开本），价格也降了下来。价格大幅度下降之后，书就可以大规模地印制了。此时在相互竞争的《百科全书》的印刷商之间就产生了冲突，他们全都想要满足数量庞大的读者们不断增长的需求。正是在《百科全书》历史的这个阶段——18 世纪 70 年代和 80 年代——政府对出版该书予以许可，这更加表明了我刚才所谈到的旧制度的共谋。因此，有足够的理由说，一部曾被官方查禁的书，又经国家的允许而到了广大的公众手中。犹有甚者，政府不仅帮助一个特定的雄心勃勃的法国出版商庞库克（Panckoucke）在法国境外印刷和销售此书（具体办法是在印制好的书进入国内时扭头不看），而且在各家出版商之间的激烈商战中——他们都想要从这一巨大的公共需求中获利——给了他充分的支持。追踪这场战争，并考察法国的国家权力被用来将外国人摒除在竞争之外，真是让人惊心动魄。我还可以不停地讲下去，因为这整个故

事变得极其复杂诡谲而又颇为滑稽。但我必须说，《百科全书》的历史在18世纪的法国绝非绝无仅有，我还可以举出其他一些书，它们因为属于半合法书籍那类让人难以捉摸的范畴，也得到了容忍。

［倘若你现在或者在20年之后来写的话，你关于《百科全书》的这一先驱性的研究会有多大的不同呢？］

这是一部超过600页的篇幅很大的书，但我不觉得本来应该写得更短些，尽管我同意那种认为任何书在变短之后都会变得更好的一般性论断。可我觉得，我本该在文本上花更多的时间。我本来想要将我认为最具原创性的那个方面发挥到最大程度，而在我真的写作的时候（那是很久以前了），根本就没有关于出版商们如何在幕后运作的材料。所以我力图最大限度地发挥我在档案中所发现的东西，并将启蒙运动作为一个经济和社会现象来加以讨论。而如今，我会花更多的时间在《百科全书》的文本上，揭示不同的版本之间如何包含了重要的
172 变动，我也会更多地谈及读者，因为对《百科全书》的读者我有了些了解。这样的话，这一研究就会更多是文字方面的而较少是经济方面的。这就是我会做出的主要变动。除此之外，我会让它保持原样。

［你声明说，《启蒙运动的生意》是你关于书籍作为18世纪欧洲的一种力量的写作计划的第一本。你是否还在继续进行这个计划呢？］

我已经走出了下一步，在1995年出版了第二本书，《革命前法国被禁的畅销书》（*The Forbidden Best-Sellers of Pre-Revolutionary France*），在这本书中，我试图将那些确实被认为是危险的书——因为它们公开抨击王权，或者鼓吹货真价实的无神论，或者确实非常色情——与像《百科全书》这样代表着更加温和的启蒙运动并且因此属于半合法范畴的书籍区分开来。当然，许多书都同时在攻击宗教、君主制和公共

道德。那些是我最喜欢的书。比如说，有一本《路易十四的私生活》，就既是反宗教的、煽动性的，又是半色情的。这些书就是18世纪的畅销书，我对此多少有些把握，因为我进行过市场研究（姑且这么说吧），并用统计数字来证明了这一点。所以说，人们实际上可以追踪书籍贸易的不同层面：半合法的、完全合法的和完全非法的。这个阶段里我的想法是重建完整的书籍文化，了解哪些书确实是读者在读的，真实的书籍方面的需求是什么。而且在这个意义上，我又要说到在档案馆中进行的经验研究，把两手弄得很脏，用大量的证据来说明问题。那儿又有很多其他的问题，更加困难的问题，比如人们是如何阅读书的，他们是如何理解这些书的，甚至于（这还要更困难）这如何影响了我们称之为“公共舆论”的那种神秘事物。还可以再深入一步：公共舆论是如何影响到各种事件的？所以，我认为书籍史通向了非常大的经典问题，比如：为什么1789年法国发生了革命？启蒙运动与革命之间是什么关系？公共舆论又是什么？这些问题不会有终极的简单答案，然而，我的确认为，这种书籍史的研究以其全部的细节和大量的考察最终可以让我们对革命的爆发实现更加丰富的理解。然而，从书籍史过渡到1789年和旧制度的崩溃，这中间当然有不少问题。那将是我下一步将要集中解决的问题。

第三本书将会是对于出版机构内部运作的研究，也即出版商是如何决策的，他们是怎样想的，他们怎样做市场调研（他们确实做了）。我给你举个例子。他们派了个人，花了5个月时间骑马走遍了法国。这个人几乎到过法国中部和南部的每一家书店。考察人们在读什么东 173
西，与书店店主接触，开拓市场，试图了解书籍方面的需求是什么。还有其他方面的问题，比如说他们如何运书的问题和有关走私业的问题。实际上，了解走私的过程和走私者对他们那个行当的理解，真是很有意思。他们不把自己称作走私者，而把自己叫作保险人，走私是一种保险业。这一切都有趣极了，我想要写第三本书，更多地来关注出版业的运作方式。我零零散散地写了些与此相关的论文，想要汇总起来形成一个总的看法，那将是这一系列研究的第三本也是最后一本。然而，没准我不会在短时期内写这第三本书，因为我还有其他想要先做的事情。

[对于启蒙运动，人们有个大体一致的看法，认为它是一场巨大的教育事业：在那个时期，文人群体的各个成员（包括记者、哲学家、小说家等等），都在致力于教育公众。你关于《百科全书》的著作表明，这一启蒙运动核心的教育文本乃是一场巨大的经济事业的一部分，它更致力于赚取钱财和攫取势力而非传播启蒙运动。与商战、分成、获利、合伙、游说、兜售、结盟、竞争、争吵、密谋和贿赂搅在一起，是否有损于其骄傲地将自己命名为 Siècle des Lumières（启蒙世纪）的这个时代？启蒙运动与牟利和生意的这种关系是否可以被视为这个时代的阴暗面，或者，你是否认为，这样一种观点过于幼稚和浪漫，乃是启蒙运动神话的一部分？]

启蒙运动的神话确实存在，创造了这一神话的就是那些哲人们；他们把自己扮演成为了人道的事业而在完全无私地奋斗的战士。其实，我相信那个神话中包含了很多真实的成分。像伏尔泰那样的人的确真诚地要进行打碎 l'infame［名声扫地的东西］的战斗，那其实指的是天主教会。伏尔泰很少从他的著作中赚钱；他确实对卖书的利润没有兴趣，因为他是靠别的办法来挣钱的。他甚至与那些盗窃他的盗版者们合作，因为那是传播更多光明的一种方式！因此，在启蒙运动的深处的确存在一种无私的品质，存在对于事业的真诚奉献。我要明确地说，狄德罗、卢梭和伏尔泰是被致力于解放人类事业的动机所驱使着；要将人类从偏见、从教会的控制以及从国家压迫人的权威之中解放出来。所以，我并不想要贬低这种纯真的理想主义的奉献。事实上，我把启蒙运动视作我们称为知识分子的这种动物诞生的时代。而知识分子作为一种社会类型乃是那些对某个事业有所担当、有所奉献 174
的人。

然而，知识分子也是要吃饭的，而且有的时候还有知识妇女（Madame intellectual）呢，她们又怎么办呢？要知道，这些哲人中有的并没有遵循这一准则——哲学家不应该结婚，不应该有需要他去养活的老婆孩子。如果你是一个有固定收入的贵族，有个家庭当然不是什么问题，但是，比如说，卢梭是个钟表匠的儿子，狄德罗的父亲是做刀具的。他们这样的知识分子就不该结婚；而且为了挣钱，他们有时候被人雇来写作。吸引着我的一个课题就是受雇的作家，我指的是被迫写作以维持生计和养家，或者就是勉强养活自己的作家。换句话说，我的意思是，与理想主义相伴的，是作家必须生活于其中的社会现实和经济现实。

再看看出版商的情形，我们应该记住，出版是一桩生意，你要是认为出版商是为着真理和美来做这桩事的，那可就错了。我的确同意，他们当中当然有人有他们的价值观，并且对真理和美有他们的信念，他们是些出类拔萃的人，然而他们得做他们的生意。他们必须收回利润，否则就得倒闭。而在 18 世纪没有有限责任这回事，一旦破产你就什么都没有了：你的房子、你所有的财产，甚至于你的自由，因为有专门关债务人的监狱。我看到不少信件追踪一个书商变得越来越糟糕的情形：他付不起账单，最后是一个邻居或者一个收账的人写道："他把钥匙放到了门下面"，"他当兵去了"，"他参加美国革命打仗去了"，"他去了俄罗斯"，"他的老婆孩子在教堂门口乞讨"。因此，这些人一旦失败，他们就失去了一切，然后消失无踪。那是一种极其原始和野蛮的资本主义。那些赢了的人往往赢得很大，挣到很多钱，然而，如果你是个出版商的话，你就不是个绅士而是个生意人；《百科全书》这部名著的出版者是些主要想赚钱的人。有人批评我对启蒙运动和图书业采取了过于严苛的经济观点，然而我读过了那么多信，他们在里面谈的都是诸如“金钱是一切事物的巨大推动力”这类的事情，而且我看到他们乱哄哄地凑在一起挣钱，因此我相信，他们是些体面人，但是他们是商人，是像某些经济史家所说的掠夺性资本主义（booty capitalism）时代地地道道的资本家。因此，他们愿意干任何事情：他们会派间谍潜入竞争对手的印刷铺，他们会偷东西，他们在非法出版物上走投无路时就会搞投机，或者做出非常危险的事情。

175 所以，这是桩生意，既然是生意，经济利益就会起主导作用；然而他们所出售的东西——例如，就《百科全书》的情形而论——是其内里和文本浸透了启蒙运动精髓的书籍：它在很多方面都是激进的，整个文本中，甚至在相互参照的内容中，都散布着极其大胆和惊人的东西。我最喜爱的是第一卷，以字母 A 打头的那一卷，那里面有一篇关于食人（cannibalism）的文章（在法文里是“anthropophagie”），你在其中可以看到对于食人的毫不遮掩的描述：如何生火、往罐子里添水和吃人；然而，文章的末尾在其相互参照的文字中只说了一句“参见‘圣餐’（Eucharist）”。而在字母 E 的那一卷中，在“圣餐”的条目下，你看到的是最正统不过的天主教关于领受圣餐仪式的说法；而文章的末尾说的又是“参见‘食人’”。这真是再大胆不过而又极端反宗教的做法。因此，他们出售的是一部非常激进的书，然而他们喜欢将其掩盖起来，办法是把激进之处穿插在字里行间，或者运用像是相互参照词条这类技巧。

让我觉得引人入胜的，是一种现代的、理性启蒙了的世界观与这另外一种现代主义——让人们拼命赚钱的原始资本主义——的结合。我认为，要理解18世纪和启蒙运动，这两者都是必不可少的：一方面，你需要理解文本并认真研读它们，看看字里行间是些什么东西；另一方面，还需要理解围绕它们所出现的所有的经济和社会利益。倘若你能将它们融合在一起，其结果就是我所说的观念的社会史，在其中，观念不会被视作不过是漂浮在空气之中，与社会实在脱离开来。这种历史的诱人之处，就是它通过考察观念如何成为日常世界（包括经济利益的世界）的一部分，可以改变我们对于一般而言的历史而不仅是启蒙运动的看法。

[在你对于历史学家的技艺的最为生动而又精妙的观察中，你认为，“把握住他者”、理解一个异己的文化的最佳方式，是从最为暧昧难懂的材料出发。一个笑话、一句谚语、一种仪式或者我们无法理解的过去的某种东西，恰恰使得我们有可能把握一个异于我们的意义系统。在你有名的著作《屠猫记》中，你正是力图去理解使得对猫的屠杀显得如此滑稽的东西，那令我们如此厌恶的事情对于18世纪一群巴黎的工匠而言成了最具有狂欢色彩的体验。从那时候起，你又表明了将哲学书与色情书归为一类乃是18世纪法国的通例。这是否又是那种并不滑稽的玩笑，对它的破解可以使得我们更加深入地渗透到那些时代的心态之中？]

是的，我想做的就是表明这一点，因为我发现，在关于被禁书的 176
文献之中，“哲学书”的说法比比皆是；而且不仅是出版商和销售商这么用，警方和作者也在这么用。因此，这是一个代号，但它指的是什么呢？看起来我们的分类与18世纪人们使用的分类根本不相吻合，因此，比如说，我们把色情与哲学分别开来，而在他们看来把这两者混在一起却再自然不过。比方说，和性有关的东西似乎可以激发人们的思想。我曾经写过一篇关于色情的短文，大概是这么开头的："克洛德·列维-斯特劳斯说过，绝大多数人并不是用抽象的概念来思考的，他们用事物来思考；他们摆弄物品，并将它们放在一起，使它们相互之间发生关联，就仿佛一个手艺人在修理一张桌子时干的活儿一样。这是以具体之物进行思考，因此对大多数人而言，思想就是他所谓的'具体之物的科学'（la science du concret）。"在我看来，人们也是以同样的方式用性来进行思考的，他们用下流的故事和色情段子作为思考愉悦的本性、爱的本性、权力的本性和一切事物的本性的方式。当然，尤其要紧的是男人和女人的本性。因此，18 世纪的一本畅销书，非常靠近名单——我在对禁书做研究时，系统地估算了销售商对书的需求，并理出了一份畅销书名单——榜首的一本书名为 *Thérèse philosophe*（《哲人特蕾莎》，1748 年；我在《被禁的畅销书》中讨论过此书）。倘若你翻开这本书，你会看到真正的色情，大量关于做爱的淫秽描写，然而每当性伙伴们达到性高潮，在为下一回合的欢愉储备能量时，他们之间就会有形而上学的对话。那是地地道道的形而上学，而且，实际上我已经确认这一文本中的有些段落就是从真正的哲学论著中挪过来的。因此，你看到的就是对我们而言完全水火不容的东西的混合物。于是，你的问题就得到了解答。我发现，"哲学书"一词被用来指色情，这一点很是奇怪，而我在阅读色情书，看到其中混杂着许多形而上学和政治的内容时，也让我惊愕不已。我想，这很能说明 18 世纪的不同和异于我们之处。人们并不是按我们的方式来划分这个世界的。当你进行切实的研究并得出可靠的结果——弄清楚人们阅读些什么，以及在一定程度上，他们是怎样来读的，书籍史的好处就在于，你可以了解他们编排现实的方式，他们理解世界的方式。因此，实际上，政治、色情和反宗教的相互渗透对他们而言是很自然的一回事，就像屠猫对于工匠来说是件好玩的事一样。

[总体来看，你的著作中并没有讨论启蒙运动对于妇女所具有的意义。 177
你对《哲人特蕾莎》——它的主人公是一个女人——这本书的研究，可以看作是你首次涉足妇女史的领域。这样的看法对吗?]

我想，可以说我在妇女史方面从来没做过多少工作，那是我的研究中缺失的一个方面。在有关《哲人特蕾莎》的研究中，我试图在某种程度上对此有所弥补。这本匿名的论著或许是阿尔让斯侯爵（Marquis d'Argens）所著。其中不仅包含形而上学，而且我还将这部书阐释为一个妇女解放的宣言。其中的要点在于，妇女有权享受快乐，而且她们有权为着快乐本身而享受快乐，而不是将快乐视作男人或者社会秩序分派给她们的东西。而且，她们应该掌握自己的身体。这是一个非常激进的文本，不仅因为它反宗教的观点（它基本上是无神论的），也因为它关于妇女的观点，女主人公特雷莎是一个哲学家，她不想要孩子，也不想嫁人。她既拒绝了母亲的角色，又拒绝了妻子的角色，她攻击的是旧制度下妇女的根本处境。她的生活目标是为了自己而追求自身的幸福。这无疑是一场激进的思想实验，为数众多的大多数妇女是无法在 18 世纪将其付诸实践的；然而，的确有一个文本是用那样的方式来讨论问题的。因此，对于我来说，这是一种对于妇女在过去的处境稍作思考的方式。

[《达恩顿之争》（*The Darnton Debate*）一书在研究启蒙运动的史学家中颇引起了一些骚动。你是否对于围绕你的著作和论文编辑成的这本论文集的出版有些不悦，你认为它是有助于还是妨碍了对于启蒙运动和革命之间关系的理解?]

伏尔泰基金会认为，出版一本讨论我的研究的书是值得的，这让我颇为欣欣然，但是，我得承认，其中的某些文章让我读得直皱眉头。我想，有些作者误解了我——这对于从事阅读史研究的人来说真是一次发人深省的体验。不管怎么说，他们的攻击和我为自己所作的辩护有助于澄清某些误解。与某些批评者的看法相反，我从来没有想要写一部启蒙运动史，更没有想要揭穿哲人的观念或者是一般而论的观念。我想要做的是观念的社会史——要理解观念在旧制度下的社会中旅行并“生根发芽”的方式。这个总的企图让我在研究中采取了各
178 种不同的途径：对态度和价值系统的研究（最初是以法国“心态史”的路数，后来则努力结合历史学与人类学）；研究作家和作为一个历史现象的知识分子的出现（核心主题为“潦倒文人”的生活和警方对书刊的监控）；对出版和书籍贸易的研究（我正在准备写作以纳沙泰尔印刷公司和巴黎的相关档案为基础的三部曲中的最后一部）；还有就是对公共舆论的研究（我最近的著作考察的是革命前巴黎的新闻和媒体）。在我自己为《达恩顿之争》提供的论文中，我试图说明这些研究计划有何独特性，以及它们之间是如何相互关联的。我尤其难以接受的是那种简单化的论点，即将书籍视作自明的意义容器，认为找出有因果关联的线索，就可以从书籍的销售直接指向文本的阅读，再到公共舆论的形成、以行动参与革命。但在承认这些复杂性的同时，我仍然坚持我的信念——我们需要通过持续不断地在档案堆中劳作来获取某些基本信息。我依旧认为，了解法国人在读什么、书籍是如何抵达他们手中的，是很要紧的事。我相信，有可能提出某些能够这样来加以回答的历史问题——不是以确定无疑的答案，而是以小写的“真”（truth）来回答。大写的“真”（Truth）是一个让历史学家们不太自在的词，似乎它带有实证主义或者某种形而上学的意味。无论如

何，我相信，我们可以对于人类在过去的处境达到有意义的理解。既然在理论家身上下过功夫——尤其是克利福德·格尔茨、皮埃尔·布尔迪厄和米歇尔·福柯，我是不会将这类研究中所涉及的理论问题化为乌有的。但是，我也要强调其技艺性的那一方面——努力通过档案来追寻踪迹，将字句以某种方式放到一起，让人们重新回到生活之中。档案中有一整个等待我们去探索的世界，永远令我心驰神往。

[你说过，你主要的雄心之一是与丹尼尔·罗什一块儿主持一部有关18世纪末期法国印刷品的集体著作，这与其说是为了纪念1789年原则，不如说是为了重新评估印刷品的力量，并致力于探讨媒体在当今公共生活中所发挥的作用。在你看来，印刷品在一个多媒体交流的时代扮演着什么样的角色？]

让人悲哀的一件事情，与其说是书籍的衰落，不如说是报纸的式微。我不知道被邀请参加过多少次讨论书籍之死、文学的终结之类的研讨会，因此我开始相信，书籍在很大程度上依然活着。另一方面，报纸正在死去，电视正在将报纸从它们原先存在的那种样子排挤到一边。我说过，我一度想要做一个关于20世纪20年代报纸的研究。后
来发现，纽约城里的英文日报有27家，更别提其他语种的了，光意 179
地绪语的就有3家。那真是让人吃惊。如今，纽约有两三家日报。从27家到两三家，这实在变化很大。如果相关的报道是真的，大多数美国公民一天要看五六个小时的电视，那么，我们确实生活在一个被这种新媒体所改变了的世界之中。因此，倘若我要理解作为现代世界中的一种力量的印刷品的话，我还得系统地考察与之竞争的媒体，而在我看来，电视对于人们思考世界的方式产生了巨大的影响。我的意思是，美国很偏僻的地方有些半文盲的人们在追踪着亚洲和欧洲所发生的事情，甚至于还知道那些国家是在什么地方，而这种方式在20、

30、40 年以前还是不可思议的。因此，我觉得报纸已经不再是过去的样子。这并不意味着报纸不再重要，而是它重要的方式不同了。这么说吧，现在的情况是一个圆圈套着一个圆圈，像报纸这样的东西是通过不同的社会层面而辗转发生影响的，于是，有期刊世界中阅读报纸的重要人物，也有制作电视的重要人物，或者阅读这些东西，然后将他们所读到的东西运用到他们自己的电视广播或杂志期刊或别的什么东西里面去的人。于是，这当中就有一个折射的过程，只有很少人才阅读的杂志或报纸就是照这种方式而发挥了相当大的影响。在我看来，要理解媒体在当今文化中的运作方式，你就需要考察各色各式的媒体，而且你当然还要理解我们的文化作为一个文化系统黏合在一起而且经常又四分五裂的方式。那就超出了我的理解范围。我不是研究当代事物的人，然而作为一名新闻记者，我对于决定了什么东西最终能出现在日报上的各种各样的限制因素是有所感受的。

回到 18 世纪，我觉得，我还需要扩展我的视野，考察其他所有媒体。这就是目前我计划研究歌曲、墙头涂鸦、肖像以及谣言和 18 世纪巴黎所谓的“公共噪音”的原因。所有这一切会写成一本书，或许需要好多年，但是这是一本将巴黎的全部媒体网罗无遗的书，还涉及它们拦截和传递信息的方式。因此，我想要先写一部传播史，系统地重建旧制度下的传播体系，而后继续第二阶段的工作，那是对于这些媒体对大革命前夕法国一场政治危机的解释的更加深入的研究。我希望，那会是对于 18 世纪 80 年代各种事件和对于与之相伴的事件的前后相继的评论的更加叙事性的呈现。我想要将这一切都融入一个通论性质的、篇幅庞大的书中，从而对现代史中伟大的奠基性事件法国
180 革命产生一种有深度的理解。它当然不会是想要说明大革命的全部特性，然而，我认为它将有助于我们理解旧制度分崩离析和大量的革命

能量在1789年被释放出来的方式。我的回答偏离了你的提问，我已经又回到了18世纪而远离了当前，然而我确实认为，观点要系统，不是要考察文化系统的一个方面，而是要重建整体，重建全部的内在关联——那实际上乃是一系列的传播体系。换句话说，我觉得我是在从严格意义上的书籍史转移到更加广阔的传播史，而那反过来又会联系上法国革命的爆发这一经典问题。但是，我希望，对别的东西（比方说，其他革命）感兴趣的其他人也会对这种将传播史概念化的努力发生兴趣，并将其运用于他们自身的目的。

[法国启蒙运动中被推崇备至的随笔作家约瑟夫·阿迪生（Joseph Addison）在《旁观者》（*Spectator*）的第一期中说，读者们对于他们所读书籍的作者的生平充满了好奇。对于这方面情况的了解不仅增加了阅读的乐趣，而且对于理解作者的作品也大有裨益。照阿迪生的说法，你愿意满足你的读者的好奇心，告诉他们关于历史学家罗伯特·达恩顿背后的某些东西吗？]

我想，蛮可以把我说成是一个很顾家的人。我有三个孩子，分别是22岁、26岁和29岁，他们都已经念完了大学。因此，我现在极为关心和感兴趣的，是他们如何在成人世界中找到一个位置。我指的是，看着他们，在真是相当困难的情况下帮助他们，这是件有点让人揪心又非常让人兴奋的事情。当然，他们有很多得天独厚之处，他们长大的过程中桌子上总是有面包的，而且他们又受到了良好的教育。所以，我并不真的担心他们会找不到工作，然而，我关心的是他们要从自己的生活中得到满足，完全照自己的而不是我的想法来生活。这听起来可能挺空洞的，然而，这的确就是我所关心的。

至于我自己，我过着相当国际化的生活。我目前一半时间待在英国，一半时间待在美国，这不是一件很寻常的事情，而且我特别与法国，在一定程度上还与德国，有很多联系。我尽量避免太多的旅行，从一个机场赶到另一个机场，因为那让我觉得并不开心。我想要长时间地与人交谈和待在一个地方，这样才能真正有所接触，而且我最关心不过的还是进行研究和写作。但我发现这是可以与旅行结合起来
181 的。换言之，我认为在我和其他许多人的情形中，学术成了一桩国际性的事业，我们不再简单认同于一个国家、自己的祖国。我是说，我厌恶民族主义，而且我对文人共和国（Republic of Lettters）的观念——一个没有警察和边界的共和国，所有人都可以说出他们想说的东西，可以进行公开的辩论——深心向往；因此我被法国人、德国人和英国人视作真正的论辩对手，而不是被简单归类为美国人——我知道四处都有很多反美情绪，这一事实，让我有得到解脱的感觉。

还有别的什么可说的呢？美国的大学生活与欧洲的大学生活或者（在我看来）拉丁美洲的大学生活很不一样。我们生活在校园之中，而校园可以说有时就像文化沙漠之中的绿洲。绿洲非常富有：有艺术博物馆、电影院、自己专业的剧场（我们还有一个业余剧场），更不用说运动设施、没完没了的演讲等等东西了。而且连住房都是由大学提供的。因此，对于养家和过有趣味的生活而言，那是一个很丰富和富足的所在。但它也有缺陷，那就是将你在某种程度上与别的民众隔离开来。在美国有一种危险（或许那是巴西所没有的），大学教授或知识分子与其他人并不生活在同一个文化世界里面。我一迈出校园，突然就发现自己其实与别人说的不是同样的语言。这就是我在法国常常比在美国待得更加自得的原因。我所生活的小城普林斯顿其实就是一个大学城，非常小，就像我说的一样是一块绿洲。它往北或者往南仅仅数英里的地方，就是有着可怕的贫民窟和严重的种族问题的大城市。我觉得自己没有做过任何事情来改善这种状况，而且有时候，我

得承认，在我登上飞往巴黎的航班时，我有一种负罪感，因为我在享受着这种思想富足的生活，然而我却没有为那些陷在贫民窟中的文盲或半文盲的人们做什么实实在在的事情。所以，多少有一点良心上的歉疚感伴随着我的旅途。

我觉得，我可以说到的最后一点，是我发现随着自己日渐年老，对我的著作出现了某些认可，我确实有了一种公民生活。我依然未能改善贫民窟中的生活，然而我涉足了更多的公共活动，比如说纽约公共图书馆的工作，我是那儿的理事。这个图书馆与其他很多的图书馆不一样，是一个对所有人都开放的民主机构；任何人都可以从街上过来预订书，而无须出示一张卡或者付钱。这是一个巨大的图书馆，在美国是第二大的，这是一个有传奇色彩的地方，传统上移民和穷人就是到这儿来让自己得到教育的。理事们付出了很大的努力来保持这个传统，而这就意味着要去募钱、开办系列演讲、组织展览等等。我花 182
了很多时间来做这件事情。我还作为一些机构和团体的理事会或董事会的成员，在校园之外花了很多时间来做诸如出版美国开国元勋的著作、托马斯·杰斐逊和本杰明·富兰克林的文集这类事情。我在任国际18世纪研究会（International Society for Eighteenth-century Studies）主席时所做的另一件事情，是创办了一个名为东西方研讨会（East-West Seminar）的夏季研讨会，将来自东欧和西方的年纪在40岁以下的年轻学者汇集到一起，甚至还在柏林墙倒塌前就这么做了。这个研讨会的使命是在东西方还在被彻底隔离开来的时候在二者之间建立一种持续不断的对话。它还给更加年轻的学者们提供在像巴黎这样的大城市待上一个月的机会，而对他们并没有任何束缚。他们得到一笔颇为丰裕的津贴，替他们解决了一切开支，他们可以结识来自其他国家的年龄相仿的学者。这件事在过去这些年着实花了我不少功夫。换句话说，我发现，随着这种在不同国家间来回旅行并进行研究和教学的吉卜赛人似的生活，我有了一种国际化的文人共和国中的公民身份，这牵涉到与此类似的各种机构，使得你可以将人们召集到一起，并且走出象牙塔的世界，接触到普通人和来自其他国家的人。我觉得自己在那个方面能做一点儿事情；能做多少我不敢说，但是我的确意识到，国家不再是学术的唯一单位，而像我这样的人是国际化的，不是在那种颇有些华而不实的字面意义上，而是在某种更为深刻的意义上——与来自其他国家的人们进行真正的合作，以便我们能够发展出一种共同的文化，即便我们还保持着自己原先的文化认同。换言之，我所谈论的国际主义，不是浮浅表皮的、诱人心魄的世界主义。我讨论的是真正的合作。21 世纪所具有的条件——便宜的旅行和计算机交流——使得我们完全可以比过去更多地跨越国家边界来展开工作；并且，我当然希望这种合作既是东方与西方之间的，同时也是北方和南方之间的。对此我拭目以待。

牛津，1996 年 7 月
（于 1999 年 5 月和 6 月
有所更新和扩展）

论著选目

Mesmerism and the End of the Enlightenment in France (Cambridge, Mass., Harvard University Press, 1968); translated into German, French, Japanese, Dutch, Portuguese, Russian.

The Business of Enlightenment: A Publishing History of the Encyclopédie

(Cambridge, Mass. , Harvard University Press, 1979); translated into French, Italian, German, Portuguese.

The Literary Underground of the Old Regime(Cambridge, Mass. , Harvard University Press, 1982); translated into Swedish, German, Dutch, Italian, Japanese, Portuguese.

The Great Cat Massacre and Other Episodes in French Cultural History (New York, Basic Books, 1984); translated into French, German, Dutch, Swedish, Danish, Italian, Spanish, Portuguese, Japanese, Hungarian, Korean.

The Kiss of Lamourette: Reflections on Cultural History (New York, Norton, 1989); translated into German, Dutch, Portuguese, Italian, Japanese.

Edition et sédition. L'Universe de la littérature clandestine au XVILLe siècle (Paris, Gallimard, 1991); translated into German, Italian, Dutch, Japanese, Spanish and Portuguese.

Berlin Journal, 1989-1990 (New York, Norton, 1991); translated into German, Dutch, French, Italian.

Gens de letters, gens du livre (Paris, Éditions Odile Jacob, 1992).

The Forbidden Best-Sellers of Pre-Revolutionary France (New York, Norton, 1995); translated into Italian, Portuguese, Swedish, German.

The Corpus of Clandestine Literature in France, 1769-1789(New York, Norton, 1995).

The Darnton Debate: Books and Revolution in the Eighteenth Century, ed. Haydn T. Mason (Oxford, Voltaire Foundation, 1998).

卡洛·金兹堡

184 当今还在实际从事研究的史学家中，没有几位像卡洛·金兹堡那样富于原创性，没有几位像他那样文笔优美，更少有人像他一样兴趣惊人地广泛。金兹堡最近几年在加州大学教书，把一年的时间分开来待在洛杉矶和博洛尼亚。他1939年出生在一个定居在都灵的俄罗斯的犹太人家庭。他的父亲利昂纳·金兹堡（Leone Ginzburg）是讲授俄罗斯文学的教授，1944年死在法西斯的监狱中时，卡洛刚5岁；他的母亲纳塔莉娅·金兹堡（Natalia Ginzburg）[1] 是20世纪意大利最负盛名和最受推崇的作家之一。金兹堡在放弃了献身于文学的想法之后选择了历史学，他尤其受到了以对16世纪意大利异端的开创性研究而闻名的意大利史学家德利奥·坎蒂莫里（Delio Cantimori）[2] 的影响。金兹堡的知识生产所具有的独创性很快令学术界大吃一惊。

---

〔1〕 纳塔莉娅·金兹堡（1916—1991），著有 *Lessico famigliare*（《我们常常说到的东西》）、*Levoci della sera*（《夜晚的声音》）、*La famiglia Manzoni*（《曼佐尼一家》）、*Tutti I nostril ieri*（《死去的昨天》）等。

〔2〕 德利奥·坎蒂莫里（1904—1966），著有 *Eretici italiani del'500*（《16世纪意大利的异教徒》，1939），*Prospettive di storia ereticale italiana*（《意大利异端史概览》，1960）。

“留心这个知识分子!”一位美国评论者在 20 世纪 70 年代初期这么说道。

他刚 27 岁的时候就出版了他的第一本书 *I benandanti*（《丰收巫
师》，英译本为 *The Night Battles: Witchcraft and Agrarian Cults in the
Sixteenth and Seventeenth Centuries*［《夜间的战斗：16、17 世纪的巫术
和农业崇拜》］），这是一部颇有争议而又极具创造性的著作。这项
研究的出发点是一群被指控行巫术的弗留利的农民让宗教裁判所仓皇
失措的回答：他们称自己是 *benandanti*［丰收巫师］，他们说自己是在 185
做善事，在夜晚以茴香杆作为武器与巫师的高粱枝进行战斗。这个出
人意料的回答打乱了审讯者的预期，却成了这部在巫术研究方面做出
了重要贡献的著作赖以展开的基础。

然而，使得卡洛·金兹堡 1976 年几乎在一夜之间就有了国际声誉的，是《奶酪与蛆虫》（*Il formaggio e I vermin*，英译本为 *The Cheese and the Worms*），此书研究的是 16 世纪的一个磨坊主——他也因为被控为异端而遭到宗教裁判所的审讯——的宇宙论。在研究弗留利宗教裁判所的审判时，金兹堡又碰上了磨坊主梅诺基奥的让人困惑的案例，他与大多数不愿意开口的嫌犯不同，很爱说话。于是，这个话多的农民把对他的审讯变成了一个向来自他的村庄之外的听众解释他的宇宙观的一个绝好的机会——他把宇宙视作一块长满了蛆虫的奶酪。照金兹堡的说法，尽管梅诺基奥识文断字而且读过一些书，但可以把他视作某种本质上传统的、依靠口口相传的、大众的文化代言人。金兹堡引用了葛兰西，并在卷首引了布莱希特的《工人读史》中的一句话——“是谁建造了七道门的底比斯?”他的著作被称为“自下而上的历史”和历史人类学的宣言书。从那时候起，尽管他对各种标签并无好感，他还是以所谓的“微观史”的领军人物的身份而为人

所知，“微观史”一词被用作由金兹堡和他的朋友乔瓦尼·列维(Giovanni Levi) 编辑、埃诺迪出版社出版的一套丛书的名字，随后很快就变得非常流行了。

金兹堡其他的著作涉及画家皮耶罗·德拉·弗朗切斯卡（Piero della Francesca)，欧洲和亚洲过去两千年里关于巫师的安息日的观念的历史（《心醉神迷》[*Ecstasies*]），现代意大利法制史上一个悲剧性的片段以及法官与历史学家角色之间的关系（《法官与历史学家》[*The Judge and the Historian*]）。这些著作显示了金兹堡在研究中所涉及的课题和方法的多样性，也使得他成了一个不大好归类的历史学家——这是让他颇为心满意足的事情。

金兹堡许多开拓性的研究不是以著作而是以论文的形式出版的。其中被译成了 13 种文字的最知名的一篇，有个让人疑惑的名字“Spie”(线索)，而这篇论文本身对于理解金兹堡的全部著作也提供了若干线索。在这篇精彩的论文中，金兹堡强调了表面看起来无足轻重的细节的重要性，看似微不足道的话语或姿势能让研究者——像夏洛克·福尔摩斯一样的侦探，像弗洛伊德一样的精神分析学家，像金兹堡本人一样的历史学家——做出重大的发现。他发挥了这种特殊的侦探天赋，而且几乎总是由看似无足轻重的细节出发，就他起初一无所知的课题和知识领域进行写作。他的文笔优雅、富于神韵和激情。他自己说过，当他开始学习对他来说是全新的东西时，他就体验到了
186 一种他称为“无知带来的亢奋”的激情，他将这比作一个滑雪者在一片全新的雪地上滑行时所体会到的快乐。

金兹堡在博洛尼亚的家中接受了访谈。刚开始的时候，采访一个对于 16 世纪的审判官和 20 世纪的警察所进行的审问有长篇研究的人，感觉相当奇怪，但采访很快就更像是朋友之间的对话了。金兹堡一直

兴致盎然、积极主动而又颇善言辞，在很长的时间里，他以他所特有的热情谈到了他的思想轨迹和选择，他对于名声的态度，他对于历史学家角色的观点，他对于福柯、博尔赫斯、后现代主义的看法，等等。

玛丽亚·露西娅·帕拉蕾丝-伯克 ［你的背景和教育中的哪些方面在你看来对于理解你的思想和兴趣最为关键?］

卡洛·金兹堡

那可太多了，但是作为一名历史学家，我对于那种把一个人从他或者她的孩提时代到其成年时期的发展看作一条直线的目的论的考察方式颇为怀疑。我无法辨识出我生活中的关键因素，所以我不是最好的裁断者。但表明了这一点之后，我可以试着谈一下我的背景。我父亲和母亲两边都有犹太血统，我的外祖母除外。我父亲出生在敖德萨，还是个小孩子的时候就到了意大利，他在都灵长大，青年时候成了意大利公民。他对于他意大利人的身份和俄国人的身份都同样地极为执着。他研究俄罗斯文学，将果戈理的《塔拉斯·布尔巴》和托尔斯泰的《安娜·卡列尼娜》译成了意大利文，并且风华正茂之时就成了俄罗斯文学的 *libero docente*［讲师］。我提到这一切，是因为不久之后意大利的法西斯政权要求所有大学教授进行忠诚宣誓，而我父亲拒绝这样的宣誓；事实上，正是在这个时候他抛弃了学术生涯而参与了反法西斯主义的运动。对他来说，与法西斯主义进行战斗，是他成为意大利人的一部分（他是在几年前成为意大利公民的）。他作为一个左翼但并非共产党的小团体的成员而于 1934 年被捕（当时他 25 岁），被判监禁四年。两年后的一次特赦让他出了监牢，他又与朱利奥·埃诺迪（Giulio Einaudi）一起创建了埃诺迪出版社，这家公司成了当时反法西斯的出版社的领头羊。意大利1940年参加了战争，作为一个反法西斯主义者，他和全家人被遣送到阿布鲁齐的一个小村庄监视居住。因此，出生在都灵的我是在那个村庄长大的，我们在那里待了三年。我说过的唯一的方言就是那个村子的方言，后来我完全忘掉了。1943年，墨索里尼被捕，那个政权倒台了，我父亲去了罗马，
187 回到了他的政治活动中，担任一家地下报纸的负责人。纳粹的军队刚一占领这座城市，他就被捕了，被指认是犹太人和反法西斯主义者，1944年初死在监狱里，我那时5岁。我们搬到了佛罗伦萨，最终又到了都灵，我母亲——她那时已经出版了她的第一本小说《通向城市之路》（*La strada che va in città*），用的是化名亚历山德拉·托尔宁帕尔泰（Alessandra Tornimparte），因为1938年之后犹太人是不能出书的——在那里开始与埃诺迪合作。她又为这家出版社用意大利文翻译了普鲁斯特的《追忆逝水年华》的第一部，她的所有著作也都是在埃诺迪出的。

倘若要我想一想我的生活和我要做一名历史学家的选择，我要给自己（或者，实际上是给其他人）提出的问题就是：哪些选择至关重要？在某种意义上，这就像是一个棋局，关键的几步在开局之时就已出现。显而易见的是，有很多关键因素是我们无法决定的，像是我们的遗传基因，生下来是男是女，等等。然而，在我挑出的我做出了某个关键性决定的某个片刻，我可以看到某些选择的自由是存在的，然而也有诸多限制。另一方面，还有大量的东西是我们没有意识到的。其实，一个人在生活中做出所有的重大决定——比如坠入爱河或者选择职业时，往往是盲目的和没有足够信息的，这总是让我惊诧不已。我们认为我们是在实实在在地进行选择，但是回头一看，就会发现某个强大的推动力，某个与进行选择所需要的知识没有关联的冲动。我

做历史学家的选择就可以印证这一点。我在尚未成年的时候想要像我母亲一样做一名小说家，但很快就发现我会是很糟糕的小说家。可是，对写作本身的执着一直在我身上挥之不去，似乎我将写小说的热情转移到了写历史著作上面。在某种程度上，这就像是水坝和沟渠：当你把某种东西堵塞起来的时候，就会有更强大的往相邻的方向的推动力，所有被堵塞的因素都成了那个新的驱动力的一部分。我想要成为一个画家的愿望就碰到了类似的情形。我又一次很快就发现我做不了一个好画家，于是在我们搬家的时候将我全部的画作丢在了身后；然而，这种绘画的冲动留在了我的身上，仿佛是负面的动力转化成了正面的动力。我甚至还想到了要做一名艺术史家，那是我后来终于以某种方式尝试过了的。

[你曾经承认过，在你尚未成年的时候从来没有过要当历史学家的念头。尽管如此，你还是在21岁时就发表了一篇开创性的论文，成为一个早熟的历史学家。是否有什么经历让你想要将自己的一生投入对过去的研究之中?]

我说过，我以前大多数时候都在读小说，但是念完 liceo［中学］
后，我就开始阅读本尼迪托·克罗齐的《19世纪欧洲史》(*History of* 188
Europe in the Nineteenth Century)。这本书让我大失所望（克罗齐的其他著作，像他的《逻辑学》就更为振奋人心)。这书是作者送给我父亲的，上面有他手书的献词，“Con grato animo”［致谢］。后来，我发现，作为克罗齐的信徒和崇拜者，我父亲在有关19世纪俄罗斯的部分也给他提供了帮助。因此，我最初涉足历史学，在某种意义上，是由对于我父亲以及他的思想活动和投身的事业的记忆联系在一起的。他有许许多多不同的学术兴趣：他接受的是语文学家的训练，但对哲学、批评、文学和历史也极有兴趣。比如说，他写过东西讨论加

里波第和俄国革命者赫尔岑之间的关系。我快念完中学时，决定参加比萨师范学院的入学考试，并把夏天用来阅读克罗齐、葛兰西、奥尔巴赫的《模仿》（*Mimesis*）等。通过列奥·斯皮策（Leo Spitzer）、埃里希·奥尔巴赫（Erich Auerbach）和詹弗兰科·孔蒂尼（Gianfranco Contini）[1]，我熟悉了基于对某一更大整体的微小片段进行细心研读的文本研究方式。所以，甚至在我开始大学阶段的学习之前，细心研读的研究取向已经成为我理智经验的一部分了。

我被比萨录取之后，有一段时间在艺术史和文学之间犹疑不定——我甚至还受到了哲学的诱惑。我起初念的是文学批评，然而，我在师范学院的第二年，德利奥·坎蒂莫里来了一个星期，主持有关雅各布·布克哈特的《世界历史沉思录》（*Reflections on World History*）的研讨班。我对第一次见到他的情景记忆犹新。他体形宽大、胡须斑白，穿着是19世纪的风格。我觉得他是我看到过的最苍老的人。他那时不过53岁。他的穿着就像是他的老师、哲学家乔瓦尼·金蒂利（Giovanni Gentile），后者是法西斯政权的支持者，1944年被共产党游击队处决。

坎蒂莫里的研讨班是这样开始的。他在讲桌边上问我们当中有多少人能读德文，我们中间没几个人可以。然后，他就开始将德文文本与不同语言的若干种译文进行比较。一个星期之后，我想，我们读了12行。那真是一段让人惊异的经历，如今依然激励着我。最近，我在洛杉矶加州大学的研讨班上，一开始就对学生们说："在意大利有一场运动叫'慢餐'，与快餐正好相反。我的研讨班将会是一场慢读的实验。"与此同时，我发现了一句引文，是罗曼·雅各布森说的一句

---

〔1〕 詹弗兰科·孔蒂尼（1912— ），意大利文学批评家，著有《异体和伪语言学》（*Variantie aHer linguistica*, 1970）。

话，“语文学乃是慢读的艺术”，后来我发现这句话的源头在尼采那
儿。我很欣赏这种慢读的观念。因此，坎蒂莫里对我来说确实是一个
转折点，尽管我并没有马上就决定要献身于历史学。接着，在师范学
院教书的中世纪专家阿瑟尼奥·弗鲁戈尼（Arsenio Frugoni）建议我 189
写一篇关于《年鉴》的文章，那在 1958 年还不是一个显而易见的研
究主题。我开始阅读这个杂志时，被马克·布洛赫吸引住了，并且读
了 1924 年第一版的《国王神迹》——在几年后才有了重印本。那真
是让我大吃一惊，因为在那之前，我以为历史著作大概总是枯燥乏味
的，而这一本却很不一样。这本书给我留下了深刻的印象，我记得在
比萨再度碰到坎蒂莫里时，我说我想要研究布洛赫。

另外一位也让我深深地受到吸引的有名的历史学家，是因为与我家的交往而让我见到的弗朗科·文图里（Franco Venturi），他是我父亲的朋友（文图里也积极参与了抵抗运动）。我通过他得到了第一份挣钱的工作，为埃诺迪翻译布洛赫的《法国乡村史》（*French Rural History*）。我又一次面临选择：要么跟文图里一起研究 18 世纪的某个主题；要么跟坎蒂莫里，他的主要兴趣是文艺复兴后期的意大利异端。这两个人从政治到所有可能的方面都大相径庭。文图里积极参加了抵抗运动，战后他在莫斯科待了一段时间，为意大利政府做文化专员；他是一个亲俄派，一个坚定的反共产主义者。坎蒂莫里是一个 fascista di sinistra［左派法西斯分子］，一个左翼的法西斯主义者；20 世纪 30 年代的某些时候他曾经与共产党非常接近，并在战后加入了共产党。我决定跟坎蒂莫里一起来做研究。我在当时并没有认识到这个决定的重要性。现在回过头来看，我觉得我是被坎蒂莫里那些陌生、遥远，有时甚至遥远得让人难受的东西吸引住了。是的，我觉得距离是很要紧的。或许我这么说，是因为我刚出版了一本关于距离的

话题的论文集《木头眼睛》（*Occhiacci di legno*）。

但是，想一想坎蒂莫里的研究路数和风格，我会说，对于我的决定而言，这些因素比之他的政治倾向更为重要。他的学术风格中有着充满暗示和影射的某种东西，我根本没有而且一直在反对这种东西。但我非常崇敬他；他是我这个时代里面给了我最多教益的历史学家。究其实而论，我认为我们从不同于我们、与我们距离遥远的人那儿学到的东西更多。回过头来看，我觉得，我决定跟坎蒂莫里而不是文图里来做研究，是因为反感后者对反法西斯主义的过于狭隘的忠诚，反感某种我的背景和教养中最为核心的东西。我在 20 世纪 80 年代发表的一篇关于杜梅泽尔[1]的论文，试图表达这种看法，对问题与答案之间的区分，以及在答案无法让人接受（更别说让人鄙弃）的情况下左派往往会漠视问题的倾向进行了反思。然而，对于生物学与文化之间的关系这一完全合情合理的问题，甚至种族主义也是一种答案——在科学上站不住脚和在道德与政治上让人鄙弃的答案。

190 [你提到过你对于重要细节的敏感以及你常常因为讲故事的天赋而受到人们的褒扬。在你看来，你的叙事风格与你曾经想要沿着母亲的足迹而成为小说家的愿望是否有关？还有，对你来说，历史学家和小说家之间是什么样的关系？]

我想，我母亲的样板对我非常重要，但是这也表明，限制性的因素如何不能在某个确定的方向上发挥作用。你可以成为一个无神论者，因为你是一个牧师的儿子，然而，你也同样可以成为一名圣徒。只有回溯的时候结果才是可以预言的。我是纳塔莉亚·金兹堡的儿子

〔1〕 杜梅泽尔（Georges Dumézil, 1898—1988），法国学者，以其对于拉丁文化、凯尔特文化和古代印度文化的比较研究而知名。

这个事实，可以作为我的一个直接的推动力，也可以成为我进行反抗的推动力。你能够看到一种关联，但那是什么样的关联呢？

说到历史中的叙事这个概念，我认为那长时间以来就是以 19 世纪后期的小说为模型的，然而，如果你考虑的是 20 世纪的小说，像普鲁斯特或者乔伊斯的，你就可以看到，虚构和非虚构（fiction and non-fiction）之间的界限即便是在小说当中也可以被弄得模糊不清。

我很喜欢就虚构与历史之间既相互挑战又相互竞争这个角度来思考它们之间的关系。对于比如巴尔扎克这样的小说家来说，历史是一种挑战，而他对于这一挑战的回应是："我是有关 19 世纪的历史学家。"然而，在他之后，我们还有像司汤达和福楼拜这样的以他们的方式来挑战历史学家的小说家。历史与虚构之间的关系是相互竞争的关系，它们彼此挑战和回应，并从对方身上学到东西。

[谁是你主要的提问人？你是否会想象在你写作时有某个人从你的肩头上看过来，对你提出批评，与你进行讨论？]

我与一群朋友之间有经常性的思想交流。而且有时候甚至是写了一句话之后，我都会想着看下他们中的某个人的反应。对我而言，人际之间的交流非常重要；然而在更广泛的层面上，过多的交流不是什么好事情。许多年以前，我突然觉得自己置身主流之中，并且对此感觉很不舒服。我的第一本书《丰收牧师》在一段时间里没有人看，被孤立隔绝起来当然是有好处的。在我出版名为《奶酪与蛆虫》的著作的时候就是这样的情形，此书马上就获得了成功——尽管（而且也许正因为）它并没有我的第一本书《丰收巫师》那么具有创新性。我在出版关于"线索"的文章时也出现了同样的情况。人们马上就做出了反应，我想，那部分是因为这篇文章出现在一部内容繁杂的文集中的同时，也删去脚注发表在一份左翼的小刊物上，而这或许吸引了范围 191

更广的读者。我记得有两个星期，来自整个意大利（卡塔尼亚、米兰和别的地方）的电话让我应接不暇，邀请我去就“线索”发表讲演——我干了好一阵这个活儿。这有点好玩。但是我也感受到了被交往潮流吞噬而丧失了被隔离开来的乐趣的危险。

[你是不是想说，成功会带来某种对于一个知识分子而言是危险的东西？]

是的，成功会带来某种非常危险的东西——即便是像我这样并不起眼的成功的情形。它就像是一只应该被控制住的老虎。就像赌博一样，人们总是受到重复自己的诱惑，以便重复取得成功。我自己是一个失败的赌徒。我玩了五六次轮盘赌而且非常喜欢。有一次在拉斯维加斯，我赌了一个号码而且赢了。我大为高兴，赶快溜走，我意识到了那种冲动有多么强大。我提到这件事，是因为在我的研究中有某种赌博的成分在里头，有一种诱惑把赌注押得更大，而那非常危险。

回头看看，我觉得我害怕成功，害怕置身某种主流之中，而这就让我决心进行抵抗。我同意这里面有点矛盾之处，因为我喜欢说话，喜欢与人交往，喜欢写很多东西，很喜欢自己的东西被翻译，喜欢成功。但是，另一方面，我致力于可以将我带回边缘的研究计划。我不是说我想要采取某种有意的策略，以把自己重新隔离起来，但我很快就意识到情况真就成了这个样子。也许我错了，但我感觉这样的情形在我身上发生了两次。第一次，是有关线索的论文似乎令我扮演了“tuttologo”［万事通］的角色，这个贬义的意大利词指的是那些什么都写、对所有不同的问题都能评论上几句的人。那篇文章实际上论题极其广泛，在我看来，使得公众产生了那样一种我觉得无法不加以抵制的期望。我一下子发觉自己全副身心沉浸于一篇研究皮耶罗·德拉·弗朗切斯卡的论文之中——这不期然地使得我对于艺术史的兴趣重新生发出来。于是，我开始了我已经拖延了一段时间的一个长期的研究计划：《丰收巫师》的续篇。我 15 年之后出版的这本书——《心醉神迷》——让许多批评者大失所望。而自那时起，我的好奇心越来越飘浮不定，越来越感到困惑，就像你在那些收在《木头眼睛》中的文章中所看到的那样。

[你的著作有时显露出来的是将世界视作文本与传统的交织的视野，这让人想起博尔赫斯（Jorge Luis Borges，1899—1986）。他是否以什么方式启发过你呢？]

我会毫不犹豫地回答：没有。我是在 1960 年代早期读博尔赫斯的，他的一些作品让我颇为欣赏。但是我认为他有点被高估了。要我说的话，他是一个优秀的二流作家。他的很多作品中都有种自我耽溺的成分；他断然不会去冒险的。然而我可能是通过伊塔洛·卡尔维诺（Italo Calvino）而受到了博尔赫斯的影响，后者在为人和为文两个方面都对我产生了很大的影响。卡尔维诺在他后期的作品中受到博尔赫斯很多影响，或许这种博尔赫斯—卡尔维诺对我的影响比之我此刻能够分辨出来的要更加深刻。 192

作家乃是能够使我们意识到现实的某些面相的人。这是小说所具有的认知的层面，是卡尔维诺（我自幼通过我的母亲而认识了他）让我认识到了这一点。我们所谓的“卡夫卡式的东西”是我们从前所不知道——也不曾看到——的 20 世纪现实的一个面相。有人告诉我，卡夫卡的一个在战争中幸存下来的侄女曾经说过：“弗兰兹叔叔太过于乐观了。”

我最近的一本书中有一篇文章的题目是“瞧呐”（Ecce），我在那里面讨论了一个从一开始就让我心驰神往的问题。我记得那时候我的妻子路易莎问我在想些什么，我总是回答：“我在思考耶稣。”我的确对耶稣着了迷。我是从这样一个学者们耳熟能详而学术圈外鲜有人知的事实出发的：耶稣是一个处女生下来的，这是由于一个预言被错译而出现的结果。这就将我引向了另一个人们所熟知的话题：被兑现之后的预言在福音书中所扮演的角色。这个话题的涵义（往最少处说也是）极其深远。误译能够催生某种现实，这种看法似乎实在有点悖谬。然而，倘若想一想满世界都有的贞女*的圣所，所有那些信仰贞女的人们，以及由此而来的崇拜和别的一切，你就会看到，一个误译可以成为一种驱动力并创造出现实来。有人可能会说：这就是博尔赫斯。我会反过来说，这是现实而不是博尔赫斯，但是他当然可以令我们意识到这种现实。正是在这种意义上我们可以说，现实中存在博尔赫斯式的面相。

我觉得很有必要强调一下，这不是什么揭穿真相的问题。揭露性的成分只是其中的一个方面。另一个方面则是同情的成分，这是就“一同受苦”的词源学意义上来说的：这是一种试图理解人们为何具有他们所怀有的那些信仰的移情行为（empathy）。这是我阅读布洛赫的《国王神迹》时学会了要进行的区分。一方面，布洛赫很乐意揭露阴谋，并表明在英国和法国国王治疗结核病的背后隐藏着的是有意识的政治策略。但是，另一方面，布洛赫也力图理解为什么那些穷人、乞丐和妇女要经历那么漫长的朝圣历程以治愈自己的病症。在我看来，从这两个方面都展开研究，这种想法对于历史写作而言至关重要。如果说其中有冲突之处的话，那是因为现实本身就是冲突的。

193 [你说过，对你而言，能够拥有广泛的读者是件很要紧的事情。那你觉得你所写作的历史对于专业以外的公众而言有什么意义呢?]

---

* 即圣母玛利亚。——译者注

我清楚地记得在我刚开始成为一个历史学者时，我就有意识地决定，要同时为专业的和专业之外的读者而写作。同时，不在严谨程度、脚注等等方面打任何折扣。我不知道自己是否做到了这一点。最近，情况变得更加复杂了，因为我开始将本来是针对专业读者的文章收辑成书。

写作当中也存在一个悖论。一方面，我想要尽可能地控制读者的反应。比如说，我对于标点非常在意：它所创造出来的不同节律对于人们看待一个文本并赋予其意义起着重要的作用。另一方面，对于来自不同背景的人们对他们所阅读的东西做出反应的方式，是无法加以控制的，对于我的文本被放置在何种语境之中，也是无从得知的。这就是我在看到自己的书被翻译时有一种说不清的感觉的原因。一方面，我很高兴，但是，另一方面，我觉得在某种程度上，我会失去对自己的作品的掌握，它在被译成另一种语言之余，还会被置于一个我往往一无所知的背景中被人阅读。几年之前，我在康奈尔的一次会议上碰到了研究安第斯地区的专家约翰·穆拉（John Murra），发现了《奶酪与蛆虫》被人阅读的奇特方式的一个例子。他告诉我，他在利马的一群试图复活盖丘亚语（Quechua）* 的学生，把我的书当作在他们看来有着明确的政治信念的某种事业的一份证词。我怎么会预想得到他们的这种解读呢？

[你的写作涉及的问题范围广泛得惊人，比如，从美索不达米亚传达神谕的人到教皇约翰·保罗二世，从16世纪的异端到列奥纳多·达·芬奇和伏尔泰。你如何会具有这种无所不包的好奇心和让人吃惊的高产呢？]

我意识到这有点儿不同寻常。我显然不是一个专家，并且实际

---

* 盖丘亚语系南美安第斯高原印第安人的一种语言。——译者注

上，我乐于说自己在任何事情上都是专家。我知道有人会说，我是研究巫术的专家，但这也并非实情，因为一段时间之后，我并没有跟踪那个领域内的情况。所以，我不是一个真正的专家，因为我涉足的事情太多，从事了许多不同的研究课题，而这意味着，我对很多东西并不了解，甚至什么都不知道，包括对于我此刻正在写作或者以前所写过的主题。我确实反复思考过无知、从外面进入一个领域相对而言所
194 具有的好处。我想得越来越多的是，专家（包括我本人）对于许多事物终归是视而不见的；实情就是一段时间过后我们全都无法再以一种新鲜的方式来观察事物。因此，我觉得转移到一个一无所知的领域并不是件荒唐事，因为那样的话，就有可能提出专家们会错过的意义重大的问题。这是我很愿意多做一些的事情。显然，这是要付出代价的。一方面，是资格能力的问题。比方说，我知道自己会出错，会说出过于幼稚简单的话来，等等。另一方面，还有一个接受的问题，我只是近来才注意到这个问题，因为我意识到专家们也许不会注意我说了些什么。《心醉神秘》的一个评论者说了大致这样一番话："我把这书读到了［就比如说是］213 页，而剩余的部分不在我的能力范围之内。"另外有人只评论了此书的最后一部分。因此，我希望《木头眼睛》这样一本涉及如此之多的主题、研究取径和学科的书也能有专业读者来看，但我对此并没有把握。

［如你所说，"无知带来的亢奋"使得你没有成为一个专家。那么，你会把自己说成是一个历史随笔作家（historical essayist）吗？如果是的话，你对于那些批评随笔形式过于肤浅的人们想要说些什么呢？］

历史随笔作家？不，当然不是。然而，我确实是越来越多地在写作随笔，很大程度上被随笔形式所开辟的可能性所吸引。我想，在这

个方面（就像在其他许多方面）我受到了莫米利亚诺[1]的影响。我很幸运，在我生命中相当晚的时候、在他生命的最终阶段，我与他有了某种师生关系。一定程度上，我是从他那里得到了对于随笔形式的热情的。

[以赛亚·伯林区分了两类知识分子——刺猬与狐狸[2]，卡洛·金兹堡属于哪一种呢？]

我觉得，自己越来越是只狐狸，然而我终究还是把自己看作一只刺猬。尽管我涉足过的课题多种多样，我仍旧是在力图把握我最初那一基于宗教裁判所的审讯而对巫术进行的研究所具有的蕴涵。这有点像田野工作之于人类学家。即便是我对于方法论问题所具有的持久兴趣也是由那一经历所催生出来的：我面对的挑战，是要在字里行间爬
梳、研读那些违背当事人意愿的法庭记录，警惕为了审判官的目的而 195
编织出这些供词的方式。这正好就是马克·布洛赫在《历史学家的技艺》（*The Historian's Craft*）中所提到的东西，他在那里谈到，要将中世纪的圣徒传记解读为中世纪农业史的史料，需要某种迂回的策略。

[尽管你所受到的并不是艺术史家的训练，你的作品却不止一次地写到了艺术：关于皮耶罗·德拉·弗朗切斯卡、提香、让·富凯（Jean Fouquet）等。是什么把你吸引到了这个领域？你是否认为，专业的艺术史家们未能注意到“普通的”历史学家们所能够看到的某些东西？]

---

〔1〕 意大利史学家莫米利亚诺（Arnaldo Momigliano，1908—1987）是20世纪最重要的古典学者之一。

〔2〕 以赛亚·伯林（Isaiah Berlin，1909—1997），《刺猬与狐狸：论托尔斯泰的历史观》（*The Hedgehog and the Fox: An Essay on Tolstoy's View of History*, London, Weidenfeld and Nicolson, 1967, 1st edn, 1953）。

也许是这样。你知道吗，克里孟梭说过，战争是件太严肃的事情，不能把它留给将军们。我想，在不同的领域都可以提出同样的论点。因此，也许艺术是一个太严肃的课题，不能留给艺术史家们（当然，历史对于历史学家们来说也一样）。你看得出来，我不止是对绘画有兴趣，我热爱它们。我真心热爱它们。其实，我在图书馆等着某一本书出来时，就会阅读艺术史杂志而非历史学杂志。尽管我是从历史学的角度来考察绘画的，但我的第一反应是视觉上的。只是这个时候就要试图将视觉上的好奇或者视觉上的问题转换成历史学的问题。学会热爱一个画家对我而言是一个了不起的体验，就像见识一个新人一样。我还记得，许多年以前，我还对鲁本斯一无所知（现今这对我而言几乎是难以置信的）而发现了这个大画家的时候，内心所感受到的震动。我在意大利四处漫游，寻找新的地方、小村庄、新的教堂，我会有一种很奇怪的感觉——在我死的时候，意大利的大多数地方仍然是我一无所知的。一个人需要活上三十次才能把这些地方全都看了。而在意大利之外，还有整个世界的其他地方。

我前面说到我感觉在许多年里被彻底孤立起来的时候，应该加上一句话，只有在瓦尔堡研究所（Warburg Institute）我才有了家园之感。我在 20 世纪 60 年代经常造访这个古典传统的研究中心——我在那里为了《丰收巫师》工作了整整一个月——这对我的思想发展产生了重要的作用。然而，视觉材料如此丰富，可以从不同的视角来进行考察，而社会—历史的研究路数与鉴赏家的路数之间的鸿沟（在当今的美国极为突出）是荒唐而有破坏性的。鉴赏家的技艺——那就是，视觉材料中有某种东西是可以转换成为某种本质上是历史性的断言这一事实——让我着迷。当一位鉴赏家表明一幅绘画是在此处、在这样一个地方、这样一个时间，而且或许是由这样一个人绘制的，那么我提到的鸿沟显然就是荒诞不羁的，因为鉴赏家技艺的核心就是一个本质上是历史性的断言。表明一幅西瓜的静物是由画了一幅肖像的画家画的，就意味着在这种基本结构的相似性的背后，有某种可以探知的
更加深层的东西。回过头来看，形态学和历史学之间的关系对我而言 196
就像是贯穿我全部工作的一条线索。

[你总是说自己对马克·布洛赫推崇备至。考虑到他对于他所谓的“起源的偶像”（idol of origins）的强烈否弃，你对于巫师的安息日的研究——你在寻找起源时上溯了2000多年——如何能够成立呢？你是否认为，在这个案例中，与布洛赫的说法相反，起源问题并非一个错误的问题？]

在我看来，布洛赫的锋芒所向，并非对于起源的寻找。他所批评的，是将这种对于起源的关注加以不恰当的扩展；换句话说，他拒斥的是这样的念头：将对于某一体制的早期阶段的解释转化成为对于它得以持存下来的原由的说明。可能给人留下我与布洛赫相冲突的印象的，是我对于列维-斯特劳斯关于结构与历史的关系所发表的观点极有兴趣，并且因而就在某种程度上由于重视结构性的因素而将他与布洛赫对立起来了。然而，其实我在《心醉神迷》中想要将结构性的和历史性的这两种因素结合起来，这样就可以在互动中将它们呈现出来：这个目标我只是部分地实现了。我从一个事件——1331年将基督徒、穆斯林和犹太人都卷入进来的所谓的阴谋——出发，而后试图从更广阔的背景来看，是什么东西使得这一事件成为可能。所以，我是同时在想着要以宏观史来补充微观史，以结构来补充事件：四种因素都卷入了某种复杂的互动之中。我不知道自己是否成功地表明了这一点；我同意说这部书可能是我写过的最为雄心勃勃的书，也许雄心大得过了头。然而，那里有一个我决意要去面对的挑战。我可以这样来

说明这一挑战：倘若说我有足够的幸运去发现“丰收巫师”，我也得尽可能地理解它们。

[你的著作不仅吸引了许多崇拜者和追随者，也吸引了许多批评者。是否有什么对于你的研究的批评对你观点的发展和重新思考提供了帮助呢？]

是的，它们全都让我受益——包括从内部提出的批评。我对于唱反调的技巧颇为痴迷，我原本就有此种倾向，这被我与伊塔洛·卡尔维诺之间的交谈所强化了。向敌人学习、做自己最害怕的敌人，我非常赞同这样的想法——还因为这是一桩极其困难的任务（沉迷于其中不能自拔的风险总是存在的）。即便是很愚蠢的批评意见终归也会是
197 有启发性的，因为它说出了有关你的读者的、有关你所工作的语境的某些东西。当然，建设性的批评意见又是另外一回事了。若干年前，约翰·埃利奥特（John Elliott）就我在剑桥的一次演讲进行评论并提到了安东尼奥·德·戈瓦拉（Antonio de Guevara），那时我对后者的著作还很陌生，真是让人汗颜。对戈瓦拉的阅读，引导我完成了在我碰巧读到拉布吕耶尔*一段话时就产生了的一个已经蛰伏了30年之久的有关陌生化（estrangement）的研究计划。

[约翰·埃利奥特除了是你的对话者之外，也是你的著作《奶酪与蛆虫》的主要批评者之一，在他看来，此书在鼓励将过去原子化方面起了作用。你对他的批评有何反应？]

埃利奥特关于《奶酪与蛆虫》的评论非常慷慨大度；它令人们更

---

* 拉布吕耶尔（Jean de La Bruyère，1645—1696），法国作家，以其《品格论》而知名。——译者注

加关注此书，我为此对他心存感激。后来他的态度变得更加有批判性，他瞄准的（如果我没有弄错的话）不是此书本身，而是如你所说，是它在将过去往往待在边缘的东西带到历史的中心时所可能起到的作用。我没有答复埃利奥特的评论，因为将微观史与宏观史对立起来的看法没有真实意义。将社会史与政治史对立起来的看法更是如此。若干年前，有人问我，在我看来历史学中最有希望的领域是哪个，我对此的回答是：政治史。就是这样，因为我相信人们应该撰写这种历史，但是要以新的视角，将中心与边缘必定相互蕴含这一事实纳入考虑之中。

[你是否认为所谓的“自下而上的历史”走得太远了？]

我在《奶酪与蛆虫》中写道，要紧的是要表明，默默无名的人们的历史是可以（而且应该）写出来的。这句话显然有其惹人争议的锋芒。然而，作为一个研究计划，“自下而上的历史”显然是不充分的。档案中充盈着默默无名的人们的故事；问题在于人们为何选择这一个而非另一个故事，为何选择这一份而非另一份档案，如此等等。一个让人心生敬意的学术规划可以很轻易地就变成陈腐的俗套，让它的支持者们自以为是——这是我很厌恶的东西。一想到“自下而上的历史”可能成为一种口号，就让我高兴不起来，觉得索然寡味，因为这可能意味着以某种正统的研究历史的路数来取代另一种。这就是我一直在研究不同的主题并从不同的假设出发的原因之一。因此，在某种程度上，我可以说，我自己的目标是让从我的书中可能得出的所有预期都落空。否则的话，我就会陷入某种俗套，而且也会变成一个布道者，这个角色也是我极其讨厌的。

[研究过巫师和巫术之后，你忍不住要研究历史中的妇女。然而，你 198

似乎对于从性别角度来讨论你的主题没有任何特殊的兴趣。你能告诉我们你为什么不这样做吗？]

从这个角度写出来的当然既有很好的东西，也有糟糕的东西。我自己在面对这个潮流时显得非常迟缓。然而，另一方面，我得说，在我开始研究巫术时，我想要针对的是一种（并非基于严肃研究的）陈词滥调——认为被指控行巫术的人中绝大部分是妇女，因为我发现了足够的相反证据。有时，我在学术上做出的反应会是极其迅捷的，偶尔会出错，或许经常出错。其他时候，我做出反应也会很慢，仿佛我需要逐步地对某种挑战做出诊断。我说过，我关于陌生化的文章就是这种拖延了的反应的一个例证。我对于妇女史的回应又是另外一个例子。我只是逐步地才意识到，我过去往往视为中立的历史研究取径，其实是一个男人的历史研究取径。也许有一天我会写点东西好好地阐述这一点，然而我不能再等上又一个三十年，就像是研究陌生化的情形一样。实际上，我想，我正在写作的关于伏尔泰的东西，就以一种奇特而又迂回的方式，包含了对于这个问题的某种回应。

[你曾经承认，不喜欢自己的那本《尼哥底母主义：16 世纪欧洲宗教的伪装与掩饰》（*Il nicodemismo: Simulazione e dissimulazione religiosa nell' Europa del' 500*）*，还有就是，你那本《丰收巫师》，尽管没有取得像是《奶酪与虫》那样的成功，却是一本更高明的书。你的著作中你自己最喜爱的是哪本？]

可以说，我最喜爱的是最近这一部，但这可能不过是来得最快的

---

* 尼哥底母是一位有声望、有地位的法利赛人，曾秘密拜见耶稣。尼哥底母主义者专指 16 世纪的一类人：他们赞成宗教改革学说，但又怕受到迫害而隐瞒自己的观点，并假装信仰天主教。——译者注

答案。我对《丰收巫师》一往情深，因为那是我的第一本书，一切都是从那儿起步的。伊塔洛·卡尔维诺曾写道，第一本书就是某种最初的姿态，一个人随后所做的一切都是由那第一次冲击生发出来的。就像一副棋局，你开局的走法就产生了初始性的限制，使得你无法走回头路。我说过，我认为那也许是我的书中最具挑战性的一本，并且给了我被孤立起来的感觉。至于《尼哥底母主义》，我不喜欢它，是因为它或许是我所写过的最学术化的书。它是与刚过世的坎蒂莫里继续对话的一种方式，也向我证明了我是一个真正的历史学家，我以后就再也没有这种需要了；无论是因为就在那个时候我成了一名真正的历史学家，还是因为我不再在乎这一点了。可我也不想彻底否定这本书（它的研究策略中有某些东西是我依然感觉很亲近的），尽管我总是拒绝允许再版这本书，因为那样的话，就需要一篇长长的导言来说明它 199
的若干章节中有什么错误的东西。另一本今天看起来有些奇怪的书是《容忍的游戏》（*Giochi de pazienza*），那是我与我的朋友普洛斯佩里（Adriano Prosperi）合写的，讲述的是我们合作研究 16 世纪宗教论著的故事。我从来都无法理解为什么埃诺迪出版社会决定重印这本书。那是有意要让人难以卒读的一本书。然而，它的研究的核心部分是很不错的，普洛斯佩里在他若干年来一直在写的有关西库罗（Giorgio Siculo）——一个 16 世纪本笃派的僧侣，以异端罪名被处死——的著作[1]中将会表明这一点。但是，《容忍的游戏》也是一种方法论的宣言。我在论线索的文章中将其中的某些主题做了发挥。

你知道，《奶酪与蛆虫》迄今是我的书中最为成功而又被翻译得最多的一本。但是，在蒙特雷亚莱——磨坊主梅诺基奥出生的弗留利

---

〔1〕《伟大之书的异端邪说》（*L'eresia del Libro Grande*,Milan, Feltrinelli, 2000）。

那个村庄——人们对这本书的接受颇有些奇怪。蒙特雷亚莱的一名学校教师阿尔多·科洛内洛（Aldo Colonnello）、一个有着巨大思想力量的人（我们成了好朋友），为老年人建立了一个中心，并将它命名为梅诺基奥中心。近年来，这个中心开展了许多学术活动，包括纪念梅诺基奥逝世500周年的国际研讨会。会议在村里的教堂中举行。在教堂里纪念一个异端——我相信，自圣女贞德以来这还是头一遭。眼下，在蒙特雷亚莱你可以买到纪念梅诺基奥的衬衫和海报，上面印着审判中的一句话：“cercava uno mondo nuovo［他在寻找一个新世界］。”我也成为了蒙特雷亚莱的荣誉村民——这让我非常自豪。通过一系列的连锁反应，我的书成了弗留利的认同的重新发现的一部分。《丰收巫师》也出现了同样的情形——最近我发现，在弗留利有一个名为“丰收巫师电子乐”的摇滚乐队。我在写作《心醉神迷》的时候问自己：“我是想要一个巨大的失败呢，还是一个微小的成功？”在意大利语中，successo［成功］也有成就的涵义。当然，巨大的成功再好不过，仅次于它的是巨大的失败。这就是我身上的赌博的因子。我不知道《心醉神迷》是不是我的书中最好的；但它显然是我投入最多的一部，其中包含了某些非常个人化的成分。

［照杰克·古迪的说法，比较乃是历史和社会科学中极少数能与科学家进行的实验相当的东西之一。有关比较研究对于理解过去所具有的重要性，你同意他的看法吗？］

我想，是布洛赫说的，唯一能够替代实验的就是比较研究，因为，比如说，要通过做实验来开展一场宗教运动，既不可能，也不道
200 德。想一想，布洛赫这么早之前就在那篇著名的论文《欧洲各社会的比较史学刍议》（“A Contribution towards a Comparative History of European Societies”）中勾画出来的研究方向，依然还如此具有生命力，

却只有寥寥可数的几个人真正从事了那样的研究，真是让人惊愕不已。所以，我完全同意进行显明的比较研究的重要性。另一方面，不做比较是不可能的，因为心灵工作的方式总是包含了各种隐而不显的比较。日常经验中对于过去的回忆的持续不断的介入，就总是蕴含了比较在其中。

然而，当你是要进行系统的比较，以理解比如说欧洲文明有何独特性使得它能够征服世界——我不是说这是好事，但这是不可否认的事实，就会面临许多困难。我以为，与没有明言的假设相联系的困难是最为严重的，因为在对不同文化进行比较时，比较将这些假设明确化。而这不是一件容易的事。在某种意义上，每一个历史学家都是一个置身于过去的外邦人，然而，当面对的是一个与我们极为不同的文化，比如说中国或者非洲文化的时候，我们还更加外在于它们。所有没有明言的假设都仿佛是用看不见的墨水写就的，要想把握它们来得尤其困难。

[你已经声明过，你宁愿待在边缘，不仅是历史学职业的边缘，而且是一切的边缘。你说过，有许多次，你到办公室去见你的学生，就好像是去看一场电影。那么，你觉得自己是在力图作为一个观众来与这个世界发生关联吗?]

去看一场电影——是的，很久以前我说过这话，那时候的电影还很好看（我变老了，觉得大多数电影很乏味）。然而，我对学生依然充满好奇心。关于你的问题，是的，我身上唱反调的习性已经问过我这个问题。我了解处在这个位置在理智上所具有的德性和潜能，而且由于我一直半年待在洛杉矶、半年待在意大利，我做一个局外人的可能性就成倍地增加了。但是，我也看到处在这个位置所具有的缺陷，以及仅仅做一个旁观者在道德上是不可接受的。奇怪的是，我刚开始每年离开意大利，就被迫要抵消我身上的这种倾向，因为我卷入了对我的朋友阿德里亚诺·索弗里（Adriano Sofri）的审判，他因为一桩他没有犯过的罪行而被指控。这是我作为历史学家唯一一次要亲身投入一桩当代的事件之中，意识到我写的东西可能会导致情况有所不同——遗憾的是，这种情况并没有发生。然而，即便一方面我认识到了纯然作为一个旁观者所具有的危险，我也总是对做一个介入现实的历史学家的想法心存疑虑。仅仅因为一个研究课题与当前的关切相联系而选择它，对于历史学来说不过是一种目光短浅而心胸狭隘的研究取径。在
201 你看来与当前的关切格格不入的东西也许仅仅两天之后就会成为现实介入的焦点。我记得我 1969 年在罗马的时候，我的学生只对一桩事件有狂热的兴趣：1920 年都灵工人对工厂的占领。他们无法再考虑其他的事情。而正在研究巫术和写作《丰收巫师》的我，与他们相距何止数千光年。可是，一段时间之后——我总是喜欢回忆这一点——意大利的街道上又出现了各种集会，女权主义者们喊着："tremate, tremate, le streghe son tornate［看呐，看呐，巫师们又回来了］。"

［在一个历史学经常被视作日益碎片化的时代里，在你看来，有没有什么东西能够将所有历史学家团结起来？］

我知道有许多历史学家抱怨历史的碎片化；我不这样。观点的碎片化的出现在我看来很有好处。毕竟，历史学是一门前于范式的学科——在库恩的意义上，或者至少是在库恩的一种意义上。换句话说，历史学就像是波义耳之前的化学或者欧几里得之前的数学；也就是说历史学中还从来没有出现过创造了强有力的统一性范式的一位伽利略或者一位牛顿。而且，也许也不会有这样的人了，而这就意味着历史学也许永远就维持在一个前伽利略或者前牛顿的阶段。其结果之一就是，倘若我们看看满世界正在搞研究的历史学家，我们没有办法

断定这一位或者那一位是在范式之内或在专业之外。我只能用否定性的范式来描述这种情形。如果有人说的是这样的东西，“上帝直接在干预人类事务”（就像是中世纪的编年史有关十字军常常说到的），那这个人就是将他或者她自己自外于这个行当了。然而，除了与此相似的极端情形之外，在历史学中人们可以说很多很多不同的东西，甚至是相互冲突的东西，却依旧属于这个专业之内，而在科学比如说物理学中，就不会是这样的情形了。

其结果就是历史学研究主题的意义并非当下可见的。这最后的一点在我看来极为重要。我觉得我们都已习惯于既与国家史又与世界史相关联的现成的意义的等级制了。比如说，在英国史的领域内，英国在世界史上所扮演的角色蕴含了某些事件的意义，而那就意味着比如巴西和意大利在 19 世纪本质上就处在边缘位置。好在这是已经成为明日黄花的了，因为在一方面是 a priori［先天地］给定了其意义的主题（如法国大革命），另一方面是依赖于研究结果而 a posteriori［后天地］给定了其意义的主题（比如说，对于意大利北部或者巴西南部一个社区的研究）之间，是存在分别的。说来说去，这就是微观史的启示之一。我还在做学生的时候，存在一种明确的意义等级制，而 202
《丰收巫师》被视为关于那些无足轻重的人们，只不过丰富多彩罢了。因此，我得强调，那里面有多得多的东西。

我将这种变化看作是与人类学对历史学的冲击相关联的，因为在人类学中，一篇特定的研究论文的重要性，并不与如此这般的一个部族的重要性相联系，就像马林诺夫斯基所说的。相反，它是与研究所提出的问题和答案的总的质量相联系的。我在研究磨坊主梅诺基奥时就面临这个问题，而且觉得有必要在导论中说明我为什么要研究一个磨坊主，为什么是那个具体的磨坊主。我的想法，是要表明研究一个弗留利的磨坊主对于弗留利之外的读者以及潜在的每一个人所具有的意义，因为通过这个例证可以提出更大的问题来。今天，我不会再用同样的办法来为自己的研究做辩护，因为我认为这场战斗已经取得了胜利（至少在某种程度上）。但是，我想补充的是，对于其意义是 a priori［先天地］给定主题的研究，比对于其意义是 a posteriori［后天地］给定主题的研究而言，并不见得就更好或者更重要。我想说的不过就是，好的研究就是好的。

［你经常被人说成是心态史学家，尽管你曾多次批评这种研究路数。你是对某种改良了的心态史更为偏爱呢，还是完全就拒绝这种研究路数？“社会想象物”（imaginaire social）的新史学对你的批评做出回答了吗？］

我对包括微观史在内的各种标签没有兴趣，因为它们很容易就会变成口号，而我根本就不在乎人们是叫我微观史家还是心态史家。另一方面，我觉得像布洛赫的《国王神迹》那样的书当然是开辟了那一研究领域，尽管他并没有使用那个标签。不管怎么说，他没有将那种研究路数与别的路数对立起来，而且事实上，他还成功地将政治史与人们所谓的心态史结合起来了，那在我看来非常重要。“社会想象物”是又一个标签，这样的话它就没有多大的意思。真正要紧的是由某种研究路数所产生的结果，以及它们所引发的特殊困难。

［你在谈到自己的经历时，提到你造访档案馆却不知道要寻找的是什么东西，还提到你的发现的偶然性，以及机遇、风险和直觉在你撰写历史的方式中所具有的重要性。你是否觉得，你的这些断言有些让人烦恼不安，与惯常教给学生的东西相矛盾，并且表明能够教给未来的历史学家的其实并没有多少东西？］

那些触动或者激发了我们身上某种东西的偶然事件让我疑惑不
已。虽然，我并不是说那里面有什么非理性的、神秘的东西。各种随 203
机事件包围着我们，问题在于我们要对什么事件做出反应，因为我们并非消极被动的接受者。我们的全部生活在这个片刻都预先给我们划定了一个宽广的反应范围，而只有那个范围内的一小块才会成为现实；换句话说，我们可以对如此之多的不同的东西做出反应，但是我们只会针对其中的某些并且以某些方式做出反应。比如说，在我发现有关“丰收巫师”的档案时，我多少是在随机地进行研究，然而，我看到了它所潜藏的意义，这么说吧，是因为我已经涉身其中并且与之发生了互动。通常，我的研究是从一闪念，从“啊哈!”一声的反应而开始的，随后我就会澄清这一声“啊哈!”，把问题发掘出来。这与我在关于陌生化的论文中——那是从引自普鲁斯特的一段话而开始的（我的引用有个别错误的地方）——所着重阐发的看法是相联系的，我在那里提出历史应该从后头写起，从结论写起。因此，最重要而又最困难的事情就是对于未知的和未曾预料到的东西要保持潜在的开放性。

既然比我的学生更为年长，又读过更多的书——那已经成为我现成背景的一部分，我对于偶然事件所可能做出的反应必定会有所不同；我的“啊哈!”——这么说吧——与我以前的阅读有着紧密的关联，而那并不是我的学生的背景的一部分。因此，我身上，我成为的那个历史学家的身上有某些东西是无法教给别人的。事实上，我认为教人是一桩不可能的任务；然而，人们就在干这桩事。我知道，我从许多人那里，有时候从我仅仅见了几个小时或者几分钟的人那里学到了东西。因此，我猜想我也教给了别人某些东西，然而在某种程度上，我又对此心存疑虑；对我的教学比之对我的论著有更多的疑虑。

毕竟，我可能会出错，然而倘若我能够避免自我耽溺——我希望我能够，我就是对于我的论著的最好的裁判。另一方面，教学既然涉及别人，就难以检验。既然这是一个有时候难以用言辞充分表达的过程，也许教人某样东西的唯一方式就是展示，就像教人烹饪一样。我们能够从烹饪书上学会做菜吗？我想，像大多数人类活动一样，教烹饪的方式就是：观看，实践；看看我是怎么做的，如此等等。

多年以前，我和我的朋友索弗里之间有一次访谈，他问我对于年轻历史学家有什么忠告。我当时的回答是“多读小说”，因为我觉得，年轻史学家应该培养我所说的道德想象力，那是能够令我们对于人类、对我们自己和其他人做出猜想的东西。这些猜想是建立在我们从与他人的互动中学会的东西之上的；而这中间的许多东西在我看来又基于我们所阅读的东西——从童话故事到当代小说。阅读为我们打开了一个人类可能性的范围，而且倘若我们能够幸运地读到陀思妥耶夫
204 斯基的《罪与罚》的话，与拉斯克尔尼科夫的相遇总是会影响到我们看待人类的方式。然而，如今我会犹豫着要不要给出同样的答案，因为我不想将自己与抹煞虚构和历史之间的分别的当前潮流搅合在一起。我仍然很喜欢读很多小说，但是我会补充上一句告诫的话：“读小说，但是要明白历史和虚构是因竞争和相互挑战而彼此关联的不同的文种。”

［你曾说过，与诸如医学和占卜等其他学科一样，历史学也同样具有一种猜想的性质，这使得它们所生产的知识不可避免地就是推断性的。尽管如此，你还是认为它们也是科学的。你能够就这个表面看来矛盾的说法谈一下吗？］

问题在于知识产生的过程非常复杂，并不是沿一条直线展开的，而是通过朝着相反的各种方向的运动而获得进展的。这就是争议以及

（甚至是）战斗如此重要的原因。因此，我确实向着获得洞见的方向走了一步；可是，因为这可能会变成一句口号，我决意试图让它更加复杂，而将注意力集中在证据和材料的问题上（我必须再说上一句，一经意识到对于历史的怀疑主义态度在道德和政治上的蕴涵，我就觉得一定得这么去做）。这是矫正错误形象并且强调外在世界的强制性作用的一种方式。我依然对于这个问题充满兴趣：为什么某些洞见可以证实或者证伪，而别的一些对于验证却多少有些抵拒。这确实就是普洛斯佩里和我在《容忍的游戏》中试图描述的研究经验之中的错误路径，探讨为什么某些策略、取向或猜想无法立足而被人们抛弃的原因。

19 世纪晚期和 20 世纪早期极为盛行的证据观念，在最近这 20 年里变得极其落伍，因为历史学家们变得越来越受到抹煞虚构与历史之间差别的观念的引诱，而且他们自身也不再关心要证明什么事情。这是一件非常糟糕的事。我认为证据观念正在再度变得重要起来，而我当然想要尽自己所能为这种兴趣的增长尽绵薄之力。可是，如果说这种怀疑主义的态度有害的话，它所表呈出来的那种挑战却非常重要，因为它表明在多少有些肤浅的答案背后是有实实在在的问题的。换言之，它表明，有一个怀疑论的问题是历史学家们应该认真对待的。我想要这样来说明自己的态度：一方面，我想要将虚构与历史之间的分别保持得尽可能清晰，并且表明，尽管历史学家是受到局限的人，而
且知识也是受到局限的，但事情总有其客观的一面，它是可以为依据 205
不同假设进行研究的人们所证明和接受的。毕竟，我是在致力于科学，而且在我的论著中有某种非个人性的东西；它们不是虚构，它们有大量的脚注。献身科学的理想有某些我个人的内涵——或者联想。我的外祖父朱塞佩·列维（Giuseppe Levi）——我母亲的《我们过去

常常说到的事情》一书的读者会记得他——在我幼年时期给了我极大的影响。他是一个了不起的生物学家，曾被考虑授予诺贝尔奖，但没有得到，可他有三个学生拿到了诺贝尔奖——这可是不同寻常的。他有着强烈的个性，智力惊人，我想，我所持有的某种 19 世纪的科学模式就与他有关；因此，我在写到莫雷里（Morelli）时，多少有点儿想着我的外祖父。

知识是可以证实的，准备好了接受游戏规则的每个人都必须接受真理，即便它让人不快，这是我从弗洛伊德那里学到的东西。人们必须面对让人不快的甚至让人痛苦的东西。

[你有关梅诺基奥的研究与勒华拉杜里的《蒙塔尤》和纳塔莉·戴维斯的《马丁·盖尔归来》因为属于历史学中的后现代主义传统而受到褒扬。你同意这种看法吗?]

一点也不同意。我想，安克斯密特和其他一些人完全误读了所有这些著作。我意识到，尤其是在美国，阅读我的《奶酪与蛆虫》和我关于“线索”的文章的人们把我看作是后现代主义史学家，这让我听起来觉得很奇怪。我的野心是既受实证主义者，也受后现代主义者的攻击，被实证主义者视作后现代主义者，而反过来又被后现代主义者视作实证主义者。这不是因为我处在中间地带。其实在我看来，站在中间是不可能的：真理并不处在中间地带，问题的解决之道也不是在一个瓶子里灌上一半的实证主义和一半的怀疑主义。至少在更早些的阶段，不应该找一个妥协的办法；相反，应该尽可能地将矛盾推至极限，以使得它全部的潜能都显现出来，正反双方的论证也就可以得到评价。这样的论战会带来许多问题，比如说要了解一则证据在多大程度上是与社会现实相关联的，以及如何可以对此做出评估。这种关联并不像许多实证主义者所认为的那样彰明较著。我曾在什么地方写到过，我认为既不要将证据视作一扇对着社会实在敞开的窗户，也不要将其视作妨碍了我们看到证据本身之外的任何事物的一堵封闭的墙，就像后现代主义者所认为的那样。它更像是一副有些歪曲效果的眼镜，而问题就在于考察这副眼镜是以何种方式发生歪曲的，因为这是我们唯一赖以通向实在的渠道。论战中所暗含着的一个更大的问题， 206
是与“受拘限的知识”（situated knowledge）——用多娜·哈拉维（Donna Haraway）的术语来说——的问题相关联着的，因为它蕴含着一个严重的政治上的危险：在一个社会中，每个群体——犹太人、黑人、同性恋者等等——都是为了自己而对自己发言的，都是从它特定的假设出发来撰写它自身的历史的，根本就不会费心去证明什么东西。“受拘限的知识”固然无可否认，然而人们应该将它当作起点，而不是结局，以便使得沟通和理解成为可能。

[你指出，企望从研究过去之中得出对我们所面临问题的解决之道，这是一种浮浅的历史研究取径。那么，对于过去的研究要怎么样才是有意义的呢？]

通过帮助人们体察不同的文化、体察到人们可以是不同的，他们过去不同、将来还会不同，历史学就可以拓宽想象力的边界，促进人们对于过去和现在不那么褊狭的态度。这是老生常谈了。然而，学术工作所产生的影响是无法预言的。

我再对前面讲的话补充一个例子。今年（1998 年）年初，我收到一封信，邀请我参加罗马的宗教裁判所档案馆揭幕的研讨会。我答复说我不能去，但是我接到梵蒂冈一个档案学家的电话，说我不去的话会是一个非常大的遗憾，因为，照他的说法，我曾经以一封信对那件事有所贡献。事实上，在我未能出席的那次会议上，拉琴格红衣主教（Cardinal Ratzinger）的讲演中引用了我 1979 年写给当选不久的教皇约翰·保罗二世的信中的一段话。我大概是这样写的："我是一个犹太裔的历史学家，一个无神论者，我研究宗教裁判所已经很多年了，而我认为，你应该开放这个档案馆，因为你可以以这种方式证明，教会不害怕将自己交付给学者审判，即便是事关宗教裁判所这样的案子。"一个犹太人要求开放宗教裁判所的档案，当然有助于改善教皇的历史姿态。

［你是否有自己的什么理论或者历史哲学？］

对于作为反省人类历史的一种方式的历史哲学，我颇为怀疑，然而我一直想着要写一篇关于这个主题的文章，那是以一首简短的童谣作为其箴言的，那首童谣是这样说的："Questa è la storia della vacca Vittoria; morta la vacca finite la storia［这是维托利亚这头牛的故事。牛死了，故事也就结束了］。"在意大利语中，storia 同时兼有"故事"和"历史"的意思。可以说，这就是我的历史哲学——人类将会毁
207 灭，希望这来得尽可能晚一些，然而，人类注定了终有一死。集体自杀变得可能、历史的终结触手可及这一事实，标志着人类历史上一个真实的转折点。这样一种可能性回过头来看对于我们考察历史所产生的影响，还需要历史学家来进行研究。因此，我在考虑用那个"维托利亚这头牛的故事"作为雷蒙德·格诺（Raymond Queneau）的诗《便携式的微型宇宙论》（*Petite cosmogonie portative*）的一个注释，在这首诗中，格诺用了两行诗句反思了从猿猴到原子分裂的人类历史。

［你常常提到弗洛伊德的著作。这对于你研究历史的取径而言是不是一个重要的线索呢？］

是的，他对我影响很大，但较少地是通过他的理论，而更多的是通过他在《日常生活的精神病理学》中所报道的研究案例。精于分析

的弗洛伊德让我非常着迷。尤其是他的两个观点对我来说有着特殊的重要性。一是，真理无论多么让人痛苦，都是必须要面对的。二是，将实证主义与对于非理性的东西的开放性结合在一起是有可能的。我对于理智性事物的研究之道，可以说，其实就是努力面对理性的和非理性的事物之间的张力，从理性的视角来分析非理性的行为或信仰。有一种倾向，想当然地认为正当的研究取径就应该包含某种模仿在内，也就是说，研究方法要适应于研究内容，并且因此，对于非理性事物的研究就不能由理性的视角入手。我根本就不赞同这种看法，我要说，我从青年时代的目标（尽管这听起来说得太夸张了点儿）就是揭示非理性事物之中的合理性。因此，要紧的东西不是模仿而是距离，或者，如果你愿意的话，那就是情感上的投入与距离这二者的结合。

[你能够确定你与马克思主义的关系吗?]

我是在学生时代初次阅读马克思的，他的论著当时颇为盛行，也极大地吸引了我。我从未宣称自己是一个马克思主义者，为的是谦卑的缘故，这么说吧，那是由于我觉得声称自己是一个马克思主义者，未免有些装腔作势，因为我对于他的著作所知太少。不管什么时候，我都拒绝将自己过深地卷入马克思主义的论战之中。我并没有为此感到过遗憾，因为在我看来要在某些不大有意思的学院派的区分中陷入泥沼，那再容易不过了。不过，我不会否认，我是以某些粗糙的马克思主义的假设而开始我的研究的，那是弥漫于 20 世纪 60 年代的气氛中的一部分。使得我后来与此脱离开来的，是宗教裁判所的裁判官与丰收巫师之间冲突的重要性，那与许多研究这个问题的学者所强调的信仰的连续性正好相反。我并不否认可以从不同的角度来研究这些审判，包括强调各种信仰的循环流转的角度。然而，对我来说，坚持他 208

们各自信仰之间分歧（而且有时是冲突）的研究方法会更加有效。我能够想象，倘若我是从某种统一性的假设出发的话，我就会认为对于“丰收巫师”的审判没有什么意思。它不像是一条能够捞到网里的鱼，因为它太小了。因此，从一个基于矛盾的假设出发，这当然是一个与我呼吸于其中的左派气氛以及我所坚持的左派态度相联系的选择。我一直想着要回到马克思，而马克思主义本身看似已经死去这一点正是再度阅读他的一个额外的理由。

[对于政治，你是一个观察者还是一个参与者？为索弗里撰写辩护书是否意味着你采取了某种政治立场？]

我一直投共产党的票（只要它还存在着），但我从来不是它的成员。另一方面，我母亲在战后加入了共产党，但是她后来退党了，而且以独立议员的身份被选入了议会。我一直被共产党所吸引，但是是从一定的距离之外，尽管葛兰西的《狱中札记》在思想和情感方面都对我影响很大。至于替索弗里辩护，我得说《法官与历史学家》与我和他的友谊有关。我不想假装说它是个什么别的东西。倘若政治在其中起了什么作用的话，那也非常之小。我同情洛塔·孔蒂努阿（Lotta Continua），然而倘若索弗里不是我的朋友，而且如果我不是深信对于警官路易吉·卡拉布雷西（Luigi Calabresi）之死——他为此被判了22年的监禁——他是无辜的话，我是绝对不会写这么一本书的。因此，对我而言，这是用我的专长来帮助我的朋友。这是一桩让人痛苦的工作。我阅读了卷帙浩繁的法庭记录，那在原则上是每个人都能加以利用的，然而没有人读它；我让公众了解一场审判是如何进行的；反思证据问题（这是法官和历史学家交汇的地带）；我论证了对于索弗里的判决是一桩需要纠正的司法错误。不幸的是，事情并没有照此发展。

[你似乎不欣赏福柯的著作，甚至于还批评他是个民粹主义者。能说一下你为什么对他有所保留吗?]

首先，我认为福柯比之他的追随者们要有意思得多。后者无趣的地方就在于他们把他的隐喻当作了解释，那真是荒唐。而且我甚至会说在隐喻之前的福柯比之有了隐喻的福柯要有意思得多。事实上，几年之前出版的一本薄薄的小册子中提供了他在法兰西学院所授课程的
简介，让我吃了一惊。那本书里头显露出来的是一个好得多的福柯， 209
一个没有所有寻常福柯式的炫耀的福柯。有好几个福柯，其中的一个光彩照人。然而作为一个原创性的思想家，在我看来他被人们高估了。他是尼采的一个脚注——然而，毕竟原创性的思想家就没几个。他当然发现了新的知识领域，并且提出来一些具有挑战性的隐喻。权力的微观物理学就是其中之一。而在我看来，在那个方向上当然还有很多的事情可做，那是福柯没有做，而他的追随者们做得更少的。

就他个人而言，他也许是我所碰到过的人中最具侵犯性的。而且他的自我中心也有点癫狂意味，这使得他能够非常高效地出售他的形象。我记得在巴黎时与 E. P. 汤普森泡咖啡馆，我不知道我们怎么开始谈起了福柯。我觉得自己误解了他说的话，于是要求他重复，他就重说了一遍：“福柯是一个江湖骗子!”我大为吃惊，但是我同样认为他身上颇有些江湖骗子的味道，尽管不光只有这些东西。我猜，长此以往，他的很多著作将会消失，尤其是那些空洞的修辞性的。然而，某些有意思的东西还会留存下来。这就是由并非追随者的人对福柯所进行的严肃研究能够让人耳目一新的原因。关于他人们已经写了很多垃圾，而且实际上所有那些颂歌最终只会贬低他。倘若有人能够将福柯从这种愚蠢的偶像崇拜中解救出来，那倒是件好事。

[你最近十年一直在美国教书，而且将这种局面看作使你的思想更加

丰饶的因素之一。这一将意大利与美国进行比较的经验是否使你得以用新的眼光来看待这两种文化?]

我有强烈的反美情绪，而且我第一次到美国的时候，我对这个国家所知甚少，对它有很多粗陋的成见和预设。我记得我是在 20 世纪 70 年代初去佛罗伦萨的美国领事馆办签证时，才第一次看到了一面不是正在被点燃的美国国旗。生活在美国改变了我的态度。我感受到了正在那里发生的伟大的、悲剧性的和大胆的社会试验。这场试验中有很多我所讨厌的东西，然而它的规模如此庞大，而我们的时间坐标又如此短暂，我不想急于做出判断。

至于在意大利和美国之间进行比较，我要说的是，要比较如此不同的文化在某种程度上乃是不可能的。从这样一个事实开始，它们之间的每一样东西都不一样：博洛尼亚是为步行者建造的，而在洛杉矶人们几乎无法走路，一切都是为汽车修建的。由此开始，别的所有东西都是不同的：巨大而空旷的空间、教育体制、他们的过去之中旧制
210 度的阙如等等。然而，尽管在意大利与美国这个独特而巨大无匹的试验场之间存在如此之多的差异，它里面还是有些东西提出了欧洲人不得不越来越要面对的问题。我指的是不同文化之间的共存与冲突，那现在也成了我们的问题。规模当然不同，需要的答案也不同。然而，问题却是可以比较的，我们可以从每个人那里学到一些东西。我记得我刚一到美国，就与一位著名学者进行了一场对话，当我提到黑人的问题时，他说他们的处境可以与其他移民进行比较。他们就处于爱尔兰裔、意大利裔和其他种族群体之列，他们最终也会得到美国馅饼中的一片的。他错了。只有当你在从奴隶制开始的漫长视野中来考察黑人的历史，你才可能明白和理解为什么他们的处境与其他种族群体大相径庭。

[收在《木头眼睛》一书中的你最近的一些文章——比如说关于在政治上利用作为谎言的神话的那一篇，或者以教皇的口误为例论证不宽容的传统的顽固性的那一篇——似乎显露出的是一个比过去更加悲观的金兹堡。你同意这种印象吗？]

有人已经告诉了我这一点，但是，如果说我变得更加悲观的话，那也不是我所能控制的。我真的不知道是事情正在变得更加糟糕呢，还是我是以更加清晰的眼光——那是与年龄有关的东西——来看待它们了。过去，我从来没有这么多机会来谈论现在，因此或许我对于现在的看法早就是阴郁的，而现在依旧是阴郁的。罗曼·罗兰有一句箴言，在意大利因为葛兰西的关系而变得非常有名，他谈的是理智上的悲观主义和意志上的乐观主义。我喜欢这句箴言，因为他强调了在现实与我们的期望之间、在现实的现状和我们希望的模样之间的分别。这其实又回到了人们应该从弗洛伊德那里学习的观念：现实让人不快，但是我们必须面对它。不过，我们的恐惧、期待和愿望往往会让我们脱离现实，把我们保护起来。观察现实是一件不容易做到的事情。

博洛尼亚，1998 年 10 月

论著选目

The Night Battles (1966; English translation, London and Baltimore, Johns Hopkins University Press, 1983); also translated into French, German, Japanese, Dutch, Portuguese, Swedish.

The Cheese and the Worms (1976; English translation, London and Baltimore, Johns Hopkins University Press, 1980); also translated into French, German, Japanese, Dutch, Portuguese, Spanish, Swedish, Polish, Serbo-Croat, Hungarian, Greek, Turkish, Romanian, Albanian, Estonian, Czech.

The Enigma of Piero (1981; English translation, London, Verso, 1985); also translated into French, German, Spanish, Portuguese, Japanese.

Myths, Emblems, Clues (1986; London, Hutchinson Radius, 1989); also translated into French, German, Spanish, Portuguese, Dutch, Japanese, Swedish, Finnish, Danish.

Ecstasies:Deciphering the Witches' Sabbath (1989; English translation, Harmondsworth, Penguin, 1991); also translated into French, German, Spanish, Portuguese, Japanese, Swedish, Dutch, Romanian, Norwegian.

The Judge and the Historian: Marginal Notes on a Late Twentieth-Century Miscarriage of Justice (1991; English translation, London, Verso, 1999); translated into German, Japanese, Dutch, Spanish, French.

"Just One Witness", in S. Friedlander (ed.), *Probing the Limits of Representation: Nazism and the "Final Solution"* (Cambridge, Mass., Harvard University Press, 1992), pp. 82-96, pp. 350-355.

"Montaigne, Cannibals and Grottoes", *History and Anthropology,* 6 (1993), pp. 125-155.

Wooden Eyes: Nine Reflections on Distance, English translation, London, Verso, 2002, also translated into German, Spanish, French, Portuguese, Japanese.

History, Rhetoric and Proof (Hanover and London, University Press of New England, 1999); also translated into Japanese and German.

No Island is an Island: Four Glances at English Literature in a World Perspective, Columbia University Press, New York, 2000.

昆廷·斯金纳

自1997年10月起，剑桥大学有了一位新的钦定历史学教授——昆 212
廷·斯金纳。这一任命让斯金纳从1962年21岁起在那里开始的顺达而辉煌的生涯达到了顶峰。1978年，他因为对于一般而言的思想史和具体而言的政治史的方法论和研究实践方面的贡献，而被选任政治科学的教席。他早期的论文发表于20世纪60年代后期，这些论文表明他是一个颇富争议而具有创新性的思想家，并且引发了从高度实证主义的到极具批判性的种种反应。有人会说，斯金纳的“统治”始于20世纪70年代，那时，他关于文艺复兴时期政治思想的历史性研究以及他在哲学和方法论方面的反思，引起了一场丰富多彩而又成就斐然的论争，这场论争延伸到了英美世界之外。1978年出版的《现代政治思想的基础》(*The Foundations of Modern Political Thought*)，以及沃尔夫森文学奖得主的身份，使得斯金纳成为政治思想的历史编纂学中让人无法绕开的人物。他那一系列富于创新性和挑战性的论文所产生的影响，他关于马基雅维里的小册子所取得的成功，以及他近来关于霍布斯的极具分量的著作《霍布斯哲学中的理性与修辞》(*Reason and Rhetoric in the Philosophy of Hobbes*)，巩固了他的这一地位。他现在正在从事一个更加雄心勃勃的研究计划，一部篇幅庞大的名为《政治的视界》（*Visions of Politics*）的著作。

与那些将政治理论方面的经典文本视作永恒智慧载体的研究相反，斯金纳旨在就其语境来对它们进行考察：他所关注的，更多的是
213 它们的思想语境和政治语境，而较少的是它们的社会语境（这一方面并没有被他的分析排除在外）。他的研究目标总的说来就是力图发现诸如《君主论》和《利维坦》这类经典著作的作者意图。换句话说，他将这些文本视作行动——他按照哲学家奥斯汀（J. L. Austin）的传统将它们称为“言语行动”（speech acts）——并试图将这些著作视作马基雅维里和霍布斯对于他们当时的政治争论的介入。这种看法与影响广泛的《观念史杂志》（*Journal of the History of Ideas*）的创办者阿瑟·洛夫乔伊（Arthur Lovejoy）及其追随者们所提倡的观念史[*]截然相反。那种历史将“单元观念”（unit-ideas）分离出来并追寻它们数个世纪以来的发展，力图复原比如说柏拉图式的“伟大的存在之链”（the Great Chain of Being）的观念下迄19世纪的变迁，以便继续对世界给出一个合理性的解释。斯金纳与约翰·邓恩（John Dunn）、理查德·塔克（Richard Tuck）和约翰·波考克等人批评那种历史犯了错置时代的错误，并且力图表明诸如霍布斯或者洛克这样的思想家们是在以他们自己所处的时代即17世纪所特有的语言在言说，探讨的是那一时代所特有的种种问题。

除了他在学术思想方面的品质之外，使得斯金纳能够被拔擢到英

---

* 原文中的“the history of ideas”，在斯金纳那里，主要指的是和“intellectual history”“history of thoughts”同义的常规意义上的思想史，在洛夫乔伊那里，则是以研究比如“自然”“存在之链”等单元观念为主要内容的特定意义上的“观念史”。译文中一般将此词译为“思想史”。本章正文的原文中，也常将此词与 intellectual history 混用。——译者注

国学术等级高位的一个有利因素，想必是他可以说是一个地地道道的“剑桥人”。他最近被任命为剑桥大学的副校长协理（Pro-Vice-Chancellor），也可以由此得到解释。1959 年，他作为凯斯学院的学生就开始与剑桥发生关联，并在三年之后作为基督学院的教员迈上了他的学术生涯。因此，斯金纳被视作一个能够维系这个古老大学精神和规则的人。他与剑桥如此紧密相连，以至于他的某些同事认为，一部描绘这个大学城的某些生活侧面的侦探小说（很不幸那不是一部很好的小说）的主人公就是以他为原型的。

尽管因为他的新职位所带来的行政事务而忙碌不堪，以及众所周知他在周围众多学生的身上花了不少功夫，斯金纳还是乐于为这次访谈安排了好几个小时的时间。在基督学院他那优雅的套间中，他用了很多时间来谈论他的研究、他的批评者、他的方法、兴趣、对马克思主义的看法、自由的观念、当今史学趋势等等。

斯金纳在兴致盎然和彬彬有礼的同时，又非常郑重和认真，他给倾听者留下的印象，是在谈到他的研究课题时那种机智、流畅而又热情饱满的风格。其思想的井然有序，正与他房间中各种材料、书籍和物品安放得一丝不苟相映成趣。他那娓娓道来的言谈中没有任何的偏题、犹疑或者语法上的失误，与他的史学和哲学著作中那种优雅而清澈的文字并无二致。他的一个同事以开玩笑的口吻，将斯金纳非凡的流畅风格用他的解释理论中一个核心概念做了这样的比附：“斯金纳说话的时候给人 214
的印象，就像一台装好了生产高能高效的‘言语行动’程序的计算机！”

玛丽亚·露西娅·帕拉蕾丝-伯克 ［是什么使得你成为一个政治思想史家？］

昆廷·斯金纳

我上中学时遇到一位出色的校长，他让我阅读英国政治理论中的好几种经典文本，从而将我送上了这条道路。他对我的青年时代产生了巨大的影响，并且最早点燃了我对于我的专业的热情。当我想到在那样早的时候所研读的文本时，内心总是颇为惊异。其中的一本是托马斯·莫尔的《乌托邦》，我们在学校里是当作考试要考的文本来念的；还有一本他坚持要我们全念完的，是霍布斯的《利维坦》。我依旧保存着我在中学时代得到的这些书，而且从那时以来我就在围绕这些文本进行写作和演讲。

在这个幸运的开端之后，我在剑桥念本科时听到的一些出色的课程加深了我的兴趣。有两个人对我尤其有影响。其中一个是约翰·伯罗（John Burrow），他那时是基督学院一名年轻的研究员（现在是牛津的思想史教授），他上的一些课是我本科时代所听到的最激动人心的课程。然而，从我如何试着来从事这个专业研究的角度而言，另外一个人对我来说甚至还更为重要，那就是彼得·拉斯莱特（Peter Laslett）。给我留下了深刻印象的，是他涉猎广泛而又充满洞见卓识的授课，还有他所编订的洛克的《政府论两篇》（*Two Treatises of Government*），我上本科时此书就出版了，那一直是我这专业内现代文本研究最了不起的成就之一。我记得，约翰·伯罗告诉我，我必须写一篇关于洛克的论文，因为拉斯莱特的新版本将要带来的不仅是这个领域的新标准，而且还会开启一种新的研究取径。

我记得正式阅读拉斯莱特给他那个版本所作的导论时，我完全被它征服了。我觉得它在很多方面都精采纷呈。首先，它是一篇优美的英文，具有一种在我看来无与伦比的优雅和明晰。尤其是与我当时被指定阅读的那些公认的大史学家的任何文字比起来，更是如此。其次，这个新版表明，拉斯莱特做出了许多对我来说在方法论方面很有意思的发现。洛克的《政府论》一直以来就被视作对于1688年英国革命的辩护，以及对于均衡的议会立宪制度之建立的颂扬。拉斯莱特证明了它其实是在付印之前10年就已经写好的，它不是对于任何革命的辩护，并且是在查理二世治下的绝对主义日甚一日的势头下写就的。对我而言尤其重要的，就是拉斯莱特坚定地认为，我们不应该将这个文本孤立于它写作的环境来加以思考。他揭示了了解洛克写作那 215
个文本时所处的语境对于理解其意涵所具有的重要性。《政府论》成为对那场革命的颂词、自由主义的伟大文本、英国立宪主义的奠基性文本。然而，这些名目当中没有一样是与它在历史上的身份相吻合的；它们与洛克写作时认为他自己在做的事情毫无干系。

[你的家庭和童年的经历对你选择要做一个历史学家是否起了什么特别的作用？]

还真没有。我想过这个问题，我并不认为它们对我的学术发展有什么直接影响。我母亲在大学里倒的确学的是英国文学，结婚之前是一名中学教师，我早年阅读的很多东西就受到了她的影响。然而，我青年时代的生活中有一件事情与此相关，这在英国是不大寻常的。那就是我在长到相当大的年纪之前并没有与我的父母生活在一起，因为他们住在非洲，我父亲是尼日利亚殖民当局的官员。我不仅不是在那里出生的，而且我从来没有踏上过非洲的土地，即便学校放假的时候也没去过。英国殖民当局不鼓励小孩子去非洲，因为从医疗条件来说那里仍然是一个危险的地方，而且还因为那里没有学校——至少没有英国人能够认可的那种学校。我的父母亲常常在我父亲离开那儿的时候回到英国来，但那也只是每两年才有一次。因此我是跟我的监护人、我母亲的姐妹生活在一起的，直到我7岁时上了寄读学校——也就是贝德福德学校（Bedford School）；在那之后我的假期照样还是跟她一起过。我的姨母是曼彻斯特附近的一名医生，或许她对我后来的生涯产生了某些影响。她是一个很引人注目的人，是历史书籍的热心读者，她家里堆满了历史书。她也很有热情去参观英国著名的建筑，并且经常把我带上。考虑到所有那些早年被人领着的旅游经历，或许我应该成为一个社会史家的。我还记得战后不久我们的一次游历，当时还有宵禁（作为医生，她有特别许可证），我们访问了德比郡的查茨沃思，那是德文郡公爵们的别墅，在曼彻斯特东南方向 50 英里的地方。我一点也不知道，40 年之后我会花很多时间在查茨沃思做研究，霍布斯死后他的档案文献就存放在那里。

想起我早年的生活，巨大而直接的影响来自于我刚提到过的那个人，我的校长约翰・艾尔（John Eyre），我们至今仍然有联系。正是他坚持要我参加剑桥的入学奖学金考试，因为他相信我能够得到奖学
216 金。那些奖学金已经废止好长一段时间了，然而在当时要是得到一项的话，可是一桩光彩的事情。在我的学校里，如果有哪位男孩子得到了这样的奖项，我们全都会额外放半天假的。这个时候我和我父母生活在了一起，因为我父亲退休之后他们在贝德福德买了房子，我不再做贝德福德学校的寄宿生了，而只是白天上学。我还记得，到了向剑桥提出申请的时候，我让我那可怜的父亲给冈维尔与凯斯学院（Gonville and Caius College）写了一封颇为莽撞的信，我哥哥就在那儿学医。我父亲在信中说，他的长子在凯斯，因为对于学医来说，那是一个出色的学院，而他的小儿子想要读的是历史。凯斯对于学历史来说是个不错的学院吗？学院给他的回答让我记忆犹新，那是负责录取的老师写的一封两行字的信，里面写道："凯斯在所有学科上都是最好的学院。"这听起来真不错，于是我拿到凯斯的一份奖学金，进了这

个学院。

[你曾经说过，听到你的批评者们把你说成是唯心主义者、唯物主义者、实证主义者、相对主义者、好古成癖的人、历史主义者以及甚至于单单就是一个方法论者，让你大惑不解。你怎么看待你自己呢？]

这可不大容易。在这些头衔中，我最不想否认的就是相对主义者，如果那不是意味着概念上的相对主义者的话——我当然不是后者。那就是说，我不相信，真理的概念可以径直等同于任何在某一特定时间可以合理地认其为真的东西。然而，在我看来，所有的历史学家都倾向于某种温和的相对主义。我的意思是说，所有有兴趣去了解其信仰和习俗与他们自身的文化大为不同的各种文化的历史学家，就已经是持有一种温和的相对主义了。他们将自己的研究视作一种广义上的翻译，也即试图深入一个不同的文化的内部，尔后在阐述那个文化的方方面面时又以这样的方式，使得那一文化的差异性得以忠实地反映出来。

说到别的头衔，我一直对哲学中的唯心主义传统很有兴趣，我所敬仰的很多人物也来自英国哲学中反实证主义的、唯心主义的传统。事实上，我觉得对我作为一个历史学家的实践而言产生了最为直接的理论影响的作者就是柯林武德；如此说来，倘若他是一个唯心主义者，那么那个标签就不是我想要拒绝的了。我想要给自己贴上的标签，是我在给剑桥大学出版社编辑的一套丛书想名字时用到的那一个，那是一个表达了我感兴趣并且努力去实践的那种类型的思想史的名称：“语境中的思想”（Ideas in Context）。换句话说，倘若非得让我来描述一下自己的话，那我就是在研究方法上跨文本的、语境论的（intertextual，contextualist）一个历史学家。

[罗伯特·达恩顿自陈，他的历史研究很大程度上归功于他走入了 217

“历史学家的梦境”——一个等待着人们来发掘的档案的宝藏——的好运。在他而言就是发现了18世纪瑞士最大的出版社纳沙泰尔印刷公司的档案中各种没有被人碰过的材料。在你身上发生过类似的事情吗？]

我没有这样的运气，但我觉得，我可以准确地记得究竟是什么东西让我开始起步的。说到这儿我又得回到彼得·拉斯莱特（我毕业时他是我的第一个导师），还可以谈一谈在20世纪60年代早期的时候学术生涯可以以多么不同的方式起步，因为那是一个（用拉斯莱特的名作的书名来说）“我们失去了的世界”。我属于在拿到博士学位之前甚至没有博士学位还可以指望得到大学里的终身教职的那代人。我毕业于1962年，我所在的凯斯学院在当时还可以依据本科考试的结果选择人来充任研究员的职位。学院在选定我的时候并没有要求任何学术研究来证明选择我的正当性，我马上就从一个本科生变成了我那个学院的教员。但是实际上我从来没有接受那个职位，因为那个夏天稍晚的时候，一件还要更加不同寻常的事情落在了我的身上。基督学院主要的历史教师之一约翰·凯尼恩（John Kenyon）、一位出色的研究17世纪的史学家突然接受了赫尔大学的教授席位，转眼之间就离开了基督学院。就在这个时候，我在凯斯学习时的导师尼尔·麦肯德里克（Neil McKendrick）——他现在是这个学院的院长——把我推荐给了杰克·普拉姆爵士（Sir Jack Plumb）、当时整个大学最成功的历史教师之一。我于是被选任基督学院的教职，并担任了历史学科方面的主任助理，尽管我才刚21岁。在某种意义上，这是一个让人兴奋的开端，有一阵我陷入了繁重而具有挑战性的工作之中：我要协助历史学科本科生的录取工作，主持学院的很多考试，每周要上15个小时的课。另一方面，这样的情形使得我很难开始做研究。这个时候，彼得

·拉斯莱特又一次在我的发展道路上给了我重要的帮助。他看到我所遇到的事情看起来也许挺不错，但对于我的学术发展而言实在不是什么好事。由于我没有一位正式的导师，也没有在做一篇博士论文，他对我的关注、我们在他学院的办公室和他家里无休无止的谈话，对那个时候的我而言，真是弥足珍贵。

我记得与他谈到他那个洛克著作的新版本，感觉到他对于在那项研究上所取得的成就有一种奇怪的想法。他告诉我，论者往往将霍布斯和洛克作为系统的政治理论家相提并论，而他试图将洛克从体系式的思想家的宝座上拉下来，并且表明洛克的《政府论两篇》与霍布斯 218
的《利维坦》正好相反，不过是一部 pièce d'occasion［应时之作］。然而，他似乎依然将霍布斯视作一个能够独立于其历史语境来加以评判的政治学体系的作者。

问题在于，拉斯莱特的著作让我相信，与他似乎所相信的相反，对于任何哲学文本而言都必须要进行类似的研究。就是在那个时候，我决心为霍布斯来做拉斯莱特为洛克所做的那种工作。当然，我没有完全做成这件事情，因为这是一个繁重的任务，然而拉斯莱特帮助我走上了这条道路。尤其是他建议我去查茨沃思，看看是否有什么能够有助于将霍布斯与他的政治语境联系起来的手稿材料。我最初发表的东西实际上就是基于认真考虑彼得的忠告的结果。让我吃惊的是，在此之前几乎没有人去过查茨沃思翻看那些材料，并且提出那样的问题。我想，我是最早利用霍布斯未发表过的通信的学者之一，并且我最早的论文之一就是关于那一史料的重要性的。它并没有能够使我搞清楚霍布斯思想的意识形态语境，然而它的确让我开始对于他的研究所处的各种思想传统有了某种感受。这同一个机缘也让我碰到了霍布斯就某个特定的政治危机——所谓的“废黜危机”* ——发表评论的一份简短的手稿，那是在他辞世的那一年写下的。这真是让我兴奋不已，因为这是一个伟大的政治理论家对于当时国会所正在发生的事情的评论。

因此，可以说我的学术生涯开始之时有三件幸运的事情。一是受益于拉斯莱特精辟的忠告。另一件则是，我是在历史学而非哲学的学科体制内开始做研究的，哲学学科里面对于这类语境问题是不会有什么兴趣的，而我很快就发现，最吸引我的恰恰就是这类问题。然而，我最大的幸运，也是我所乐于一再回过头来谈的，还在于我的同辈人，因为我是与一群出色的年轻学者在同一时间开始研究工作的，我们都同样受益于 20 世纪 60 年代英国高等教育的大幅度扩张。

[在你看来，对于还原一个文本的“历史身份”（historical identity），作者的意图再重要不过。那么，你能够谈谈你在写作看起来像是你的宣言书的 1969 年的那篇文章——《思想史中的意义与理解》（“Meaning and Understanding in the History of Ideas”）——时内心所怀有的意图吗？你其他所有的论著是否都是对于同一个问题的回应呢？]

很大程度上是这样。我觉得，我作为一个历史学家的实践一直是在我早期那篇论文所指出的方向上。你说得很对，那是一篇宣言书。那篇论文写来就是为了让人们震惊和恼怒的，它成功了。我旨在对两
219 种盛行的思想史研究路数提出挑战，也许一点也不奇怪，这篇文章想要发表的时候遇到了极大的困难。在最后被《历史与理论》（*History and Theory*）接受之前，它被好几家杂志退了回来。它在很大程度上

---

* 废黜危机（the Exclusion Crisis），1680 年前后英国国会企图否决后来成为国王的詹姆士二世的王位继承权，但未能成功，此即英国史上的“废黜危机”。——译者注

属于那个年代的作品，很有争议性，我也再不会照那个样子写作了，一个很重要的原因就是我当时所论及的两种研究路数不再有那么多的人在实践了。其中一种，是将比如说柏拉图、霍布斯、休谟或者黑格尔的哲学著作视作仿佛它们是在某种永恒的现时之中飘荡。我的目标不仅是说我想要以不同的路数来处理这个主题，而且还想表明，单纯的文本分析是不可能指望对这些文本达到恰当理解的。我以马基雅维里的《君主论》为例，试图说明许多哲学文本中有大量的重要问题，是单单靠阅读它们所永远也无法领会的。尤其是，你永远无法理解它们是在做什么，它们究竟是在讥讽、否定、嘲弄、忽视，还是在接受别的观点，如此等等。在我最近关于霍布斯的书中，我依然是在同一个方向上前进，力图回答那种问题。

我的宣言书的第二个靶子是思想史研究中的马克思主义传统，那在当时，尤其是麦克弗森（C. B. Macpherson）对 17 世纪政治理论的马克思主义的解释——《占有性个人主义的政治理论》（*The Political Theory of Possessive Individualism*）——于 1962 年出版以来很有影响。那本书让我极为不安。我认为那是一篇杰作，对于霍布斯和洛克的文本的思考方式富于洞见，然而，与此同时，我又觉得将他们的学说视作对于他们的社会的深层社会经济结构的某种反映，这中间有着极为错误的东西。我一点也不喜欢那种东西，尽管如今我觉得我在宣言书中根本就没有能够成功地说清楚让我不喜欢它的是什么东西。我想要论证的是，切入这类文本的办法，不是力图发现他们提出他们的学说时所处的社会语境，而是要揭示其思想语境。

[你是全盘拒斥马克思主义呢，还是在马克思或者他的某些追随者那里也看到了某些有价值的东西?]

简单的回答就是，我一点也不全盘拒绝马克思主义，并且我还进一步认为，马克思主义作为一种社会哲学变得如此名声扫地，这是当代社会理论的不幸。考虑到这个问题的重要性，我愿意多花点功夫来谈谈。

首先，我想说一下马克思主义对我而言具有价值和重要性的三点。第一点是在方法论的层面上。在我看来，马克思主义的一个基本
220 假设在我们所有人这里都深入人心，那就是社会存在决定意识。如今人们在写作历史时都会假设在某些层面和某种程度上是这样的情形。当我们追问此种决定作用是在何种程度和何种层面上发生时，问题就出来了。我想稍后多谈一下这个问题。第二点关系到马克思主义留传给我们的那种社会诊断的方式及其诊断用语。我们显然无法否认，马克思主义给我们带来了讨论任何社会中的社会关系的一套有价值的词汇。如今没有人会认为，他们可以不运用诸多实际上起源于马克思主义的解释性概念——比如，异化或者剥削——就可以对社会领域进行研究。这就到了我要说的第三点，也即颇有讽刺意义的是，就在眼前、在马克思主义作为一种社会哲学而声名扫地的时候，马克思的某些预言却前所未有地显示出了他的深邃洞见。当然，马克思不是在全球范围上来思考的，然而资本主义世界与第三世界的关系——第一世界变得越来越富裕的同时，第三世界却越来越穷困，那是欠了第一世界的债的结果——在我看来是将要来临的这个世纪的一个极为严重的问题。

说了这些话以后，我还得澄清一点，那就是我自己的思想不是反马克思主义的，但肯定是非马克思主义的，这其中有两个主要的缘由。我前面提到过，当马克思主义的研究路数由于诸如麦克弗森和克里斯托弗·希尔等人的论著而风靡一时的时候，我在 20 世纪 60 年代引起争议的那些论文中对马克思主义是持批判态度的。我最为反对的

一个信条是马克思关于意识形态的理论，也即认为人们的信仰可以解释为不仅是他们所处的社会环境所导致的产物，而且只不过是其附带现象。我那时候的一个重大抱负就是要表明这种观念是错的，我觉得我以以下的方式做到了这一点。意识形态结构的根本目的之一就是使社会安排合法化或者瓦解其合法性。倘若情形真是如此，任何群体要想拥有这样的能力，使得他们在他们的社会安排中能够进行任何变革，并且在任何有关那些变革的道德价值的争议中吸引人们站到他们一边，就有赖于利用一套可以拿来批判那些安排的道德词汇，这样的道德词汇不是由我们给定的，而是给定我们的；换言之，倘若它们具有什么规范性力量的话，那也是因为它们置身于特定的历史处境，并且结果就成其为显而易见而又可资利用的争论武器。情况既是如此，那么，我们可以通过革新和改变我们的社会而做到的事情，就有赖于我们在多大程度上能够将我们拟议中的变革规划适合于一套现成的道德语汇；因为，除非人们能够认可这些改革规划乃是道义上正当的规划，他们就不会拥护这些规划。我想强调的是，你在社会实践中能够做什么事情，取决于你能够给你所做的事情什么样的道德上的说法。倘若如此的话，马克思主义的意识形态理论显然错了，因为这些说法 221
不是附带现象，不是某些其他过程所导致的产物，而是相反，必须将其列入引发社会变革的条件之一。

我成为非马克思主义者的其他方面的主要原因与马克思主义的实证主义有关，这是我在 20 世纪 70 年代越来越强烈地意识到的它的一个缺陷。那些年，我在普林斯顿高等研究院工作，于是有了与克利福德·吉尔兹和托马斯·库恩成为同事的幸运（我的办公室就紧靠着库恩的）。他们帮助我看到了这一事实的重要性：马克思依旧生活在一个让他觉得能够谈论真实意识与虚假意识的过于简单的世界之中。然而，在一个更加后现代的文化中——就像是我在普林斯顿所置身其中的那种，人们更多地从建构的特性来看待意识，马克思主义就开始像是考察社会领域的一种非常粗糙的方式。更有意思的问题似乎是关于如何在不同的建构之间进行协调的问题，既然它们全都有自己的话可说。于是，历史学的或者人类学的任务，就是通过从内部来理解不同的建构来确证它们的合理性。而马克思主义将真假截然二分，就无法将这样的取径容纳在自身之中。但是，我还是想说，尽可能地确证我们祖先的合理性的这样一种抱负，是历史学家所必须怀有的。

最后，我想说的是，与西方世界的其他许多人一样，我还是认为马克思对于资本主义病症的诊断中依然有某些崇高的东西。我们确实发现资本主义是最有效率的将繁荣景气分送到为数众多的人民之中的手段之一。然而没有其他的经济体制曾经获得那样巨大的成就这一事实，也不应该让我们对于它让人类付出了巨大代价这一事实视而不见。仅仅因为它比别的体制更有效率就装作它没有付出那些代价，我看不出有什么理由这么做。并不是说资本主义之中就没有声名扫地的东西。它依旧是一个很不公平的体制，正如马克思主义仍旧是思考那些不公平的一种很有意思的方式一样。

[你所实践的那种类型的思想史被说成是“政治思想的史学编纂中的一场革命”。你认为它究竟有多大的革命性？]

维特根斯坦在其《哲学研究》的篇首引言中说，一切进步都没有它们看起来那样重要。我认为，我同代的有些学者确实改变了思想史
222 写作的方式，然而，你可以很容易地看到我们是从那儿得来我们的观念的。我当然不认为我制造了一场革命。我的确是以与通常写作思想史稍有不同的方式开始我的写作的。可是，要让我回想起深刻地影响了我的那些人——或者是因为他们已经将我所选取的立场理论化了，

或者是因为他们的实践对我来说树立了典范——并非难事。平心而论，在我起步的时候这样的人没有几个；在 20 世纪 50 年代很少出现什么让人敬佩的论著。然而就我记忆所及，无疑有四个人的名字鹤立鸡群，其中的两个我已经提到过了，另外两位对于我的发展至少也同样重要，如果不是更为重要的话。

从年代上来说，柯林武德是最早的一个。我还在上中学时，我的老师约翰·艾尔就让我念柯林武德的《自传》，我开始做研究的时候，又回头来看这本书，这一次我想是受到了 20 世纪 60 年代早期约翰·帕斯摩尔（John Passmore）发表的关于柯林武德历史哲学的若干精彩论著的激励。我深心服膺于柯林武德的核心观念——那原本是从他的美学中推引出来的，也即一切艺术作品（包括哲学和文学著作）都是有其意图的物品，并且因此要想理解它们，我们就必须力图还原和领会潜藏于它们之中的种种意图。这些意图绝不会就写在它们的表面，然而发现它们却是解释学的任务的一部分。这种研究取向通过将我们从表层引向意图，表明我们要想达成我们所寻求的理解，就必须考察各种直接的语境。这正是我最初起步时强烈地打动了我的观念。这也就表明，所谓的革命并没有那么大的革命性，因为理论工作已经被人完成了。

按顺序排下来的第二位，就是我已经说到过的彼得·拉斯莱特。与他的名字连在一起的，是我要谈到的我的朋友约翰·邓恩，他也是拉斯莱特的学生，是我在剑桥时的同龄人。我们开始研究时，我做的是霍布斯，约翰做的是洛克。他的动作比我要快得多，1969 年时他就已经出版了他那本绝对经典的研究洛克政治理论的专题论文集。从方法层面上来看，此书过去和现在都是典范之作。1968 年时他还发表了他的名文《观念史的特性》（“The Identity of the History of Ideas”），将他这本书中所体现的研究路数做了理论阐述。我觉得这篇论文和这本书确实表明了应该如何从事这一领域的研究。在那些日子里，约翰与我常常会面，不断地谈论我们的研究，以及如何做我们的课题，应该提出什么样的有意思的问题，哪些书精彩无比，哪些又是垃圾。约翰总是充满信心，总是强调需要清除的有多少垃圾。我从他那里学到的东西再多不过了。

第四位是约翰·波考克。我直到 20 世纪 60 年代晚期才见到他，那时我们已经有过相当一段时间的书信往来了，然而，我念本科时最
223 初读到他的书，就觉得他是付诸实践的柯林武德。他的著作《旧宪制与封建法》（*The Ancient Constitution and the Feudal Law,* 1957），尤其是其跨文本的特性以及他写作历史的方式——他写的不是某种观念的历史，而是使用观念并通过论证来行事的人们的历史——让我深为叹服。这是我本科时代看过的最激动人心的著作。如今看起来这是一本难以让人兴奋的相当枯燥的著作，然而这表明，我已经对于某种人们寻常不那么去做的思想史有了兴趣。

[你的研究已经在这里和国外有了由追随者组成的一个学派，也有像你所说的“一群多得有点让人难受的”批评者。这些批评对于你的思想发展有多大的重要性呢？]

有一种对于我的哲学工作的批评意见，让我颇为广泛地重新思考了我对于解释理论所持的立场。在詹姆斯·塔利（James Tully）所编的关于我的研究的《意义与语境：昆廷·斯金纳及其批评者》（*Meaning and Context: Quentin Skinner and His Critics*）中，那么多的批评者在这个特定场合汇集到了一起，使我看到我没有像我应该做到的那样仔细阐述我有关解释的论点。

这是一个纯粹哲学的讨论，对我的史学实践却有极其重要的意

义。或许我可以这么来说明这一点：倘若人们像我一样对于作者的意图和对文本的解释之间的关系提出问题的话，就会想要做出一个极为重要的区分。这是对于不同的问题所做的区分：一方面的问题，是作者可能会意图说些什么；另一方面的问题，则是作者通过说出了他或她所说的话这一行动，在意欲着或者意味着什么。尽管这是两种完全不同的问题，后现代主义的批评者们却经常把它们混淆起来，并且认定如果有人像我这样谈到意图，就必定意味着是从我刚才分隔开的两种意义的前一种的层面上来谈的。这就是对我这样的研究有这么多的后现代主义的批评的原因所在，我的批评者们强调说，作者并不一定是他们自己文本的最好的权威，他们的著作的意义是一个公共事务，与他们所可能意图的东西是可以分开的，人们只能赞同德里达关于几乎我们所有的话语都具有多义性的论点，等等。可我从来没有怀疑过这一点，而且就这些问题而言我还挺像个后现代主义者的。所以说，所有这些对于我的研究的批评都是在攻击一个我从来没有维护过的立场。我所维护的是一个完全不同的立场。与我对意图的兴趣相关的不是意义而是言语行动。也就是说，我的兴趣在于试图还原写作特定文本这一行动所可能具有的意义。

结果就是在我新近的著作《霍布斯哲学中的理性与修辞》中，我
力图以这样一种方式来重新阐述和发挥我有关解释的论点，以使得它 224
能够免于我所提到的那种批评意见。这本书的根本问题与其说是霍布斯在其各种文本中表达的是什么意思，不如说是他通过那样写作打算干什么、想要做的是什么。为了回答我自己提出的问题，我就要论证说，他是在追问、批评、试图瓦解、试图取代对于雄辩术与论证之间关系的一种特殊的理解，那是对于文艺复兴时期有关公民科学的观念极为关键的一种理解。于是，我在此书中试图运用的那种研究路数，

就是基于人们让我比之从前更加清晰地看到的那两种意图概念之间的分别所具有的性质。在这个例证中，我的批评者们确实帮助我重新阐述了那一区分，因而就使得我能够澄清自己与后现代主义者相通和相异的地方。

[你关于霍布斯的理性与修辞的著作似乎与让·斯塔罗宾斯基（Jean Starobinski）将卢梭解释为一位发现了“le remède dans le mal”（以疾病作为救治之道）的思想家颇有类似之处。你认为就霍布斯和修辞术的情形而言也是这样的吗？]

我从来没有想到过这样的比附，然而我认为这个类比很恰当。霍布斯是在修辞学传统中接受教育的，就像在伊丽莎白时代英国上过学的每个人一样。可是，在17世纪30年代当他首次对于新兴的各门科学发生了强烈的兴趣并碰到了像伽利略和梅森*等科学家的时候，一个巨大的断裂出现了：他受到数理科学的方法可以运用于所有形式的人类研究这一念头的诱惑。他有关公民科学的第一部著作（他称之为 *De cive*［《论公民》］）反应了他的这种信念。他期望自己的公民科学成为一个闭合的演绎体系，于是就完全按给出定义，然后推演出它们的逻辑的和实质的蕴含的方式来做。至于如何写作那种科学的文字的问题，霍布斯在《论公民》的序言中明确地说，他会尽可能地按照一种反修辞的风格来写作。可是，在后来的著作中，我们可以看到霍布斯对于他自己的哲学，尤其是他的《论公民》被人们接受的情况深感绝望。尽管他相信自己已经达到了有关最佳政治体系的真理，他还是意识到他没有能够成功地说服任何人。于是他就面临着这样的问题：是否可以利用说服人的技巧来为科学效劳。

---

* 梅森（Marin Mersenne，1588—1648），法国数学家。——译者注

再来谈谈你从斯塔罗宾斯基那儿引用的话，我觉得真的很合适，
因为我认为霍布斯的《利维坦》在通过使病症成为救治之道的一个部
分而力图回答他自己提出的问题。大致说来，霍布斯憎恶修辞是出于
和柏拉图憎恶修辞同样的理由：因为它诉诸人们的情感而非理性，因
为它的志向是说服而非教导。然而，为了让他自己的教诲能够畅通无
阻，他出于无奈采用了说服尤其是嘲弄的办法，以支撑和推进在他看
来是理性的事业。正是基于这样的缘故，我认为，尽管霍布斯的《利 225
维坦》被正确地与伽桑狄、梅森尤其是笛卡尔的著作放在一起，同样
也有理由将它与蒙田、拉伯雷和文艺复兴时期别的伟大的讽刺作家们
的著作放在一起。

[你的大部分研究都是以两位作为犬儒主义的现实主义者而知名的政治作家——马基雅维里和霍布斯——为中心的。是什么使得他们，而不是更加具有理想主义色彩的洛克和卢梭对你产生了吸引力?]

这是我想过很多的问题，我觉得我的选择既有方法论方面的原因，也有实质方面的原因。实质方面的原因是，作为一名历史学家，我更愿意写的是对我而言没有个性上的吸引力、没有情感上的亲近感的人物。我好像很乐于跟与我脾性不合的哲学体系打交道。我在更加日常的学术生活中力图采取的也是大致同样的态度。比如说，我订阅《经济学人》杂志，尽管它的政治观点让我每次阅读的时候都大为光火。我之所以一直订阅它，不仅是因为这是最为完备的关于时事的各种消息的杂志，而且还因为我觉得比之只看《卫报》——那里面的观点或许我太易于认同了，它能给我更多的教益。

说到我的选择的方法论方面的原因，我想，这就深入了我要作一个学者的动因，并让我回到跟彼得·拉斯莱特就他关于洛克的研究进行大量讨论的时光。正如我所提到过的，拉斯莱特对于他自己所取得

的成就的看法让我大为吃惊。他认为他将洛克的《政府论两篇》从政治思想的经典论著的名册中移了出去。然而，他似乎仍然认为，存在关于此种论著的一个名册，其中的论著至少可以脱离开它们的时代来加以理解，此种论著的典范就是霍布斯的《利维坦》。可是，我受到拉斯莱特的洛克研究的影响如此之深，我认为，任何政治理论的论著都是由某种有待人们去揭示的直接的政治语境所促动和引发的，这一点再真确不过了。于是，我的举动无疑是冒犯我所敬重的老师的，我开始力图解释这样一个意识形态语境，霍布斯的《利维坦》既是在这一语境中又是为了这一语境而写就的。我相信，我终于成功地表明，霍布斯《利维坦》的写作，是为了给紧接着国王查理一世被处死和克伦威尔革命取得成功之后出现的迫在眉睫的政治义务的问题提供答案，那个问题就是：一个政府在没有权利来统治的情况下，人们是否
226 应该服从它？霍布斯提出了这个问题，并且通过将义务问题与权利问题分开，代之以将它们与我们是否得到有效保护的问题相联系，提供了精心构建而力图促使各方达成和解的答案。

[在你的《自由主义之前的自由》（*Liberty before Liberalism*）中，有一个似乎有具体所指的让人不好理解的断言，你说：历史学家应该努力“在他们的才智允许的限度内尽可能严肃地就过去进行写作”。你能否以一种斯金纳式的方式来解释一下，你这样写是意图做些什么?]

是的，这里确有所指，我决定不要说得太明白，因为我觉得这看上去会冒犯我的一些同行。但眼下我想要对于那句话背后的东西说上几句。我这样写当然部分地是出于对这一事实的一种现实主义精神——对我和其他大多数历史学家而言，要想认认真真地来写作什么东西并不是件容易的事情，这仅仅是因为其中所要求的才智超出了我们所具有的。然而与此同时，我也想要对于在这个国家和美国的历史

学界都颇为盛行的一种信念提出批评，那在我看来产生了贬低历史学家使命的严肃性的后果。我所说到的这种信念可以这样来加以概括：人们声称，职业的历史学家将自己限定了只向他们专业内的同道发言，这是不够的，甚至还可能是错误的；他们应该将面向更为广大的受众作为自己真正的使命。这一信念的结果，就是有些历史学家花了大量精力来为普通的文化类杂志写作评论和文章，同时也为并非专业读者，而是乐于顺便读一点历史的人们写书。

我说这种看法贬低了我们使命的严肃性的时候，想到的是像梅特兰（F. W. Maitland）这样的以历史精神提出严肃理论问题的伟大历史学家们的著作。他一个世纪之前写就的关于国家概念和法团理论的华章至今仍然耐人寻味，展示了写作真正的哲学性历史的深远的文化内涵。人们对此提出的反对意见，往往是说这是对于历史学家使命的一种过于精英主义的观点。然而这种反对意见在我看来全然是误入歧途，我们对于像是马克斯·韦伯这样的大史学家的著作稍作反思，就能清楚地看到这点。他的著作——已经被译为所有主要的语言，并且在他写作一个世纪之后仍然被人们阅读——就我们对于社会结构和社会变迁的理解提出了根本性的追问。因此，倘若你碰巧像韦伯那么有天赋的话，你的读者群会是非常庞大的。有讽刺意味的是，倘若韦伯以“更加广大的读者”为目标而写作一本德国史教科书的话，他将不仅白白耗费他的才智，而且也不会拥有像他最终所拥有的那样广大的读者群。我知道，就我确实认为我们应该向专业领域内的同道发言而 227
论，我对于历史学家应该做的事情的看法可能看起来相当严厉。然而，我必须一再指出的是它本身至少就潜在地意味着一个广大的读者群。你想一下凯斯·托马斯主编的那套精彩的丛书“过往的大师”（Past Masters），其中的若干种被翻译成了超过 20 种语言，你就会知道，这个读者群的规模能有多大。

[你是否认为，你将马基雅维里放在其思想语境和政治语境中来加以考察的新的研究路数，多少抵消了他那奸诈狡猾和不讲道德的邪恶名声？]

我希望我的研究能够以各种方式做到这一点。我在 70 年代早期最初开始写作马基雅维里的时候，尤其是在意大利学界，有一种旗帜鲜明的见解，认为在他的政治理论中将政治与道德完全分离开来了。按照这种看法，马基雅维里就被视作或者是基督教道德的一个现实主义的批判者，或者是一个反基督教者、一个无视道德的人。在美国史学中，尤其是在列奥·斯特劳斯（Leo Strauss）和他的门人中——他们将马基雅维里视作（用斯特劳斯的话来说）一个“邪恶的鼓吹者”，这后一种观点变得极其重要。我力图表明这两种关于马基雅维里的看法都是非常错误的。首先，说他不是一个基督徒的道德家，并不等于说他就是一个无视道德的人。基督教的德性论并非 16 世纪意大利有着良好教养的人物所能够接触到的唯一的德性论。那里还有马基雅维里浸淫于其中的一整个罗马的道德哲学传统。他的记忆中有他的萨鲁斯特（Sallust）、李维和西塞罗，在他们的著作中他可以找到有关 virtù 的一种特殊的看法——这个词不应该被译作 virtue [德性]，而是君主借以达成他们的目标也即给人民带来安宁、给自己带来荣誉和光彩的手段。

在我看来，马基雅维里很有意思的第二点在于，他作为一个古典道德家的同时，也是一个对于古典的和文艺复兴的道德哲学最为深刻的批判者。按照他同时代的人文主义者们的看法，使得统治者能够达到他们目标的实际品格，乃是诸如仁慈、大度、公正等等的王者德性。马基雅维里否定了这些价值，认为使得政治领袖能够达到他们为政的荣耀和伟大目标的，乃是依据必然性的要求采取行动的意愿，而不去考虑某人的行动本质上是好还是坏。马基雅维里绝非无视道德的人，他的政治理论宣讲的是一套新的道德主张：人文主义的德性并非如他们所宣称的那样通向荣耀和伟大，而是通向毁灭。照马基雅维里的看法，倘若你想要在这个阴暗的世界里取得成功，你必须尽可能地行善，然而也在任何势在必行的时候为恶。这才是君主真正的 virtù 所在。

[你曾经提出，“历史学家的职责定然是做一个记录天使*，而非一个 228
动辄处人极刑的法官”。但是，在历史问题上保持中立就一定是好事，甚至有可能做得到这一点吗？]

我这是做了一个乐观的区分。一方面，就历史学家的抱负必定是试图照其本身的模样来再现过去而论，他或者她的使命是要做一个记录天使。比如说，就马基雅维里而论，我努力要做的是在其思想背景中来考察他，并且就此找出他参加的是何种性质的论辩，他的著作构成什么性质的介入，我们对于他所采取的立场能够达到什么样的历史性理解。

然而，另一方面，对于那些在选择他们所要研究的问题时，不让自己被这样一种意识——对于我们此时此地而言，重要的是要去了解什么东西——所引导的学者，我是持批判态度的。换句话说，我们的价值观应该在我们作为学者的动机的层面上得以表现出来。然而在此之后，一旦我们选定了一个主题，我们就必须尽可能地单纯作为一个学者那样来行事。我开始时说我做了一个颇为乐观的区分。我必须坦

---

* 记录天使（recording angel），《圣经》所载专记人的行为善恶以供末日审判之用的天使。——译者注

白地说，对于我们是否能够将动机与实践彻底分隔开来，我并没有多大的把握。因为，一个人的实践无疑是被想要让某些东西以某些方式呈现出来的愿望所浸染了的。不过，历史学家的天职就是要尽可能地将这种成分减少到最低限度；否则的话，历史研究就不再是纯正的学术，而成了意识形态。

20 世纪 80 年代美国有一个事例引发了巨大的争议，可以用来说明我想要说的东西以及其中的困难。一个年轻的学者亚伯拉罕的研究，在某些批评者看来包藏着对于资本主义的敌意，他提出了这样一个论点：大型企业在魏玛共和国的崩溃中起了主要作用。他的批评者们认为，他为了支持这个论点而伪造了许多档案材料。我在这儿当然不想站在哪一边，实际上也有很多人在为亚伯拉罕辩护，但是我要用这个事情作为我企图做出的区分的一个例证。理解民主制如何被削弱而独裁制如何取代了民主制，当然有其头等的重要性。因此，如果这是亚伯拉罕探究这一灾难性事变的动因的话，这当然是一个让人敬重而又有道德上的重要意义的动因。但是，一旦你走进档案馆，你就必须只带着假设，而不是预先就做出来的判断。倘若某些批评者所暗指的事情是真的，这位历史学家想要给大型企业背上罪名，是因为他是个马克思主义者的话，那就是一场 trahison des clercs［知识分子的背叛］了。我们的动因和档案所说的东西必须截然分开。诚然，我们不能像实证主义的历史学家过去爱说的那样大谈什么让档案告诉我们事实。我们永远也不能报道所有的事实，因此我们总是不得不做出选
229 择，而所有的选择都必不可免地乃是有所偏颇的。然而，档案限制我们；有些东西是它们让我们说的，有些东西是它们不让我们说的。

［在你的《自由主义之前的自由》中，你提出思想史家的任务是要克制住任何热情或者愤怒，让读者自己做出判断。然而，你在断定共和

主义的自由理想（以其对于人民的义务的强调）比之全神贯注于自利和个人权利的“那种自由至上的当代自由主义”更为可取时，似乎违反了你自己的规则。你是否也认为，在这个案例中，读者斯金纳与历史学家斯金纳发生了混淆呢？]

我不得不承认，我在我们对话的早些时候所提出的动机与实践之间的区分在这里也许被违背了。但我想要为自己提出辩护的是，历史学家给自己提出任务的方式中让我发生兴趣的还有另一个区分。一方面，他们可以怀着这样的动机：在过去发现他们想要发掘并带回来的一套特定的价值。另一方面，他们可以在可能的限度内单单从事一种中立的或者是学术性的研究，在这个过程中他们或许会恰好碰到在他们看来已经在后世丢失了或者变得模糊不清的思想结构。倘若这些东西对他们而言在道德上是有价值的，他们就会觉得有必要将它们发掘出来，并且力图使得人们再一次重温那些思想结构。

我真心以为我属于第二种范畴。我那时正在从事对于早期文艺复兴时期共和主义发展历程的高度中立的学术研究，以之作为理解马基雅维里的著作的一个背景。在这个研究过程中，我碰到了在文艺复兴道德理论，尤其是马基雅维里的《论李维》中得到了精辟阐述的有关自由的悖论的论述。我指的是将自由说成是服务的产物*的悖论。起初，我只是对了解这些悖论发生了兴趣，然而很快我就对它们入了迷，开始觉得它们代表了一种在当今仍然具有深刻意义的模式。于是我开始就自由和公民身份进行写作，因为我被这样一种期望所激励着，那就是给那些痴迷于权利和利益概念的读者重新展示一种完全不同的模式，在那种模式中，义务的概念被放到了优先地位，公民们不

* 此处意指自由乃是公民为政治共同体提供服务而获得的报偿。——译者注

会被鼓励将自己仅仅视作政府的消费者。这么说吧，我做的是补救文章，重新引入一种源自我们自己传统内部，而我们已经看不到了的思考个人自由的方式。我最终写的是一种在我们当代论争中正在消失的
230 有关公民身份的理论。这就是福柯所描述的历史学家的形象——将意义和丢失了的传统带到表层的考古学家——对我来说如此重要的原因。

[你担负起了将被自由主义传统压制的新罗马的自由传统彰显开来的使命。这一复兴对于当代关于自由理论的争议可以有什么样的贡献？]

我相信，这一传统可以帮助我们与古典自由主义进行辩驳，因为它对于个体可以声称在一个公民联合体中自己的自由遭到了剥夺的环境，给出了一个截然不同的描述。想一想在英美传统的自由主义中，有关公民自由与国家权力之间关系的讨论是如何发展起来的。在这个传统中，你可以看到对于个人自由的分析是从国家的强制性权力来着眼的，采取的观点是，强制越少，自由就越多。而这就意味着政府形式并没有什么特殊的重要性，因为对于自由而言，重要的不是谁强制了你，而是你受到了多大的强制。你最后得到的观点大概就是，统治得最好的人就是统治得最少的人。

在这幅自由与国家关系的图景背后，有一个清晰可辨的政治方案，非常强大却让人质疑。我将新罗马的自由观重新展示出来，是想要表明古典自由主义传给我们的，是对于如果我们置身其中就可以恰当地声称我们不自由的各种条件的一种极其狭隘的意识。政府或许并不必定要强制它们的公民，以使得他们去做它所希望的事情。当人民被置于依赖于有权者的善意的时候，他们就会使某些方式的行为乃是危险的这种意识深入自己的内心，并且因而就不会以那些方式行事，这不是因为他们知道，如果他们那样做的话就将有什么不好的事情落

到自己头上，而是因为他们知道，如果他们那样做的话，某种不好的事情就可以或者可能落到他们身上，而这仅仅是由于他们所依附的那些人所执掌着的可以任意处置的权力。我觉得，将这些新罗马的洞见卓识引入争论，也许有助于让我们以自由的名义对自由主义国家提出更大的而又合理的要求。

早期自由主义理论家们注意到了这一与自己形成竞争关系的新罗马观点的挑战性的力量，其结果就是他们努力将其作为不融贯的和危险的观点而加以边缘化，这一点颇有深意。其实，古典自由主义在盎格鲁政治理论中成功地取得了霸权地位的过程，在一定程度上就是新罗马的自由理论的名声遭到败坏的过程。我目前正在写的书就正好是关于这一历史发展的。

[在一篇颇能展现你写作历史方式的论文中，你指出皇家学会原本并不是一个学术和研究的中心，而相反是一个绅士俱乐部，它将霍布斯 231
排除在外，因为他从社会层面上来看并不相宜，或者，用你的话来说，是一个“俱乐部里的讨厌鬼”。是什么使得你得出了这样具有原创性的解释？]

这篇论文在我写过的有关霍布斯的论文中是一个“灰姑娘”，因此我很高兴你提到了它。实际上，这篇论文遭到过激烈的批评，因为人们认为我过分强调了皇家学会没有一个清晰的学术性质的规划的程度。我想，促使我得出这种解释的，首先是来自托马斯·库恩的论著的，尤其是他一再说明的这一观点的影响——我们绝对不应将我们在理解我们自己的社会及其机构和实践时所持有的种种范式放回到更早的社会之中。我还记得，在 20 世纪 60 年代中期第一次读到库恩的《科学革命的结构》时，就完全被这本书，尤其是他关于伽利略和比萨的教授们之间争论的看法所折服。库恩指出，关于使用望远镜的争议与事实层面的东西没有多大的关系，却是考察天体的两种不同范式之间的理论性论争。在研究皇家学会的早期岁月时，我认识到，就这个问题写作过的大多数人，内心里想着的是现代的皇家学会，并且将它看作一个竞争性的学术性协会，科学专长乃是进入学会的唯一标准。照这种看法，霍布斯绝不会成为会员，因为他不是一个地道的科学家。然而这样一个事实触动了我，那就是，尽管这个机构在它存在期间名字一直没有变过，但它在霍布斯那个时代却仿佛是一个性质完全不同的机构。可是，最终让我得出有关霍布斯遭到排斥的个人因素的结论的，是我对于他通信的检视。那些史料表明，原则上并没有什么东西妨碍了他成为皇家学会的会员。他有一次遭到排斥是因为来自其他会员私人的敌意，后来又有一次，他拒绝了加入学会的邀请，以此来回击从前的敌意。我认为我的解释得到了相关证据的最有力不过的支持。

[你的语言学语境（linguistic context）的概念与法国年鉴学派史学家所使用的心态概念有什么差异呢？]

很不一样，因为我的那个概念要做的事情要小得多。比如说，布洛赫和费弗尔感兴趣的是人们在不同时期的全部的精神世界、整个的Weltanschauung［世界观］。我从来就没有进行这样广博研究的信心，也从来没有问过我自己有关文艺复兴时期的精神世界的问题，而且，事实上，如果我看到一本书叫那个名字的话，我不敢确定自己会想读它。虽然布洛赫和费弗尔是撰写了华章巨构的大史学家，我却不建议
232 学生去研究某一种 mentalité［心态］。对我而言，追问一整套信仰是什么，这样的研究选取的单位是错误的。我谈论语言学的常规、信仰和实践，是因为我对于理解个别的文本有兴趣。在我而言，比如说，是对理解马基雅维里在《论李维》中所发挥的有关共和主义的自由的

理论有兴趣。你需要辨识出既从那一特定文本中获取意义，又给那一特定文本赋予了意义的语境。要问的问题是：他的观点源自何处，提出来的是什么样的理论，它想要诋毁的是什么，它跟谁站在一边，等等。所有这些问题定然都会将人们引导到一个精神世界之中，然而，那是文艺复兴时期政治理论及其古罗马源头的那个非常具体的精神世界。

我对于语言学的语境有着根本性的兴趣，也即，去研究是什么样的一些文本，使得我碰巧对之产生了浓厚兴趣的某个特殊文本的语汇、焦点、结构和主题能够得到理解。我所有的研究，都是有关对某一个文本的理解如何以及在多大程度上是以对于它与别的文本之间关系的理解为前提的。然而，在我专注于这些思想语境的同时，我也假定了没有人会在一个政治真空中来撰写政治理论。倘若没有人怀着任何政治动机来致力于政治话语的话，就根本不会有任何政治话语的存在了。有关一个文本（比如说《利维坦》）在其中被写作的那个社会的政治状况，总是有话可说；那总是关系到哪些当下的政治问题设定了它所试图要去回答的问题。因此我的那些书的开篇往往是相当基本而简短的政治史，然后才是大量的跨文本的素材。简而言之，我所感兴趣的解释学的任务比之心态史学家们雄心勃勃的目标要卑微得多。

[在你的学术研究中所谓的“小书”似乎获得了重要意义。你是否会建议史学家们走进如梅尼克（Friedrich Meinecke）所说的“被遗忘了的小人物的故纸堆”中？]

在这个方面我倒真是一个非常传统的思想史家。我在说到我所感兴趣的那种解释性语境——这里的“解释性”，不是给出因果解释那种意义上的，而是给文本意义投射光明那种意义——的时候，确实预先就假设了值得探究的文本是多种多样的。而我在说到“文本”时，心里想的是这个词最宽泛不过的意思，因此，建筑物、音乐和绘画作品，就同文学和哲学著作一样，都是需要研读的文本。然而，话虽如此，我并没有觉得我们应该永远钻进被人遗忘的文本的故纸堆中的想法，因为它们之所以被人遗忘，也许有充足的理由。我对故纸堆感兴
233 趣的唯一缘由——而且我也的的确确花了很多时间来读琐细而意思不大的文本——是期望它们能够照亮其他有着无可置疑的重要性的文本。

[你是否同意帕斯摩尔在哲学史和文化史的目标、侧重点和方法上所做出的区分，以及他将思想史置于这两者中间的做法?]

对于帕斯摩尔在《历史与理论》杂志上发表的这篇影响很大的论文里提出的观点，我一点也不赞同，虽然像我提到过的，这篇论文刚问世时给我留下了很深的印象。原因在于，与我的研究相反，帕斯摩尔的主要兴趣在于他所研究的信仰在内容上的真理性。而我并不首先关注我所考察的学说的真理性。我感兴趣的是产生了它们并且使得它们成为那个样子的学说的环境，是要对它们的内在融贯性、它们与别的文本的关系等等有所了解。在这个阶段上，我不会问自己是否赞同所涉及的学说。

照这后一种看法，将哲学史与思想史或文化史进行区分就没有意义，因为它们都同样涉及我们想要提出同一类问题的文本，这些问题是：它们在它们的文化内部在做些什么，它们的动机何在，它们的特性是什么，它们扮演了什么样的角色，等等。在这个意义上，我并不在历史档案的类型之间做任何严格的区分。我不会走到像德里达将文本概念推展到囊括了一切那么远，因为我想要将这个概念保留给比他那种更少隐喻性质的某些东西。但是，我很同情德里达的这一观点：一切哲学文本都是文学建构，因此有必要向它们提出我们一直在追问

文学性文本的那些同样的问题。

[倘若如柯林武德所说，“一切历史都是思想史”，因为历史学家的目标就是要深入事件的内里，探测它们所表达的思想，那么，思想史又有何独特之处呢?]

柯林武德之所以说我们必须重演过去的思想，是因为他认为（当然是很正确的），人类行动乃是以信仰和意愿的形态出现的人类思想的产物。然而，人类行动其实并不是很多历史的主题——最明显不过的，就是它很少是社会史或者经济史的主题。这些历史学家往往关心的不是行动而是过程，不是事件而是统计学上的发现，在这样那样的历史学中，人类行动的概念只有较小的重要性。

因此，柯林武德的命题就是言过其实了。然而，就思想史来说，这种看法是非常有益的，但产生益处的方式却可能会让他大吃一惊。 234
我来解释一下。我认为，当柯林武德说一切历史都是思想史的时候，他心里是将这两种想法——重新思考人们的思想与把握文本所意图表达的意义——混在一起了。我已经说过，我自己不会认为这就是任何复杂的哲学文本的解释者的任务。就愿意对作者与权威之间的关系提出质疑，并认为一个文本可以负载各种各样其作者没有想到的意义而言，我有着足够的后现代主义的色彩。然而，另一个相当不同的方案是，力图发现作者通过说出他或她所说的东西意图何在。在这种情况下，要紧的就是我所说过的言语行动。我这么说的意思是，任何言语都有一个意义，然而它同时也是一个行动。举一句简单的话，比如“那里的冰太薄了”来说，这句话有一个意义，然而它也有一种力量——警告滑冰者时所具有的力量。因此，柯林武德的话富于教益的地方就在于，倘若所有的言语同时也都是行动的话，我们就将会对任何其他自愿的行动进行说明时所采用的标准用于对言语和文字的解释。那就意味着要对动机、意图等等进行追问。但是，这些问题所关系到的，不是作者的话本来想要传达的意义，而是通过写作这些言辞这一行动作者可能有什么意图。

[你承认，比之连续性而言，你更偏好去研究我们的思想遗产中的非连续性。然而，既然这两者中的每一个都是依靠与另一个的对立而得以界定的，不研究连续性的话，又如何可能去研究非连续性呢？]

那句话出自我新近出版的《自由主义之前的自由》这本小书，这其实是很不谨慎的一句话。我认为，研究过去的某个时段时致力于发现非连续性，这不应该成为一个学者的动机。我真正想说的话是这样的：当历史学家研究遥远时代不同话语共同体内的不同理论时，我想，他或她总会碰到两种相反的事态。一方面，我们当然会在即便是渺远的前人和我们自己之间找到概念上的连续性。对于非常深邃的概念如自由、权利、权威、义务等等而言就是这样的情形。另一方面，这些概念汇拢起来构成理论的方式的确有着巨大的差异。再想一下我举的作为限制之阙如的自由概念。现代自由主义传统认为，能够被认定为限制的乃是个体受到别的个体或群体的实际强制。而某种更早的
235 传统则对限制的概念有不同的构想，并提出，个体倘若生活在依赖于他人善意的条件下，他们也同样受到了限制。我们在这里看到的是，虽然两个思想流派都确确实实在讨论我们关于自由的概念，但在涉及某个行为人是否自由的问题的大量事例上，他们却并不一致。这在我看来确实就是在哲学史上常见的连续性中的非连续性。概念运用中的非连续性，用来表达它们的语汇的潜在涵义中的连续性。*

---

* 此段最后一句话原文如此，疑有误，按上下文的意思，似应为“概念运用中的连续性，用来表达它们的语汇的潜在涵义中的非连续性”。——译者注

[你认为，思想史并不能给我们提供任何教训，要想从研究过去之中得到对于我们当前问题的解决之道，不仅是“方法论上的失误而且也是道德上的过错”，那么，对于过去的研究要如何才是有意义的呢?]

这是从我早年的一篇论文中引用的话，它看起来不仅言过其实，而且与我近来提出的某些观点相矛盾。然而，我还坚持这种看法，并且愿意就此多说一点。纵观我作为一名思想史家的生涯，在我看来，写作思想史最好的方式就是研究其他任何性质的人类活动的历史学家的传统方式，也即努力重现所考察的活动中从当事人的角度来看的意义或目的。这与这样一种看法——认为思想史的目的乃是从我们的文化中汇集一份短短的文本名册，给它们贴上伟大文本的标签，表示它们有某些永恒的价值可以提供给我们——大相径庭。那是我在 20 世纪 60 年代最初开始写作时有关这个研究领域的一种非常盛行的看法。于是，我就因为不是从我们的观点来研究过去，而被指控企图将对于政治理论的研究弄成不过是一桩把玩古物的营生。

话虽如此，我必须强调，我绝没有认为我所写作的历史中就没有某种道德观点或目标。相反，我总是期望着，倘若我们能够从过去的理论本身着眼来重构它们，并因此能够既将它们对于我们而言的陌生性，又将它们与我们之间的连续性展示出来的话，我们就有可能对于我们自己的思想遗产和我们与它们之间的关系达到一种更加健全的认识。研究过去所具有的道德上的好处来自于这一事实：比之连续性而言，它或许甚至更易于向我们揭示非连续性。非连续性也同样能够给我们以启迪。历史学可以给我们带来教益的一个重要的方面就是，通过揭示我们的某些传统获得了霸权地位而其他一些却被排挤到边缘的原因（那常常是意识形态上的），我们就借此可以超越于葛兰西所说的我们自己时代的霸权意识形态之外。

236 [你的著作的书名《现代政治思想的基础》似乎表明了某种目的论的研究取向。你如何将这个文本中的语境化的寓意与书名中往前看的那种寓意相调和呢?]

基础这一隐喻本质上而言是目的论的，因此那本书中包含了某种让我如今颇为烦恼的目的论。今天我就不会写成那个样子了。我那时是在企图讲述这样一个故事：在封建的和天主教的欧洲的崩溃之中，一种世俗化的、据说是中立不偏的和普世主义的国家观念开始浮现。这显然是由马克斯·韦伯关于国家形成的观点所设定的一个纲要。这本书构思和写作于20世纪60年代后期和70年代早期，显然带有那个年代的印迹。我试图依照我们谈到的1969年那份“宣言书”来写作，将这本书作为那一理论的实践，然而有人已经指出，它比之我的理论所能容许的要更加向前看。

我可以为自己辩护的是，考虑到我所关注的这场错综复杂的变革，我并没有以一种严重错误的目的论的方式来写作。然而，我的确是以一种不恰当的选择方式来写作整个新经院主义的传统，那如今在我看来是这本书的一个重大缺陷。由于我对于那个无比重要的自然法传统的兴趣，使得文本走了样，好让它们来讲述我的故事，而忘记了它们也在讲述对于它们而言至关重要的大为不同的故事，特别是关于帝国和战争的伦理的故事。我把它们纳入了我所炮制的而非它们自身的故事之中，就此而言我的文本违背了我自己的原则。

可我还是认为，就试图将早期现代政治理论的主要文本放在能够最好地将它们的意义展现出来的思想语境中这一根本层面而论，这本书还是遵循了我的原则的。而且既然这就是我所提倡的反文本主义的和支持跨文本主义的（anti-textualist and pro-intertextualist）方法论的基础，我觉得那本书体现我的原则的程度远远超过了它背离我的原则的程度。

[你的专长是欧洲政治思想。这种选择是否包含了这样一种信念——政治思想本质上乃是欧洲的成就?]

我对此考虑过很多，我想我对这个问题的回答，就在一定程度上说明了为什么我在年近 40 岁的时候回到了欧洲而没有待在美国，那个时候我已经在那儿生活和工作好几年了。我根本不相信欧洲传统代表了某种足资效法的成就，我的学识也没有足以让我达到这样的立场，认定它是我们今天所可以寻求的最有韵味的传统。就我所见，我们应该研究儒家学说的命运、印度的各种神秘主义宗教或者美国政治思想史。然而，237
我尤其是通过在美国的研究认识到，我比之我以往所以为的更是一个地方性的历史学家。我得承认，让我全神贯注的问题基本上是关于欧洲文艺复兴和宗教改革、关于绝对主义的兴起及其对它的挑战，以及更加普遍的关于早期现代性的文化与古典的古代世界的关系的。我的问题是有关 15、16、17 世纪欧洲的问题，这些问题反过来又要求我对于西欧和古典古代的各种语言至少有某些理解。我相信，那些问题是极其重大的问题，因为那个时期的艺术、文学和哲学依然对于人类有着重大意义。然而它们与此同时显然又是地方性的问题。

我得承认，在一定程度上这里有文化相对主义的问题。当我在法国、意大利或者欧洲其他地方讲演时，我并没有感觉到我是一个偏狭意义上的地方性历史学家，因为所有这些国家就像英国一样，依然被我所关注的那些历史运动留下了深刻的印迹、产生了深刻的影响。我确实主要讲的是——如果你爱那么说的话——欧洲的白种男人，然而却不是死了的欧洲白种男人，因为对于我的听众——当然也是欧洲听众——而言，在非常重要的意义上，这些人物依然活着。然而，当我在美国或者中国、澳大利亚讲演时，我就感觉要紧张得多。我所熟知的文化传统并非同样是人们生活中日常用具的一部分，我完全同意，这些人只有少得多的理由，或者根本就没有理由对欧洲文化的演化发生兴趣。

[因为对于将一切都视作话语和建构的史学趋向忧心忡忡，罗伯特·达恩顿提出，历史学家一开始应该当作报道抢劫、谋杀和强奸案的新闻记者来加以训练。这可能是养成对事实尊重的一个办法，因为比如说倘若他们把谋杀者的名字弄错了的话，就会被人告上法庭。你会对未来的历史学家们给出同样的忠告吗？]

我想，罗伯特·达恩顿这是一种夸张的说法，因为要学会尊重事实，并不一定要去当记者。你可以有很多其他的办法来学会必要的尊重。我知道，如果你写的是鲍勃本人写得越来越多的那种历史的话，那么专心致志地报道强奸和谋杀大概确实是一种很有价值的训练。但是，我从来都没有对那种历史发生过兴趣，因此就看不出做一个日常生活中触目惊心的悲剧事件的报道者，如何会有助于你成为一个更好的思想史家。

238 我对有志于思想史研究者的建议，是去阅读我们自己这代人中杰出的研究者的典范性的研究，因为 20 世纪 60 和 70 年代的语言学转向带来了文化史和文化人类学领域的一些杰作。我不会让我志向高远的学生去做记者，而是会让他研读诸如米歇尔·福柯、克利福德·吉尔兹或者约翰·波考克的东西，这首先是因为他们是具有不同凡响的原创性的研究者，其次是因为他们都明确地将自己的实践理论化了。

对历史学家所提出的要求是很高的，正如鲍勃·达恩顿所正确地指出的，他们必须耐心地追踪事实。然而，当然与记者不同，历史学家同时也要成为富有想象力和理论功底的人，他们的理论功底要提高到比如说福柯那样的非同寻常的程度。我不希望被人认为要在准确性和想象力之间做出选择，但我想要强调，单纯把事实搞对头并非历史学的要务。同样要紧的，是我们应该提出新的、重大的和真正富于想象力的问题，使得现存的事实能够被以新的方式来加以关照的问题。

[你从念本科起就待在剑桥，而且也许还会待到你从享有殊荣的钦定教授的教席上退休为止。你是否觉得这其中存在什么学术上的褊狭心态的危险?]

当然有很严重的危险。我觉得，假如我有在剑桥和普林斯顿之外的其他重要学术中心工作的好运气的话，肯定会受益无穷。在普林斯顿待的那四年让我得益匪浅，尤其是因为我有幸与克利福德·吉尔兹阿尔伯特·赫希曼（Albert Hirschman）和托马斯·库恩成为亲密的同事。尽管他们从来没有以某种直白的教化的方式来给我教诲，我却必须承认，我从普林斯顿回来时，思想大不一样了。我甚至还可以辨识出一个具体而重大的变化。我到那儿的时候，对于某种跨文化的合理性概念作为社会解释中的一个因素充满了信心。我认为，对于一个异己文化中的信仰可以提出的有意思的问题，就是持有这样的信仰是不是合理的。倘若在我看来它不够合理，那么我就觉得需要提出一个因果色彩很浓厚的问题，也即是什么东西使得那些人没有能够看到他们不应该持有那一特定的信仰？在与库恩和格尔茨尤其是理查德·罗蒂——他那时在普林斯顿大学，他的思想也同样深刻地影响了我——讨论过这些问题之后，我开始感觉到，对于某人而言可以合理地信仰什么东西这一问题，主要取决于他所信仰的是什么样的东西，而根本不是直接取决于所谓的证据或事实。这其中的蕴含——对于你而言可以合理地信仰的东西不见得是对于我而言可以合理地信仰的东西——使我得到了解放。这使得我转变成为温和的文化相对主义者，而我如今认为所有 239
的思想史家都必须是这种温和的文化相对主义者。

除了在普林斯顿这一段长时间的逗留之外，我还有若干短期的访问，特别是去澳大利亚和法国（我去年有一段时间在法兰西学院作客座教授）。我得说，尽管不那么看得清楚，这些访问也给了我很多教益，让我开阔了心胸。因此，我坚信，倘若我走的地方还更多，还有机会向来自别的传统的学者们学习的话，我会相应地有所收获的。

另一方面，我也一直有很充足的学术上的理由，把我的大本营放在剑桥，当然还有家庭方面的理由。我太太也在剑桥教书，这个市镇对于我们的孩子们的成长来说是一个好地方。至于学术上的理由，剑桥的历史学科规模很大、自信而又有诸多杰出学者，一直是一个工作在其中感觉非常奇妙的学术共同体。越来越多的剑桥学生来自于全世界，他们精采纷呈，我这些年来从他们身上学到的东西越来越多，尤其是我所教的那些优秀的博士生们，他们中的好几位已经成为很重要的人物，比如说詹姆斯·塔利和理查德·塔克。

我开始让人听起来颇为自得了。当然我确实也认为，一生中的大部分时间生活在一个学术共同体内，有所得也有所失。我意识到了待在剑桥的得与失。然而，没准我会突然消失，到别的地方去了。

[在你研究领域的著作中，哪些书你希望是自己写出来的？]

彼得·拉斯莱特那个版本的洛克，为如何批判性地编辑一部政治理论的名著提供了一个样板。凯斯·托马斯的《宗教与巫术的衰落》（这本书早在1971年就出版了，真是让人吃惊），是思想史也是社会史方面的一部杰作。约翰·波考克的《马基雅维里的时刻》（*The Machiavellian Moment*）也同样是一项卓越的研究，直接影响了我的研究实践。这几位做了很多我也努力在做的事情，但是他们做得更好。他们比我学识更加渊博，尤其是他们更有想象力；我当然很希望自己也能够做得同样地好。

剑桥，1998年3月、4月

论著选目

"Thomas Hobbes and the Nature of the Early Royal Society", *Historical Journal,* 12 (1969), pp. 217-219.

"Meaning and Understanding in the History of Ideas", *History and Theory,* 8 (1969), pp. 3-53.

The Foundations of Modern Political Thought (2 vols, Cambridge, Cambridge University Press, 1978); translated into Spanish, Italian, Portuguese.

Machiavelli (Oxford, Oxford University Press, 1981); translated into Czech, French, German, Hebrew, Hungarian, Indonesian, Italian, Japanese, Portuguese, Spanish, Swedish.

ed., *The Return of Grand Theory in the Human Sciences* (Cambridge, Cambridge University Press, 1985); translated into Japanese, Portuguese, Spanish, Turkish.

Meaning and Context: Quentin Skinner and His Critics, ed. J. Tully (Cambridge, Polity, 1988); translated into Japanese.

"Modernity and Disenchantment: Some Historical Reflections", in James Tully (ed.), *Philosophy in an Age of Pluralism,* (Cambridge, Cambridge University Press, 1994), pp. 37-48.

"From Hume's Intentions to Deconstruction and Back", *Journal of Political Philosophy,* 4 (1996), pp. 142-154.

Reason and Rhetoric in the Philosophy of Hobbes (Cambridge, Cambridge University Press, 1996); translated into Portuguese.

Liberty before Liberalism (Cambridge, Cambridge University Press, 1997).

Machiavelli: A Very Short Introduction (Oxford, Oxford University Press, 2000).

索　引

（页码为原书页码，本书边码）

译后记

在本书翻译过程中,涉及意大利文和法国史学的部分分别得到了研究意大利哲学的专家田时刚研究员和友人庞冠群博士的热忱帮助,王献华博士也帮助我解决了个别问题,谨在此一并致谢。

译　者

2006年3月于清华园